BUCHNERS
EDITION
GESCHICHTE

Gudula und Ulrich Zückert

Eine getrennte Geschichte

Die Bundesrepublik Deutschland und
die Deutsche Demokratische Republik
von 1945 / 49 bis 1990

C.C.BUCHNER

Buchners Edition Geschichte

Heft 2

Eine getrennte Geschichte
Die Bundesrepublik und die Deutsche Demokratische Republik
von 1945/49 bis 1990

bearbeitet von Gudula und Ulrich Zückert

Lektorat:
Klaus Dieter Hein-Mooren

Bildnachweis:

Allgemeiner Deutscher Nachrichtendienst, Berlin (4); Argus, Hamburg (2); Bavaria Bildagentur, Gauting (1), Bildarchiv Preußischer Kulturbesitz, Berlin (1); Deutsche Presse-Agentur, Frankfurt a. M. (1); Evangelischer Pressedienst, Frankfurt a. M. (1); Foto Agentur Ostblick, Berlin (1); Jürgens, Köln (1); Landesbildstelle Berlin, Berlin (1); Sipa-Press, Paris (1); Süddeutscher Verlag, München (2); Universitätsbibliothek Nürnberg-Erlangen, Erlangen (1); Verlagsarchiv (7)

2., verbesserte Auflage 1 4 3 2 1 1999 97 95 94

Die letzte Zahl bedeutet das Jahr dieses Druckes.

Einband und Graphiken:
Christian M. Franz, Bamberg

Reproduktionen:
Klischee Döss GmbH., Nürnberg

Satz, Druck- und Bindearbeiten:
INTERDRUCK Leipzig GmbH, Leipzig

ISBN 37661 **4652** 1

Inhaltsverzeichnis

Vorwort

Liebe Schülerin, lieber Schüler,

„Eine getrennte Geschichte" ist eine kommentierte Materialiensammlung zur deutschen Geschichte von 1945 bis 1990. Sie umfaßt den Weg zur Teilung Deutschlands, die vierzigjährige „getrennte" Geschichte der beiden deutschen Staaten und die Überwindung der Teilung.
Bei der Auswahl wurden vor allem Materialien ausgesucht, die einerseits die eigenständigen politischen, gesellschaftlichen und kulturellen Entwicklungen der beiden deutschen Staaten verdeutlichen und andererseits die anhaltenden politischen Bemühungen um die Verbindung zwischen beiden hervorheben. Insofern wurden deutschlandpolitische Akzente gesetzt. Manch Wichtiges und Interessantes blieb unberücksichtigt. Wir bitten, dies zu bedenken.
Ziel des Bandes ist es, Ihnen einen Einblick in die andersartigen Umstände zu geben, unter denen die Menschen in beiden unterschiedlichen politischen Systemen über vierzig Jahre lebten. Dieser – wenn auch lückenhafte – Rückblick soll helfen, die Gegenwart zu verstehen, um die Zukunft gemeinsam besser gestalten zu können.
Um den Rückblick auf die „getrennte Geschichte" möglichst perspektivenreich zu gestalten, wurden zeitlich parallele Entwicklungen nebeneinander- und häufig sich widersprechende Deutungen und Wertungen gegenübergestellt.
Jedes Kapitel beginnt mit einer allgemeinen *Einführung* und einer *chronologischen Übersicht.* Beide Teile dienen dazu, einen bestimmten Zeitraum „abzustekken". Die Chroniken sind faktenreich, um Ihnen die Möglichkeit zu geben, Vergleiche in der Entwicklung zwischen der Bundesrepublik Deutschland und der Deutschen Demokratischen Republik anzustellen. Innerhalb dieser Kapitel wurden für die ausgewählten Themen besondere *Hinführungen* eingefügt.
Im Mittelpunkt der Sammlung stehen Auszüge aus schriftlichen Quellen unterschiedlichster Gattungen, vom Aufruf bis zum Zeitungsartikel, darüber hinaus wurden bildhafte Quellen aufgenommen. Jede Quelle ermöglicht für sich genommen nur einen begrenzten Blick in die Vergangenheit, da sie in einem bestimmten politischen und gesellschaftlichen Kontext steht. Der jeweilige *Vorspann* bzw. die *Bildlegenden* bieten dazu Hinweise.
Alle Quellen sind auf ihren Ursprung, ihre Bestimmung und ihre Aussage hin zu befragen. Daher wurden den Materialien *Aufgaben* zur Analyse und Interpretation nachgeordnet. Die *Schaubilder* im Anhang helfen, langfristige Entwicklungen und Strukturen zu verdeutlichen und sind zur Interpretation einzelner Quellen heranzuziehen. Das *Glossar* enthält knappe Erklärungen bzw. Basisinformationen zu allen Fachbegriffen, die in den Einführungen und chronologischen Übersichten halbfett gedruckt wurden. Es dient ebenso wie das *Personenlexikon,* in dem Sie – soweit bekannt – Angaben zu den in den Einführungen genannten Personen finden, der Information und damit der Interpretation der Quellen. Die *Literaturangaben* bieten erste Hinweise auf weitere Informationen und Materialien.

Die Nachkriegszeit. Auf dem Weg zur Teilung Deutschlands: 1945–1949

Am 8. Mai schwiegen ab 23.01 Uhr (MEZ) die Waffen zu Land, zur See und in der Luft. In Reims und Berlin-Karlshorst hatte die Führung der deutschen Wehrmacht die bedingungslose Kapitulation unterschrieben. Nach fünf Jahren, acht Monaten und acht Tagen war der Krieg in Europa beendet. Über 50 Millionen Menschen hatte er den Tod gebracht. Nicht nur Deutschland, sondern weite Teile Europas waren ein Trümmerhaufen. Für die Überlebenden in Deutschland war der 8. Mai ein katastrophaler Zusammenbruch – eine „Stunde Null"; er war aber auch der Tag der Befreiung, das Ende eines Irrweges und ein Tag des Neubeginns – eine „erste Stunde".
Das Schicksal des deutschen Volkes lag in den Händen der Siegermächte. Die „Großen Drei" der Anti-Hitler-Koalition, der britische Premierminister *Winston Churchill,* der amerikanische Präsident *Franklin D. Roosevelt* und der sowjetische Generalissimus *Josef W. Stalin,* hatten bereits 1943 in Teheran und 1945 in Livadija/Jalta auf der Halbinsel Krim im Schwarzen Meer die bedingungslose Kapitulation des nationalsozialistischen Reichs und seiner Verbündeten beschlossen sowie die Umrisse des neuen Deutschlands abgesteckt. Es war absehbar, daß eine Westverschiebung Polens auf Kosten des Deutschen Reiches vorgenommen werden würde und eine Aufgliederung Deutschlands in Besatzungszonen bevorstand.
Zweieinhalb Monate nach Kriegsende trafen sich zwischen dem 17. Juli und 2. August 1945 die Regierungschefs Großbritanniens, der Sowjetunion und der USA im Schloß Cecilienhof bei Potsdam, um über europäische Fragen und insbesondere auch über die Neuordnung Deutschlands zu beraten. Die Interessengegensätze zwischen der Sowjetunion und den beiden Westmächten waren groß. So sah Großbritannien mißtrauisch auf den wachsenden sowjetischen Einfluß in ganz Ostmitteleuropa und auf dem Balkan.
Das Treffen in Potsdam endete mit vielen Kompromissen, die einen Nährboden für bald auftretende Spannungen boten. Vertragliche Regelungen wurden auf später verschoben. Von Bedeutung aber war die Zusammenfassung der erzielten Vereinbarungen, das sogenannte *Potsdamer Abkommen.*[1]) Darin wurden u. a. die *Entmilitarisierung, Entnazifizierung* und *Demokratisierung* des politischen Lebens festgeschrieben sowie die *Dezentralisierung* der politischen und wirtschaftlichen Strukturen Deutschlands. Diese vier grundsätzlichen Maßnahmen sollten durch eine „gleichgeschaltete Politik der Alliierten" in ganz Deutschland durchgesetzt werden. Eine weitere Übereinkunft der Alliierten bezog sich auf Reparationsleistungen, die aus der laufenden Produktion, durch Beschlagnahme deutscher Auslandsguthaben und durch Demontage in den je-

1) Die Vereinbarungen wurden in einer *„Mitteilung über die Dreimächte-Konferenz von Berlin"* veröffentlicht.

weiligen Besatzungszonen aufgebracht werden sollten. Stalin hatte es hier geschafft, besonders hohe Ansprüche für sein zerstörtes Land durchzusetzen.
Die höchste Regierungsgewalt über das in vier Besatzungszonen geteilte Land ging von dem ***Alliierten Kontrollrat*** aus, der am 30. Juli 1945 seine Tätigkeit in Berlin aufnahm.
Gemäß den Vereinbarungen sollte Deutschland trotz der Besatzungszonen als wirtschaftliche Einheit betrachtet werden, aber die unterschiedlichen sicherheits- und gesellschaftspolitischen sowie wirtschaftlichen Vorstellungen der Besatzungsmächte ließen dieses Vorhaben scheitern.
Im Osten Deutschlands und Europas konnte sich der kommunistische Einfluß der Sowjetunion ausbreiten. Im Westen setzte sich dagegen bald eine Politik durch, die die Eindämmung *(containment)* des Kommunismus zum Grundprinzip hatte und – wenn auch noch mit Vorbehalten – den (West-)Deutschen Freiheit und Demokratie nach angelsächsischen Vorstellungen sichern sollte.
Deutlich wurde dies Anfang 1947, nachdem die amerikanische und britische Besatzungszone zur *Bizone* zusammengeschlossen worden war. Zwar sollte dies nur eine wirtschaftspolitische Entscheidung sein, doch tatsächlich wurde damit das Fundament für den späteren westdeutschen Staat gelegt. Das von dem amerikanischen Außenminister *George C. Marshall* vorgelegte wirtschaftliche Hilfsprogramm, dessen Ziel es war, ganz Europa aus der katastrophalen Lage herauszuführen, unterstützte diesen Prozeß der Westbindung. Die Amerikaner versprachen sich vom Marshall-Plan einen Beitrag zur politischen Stabilisierung Europas und die Sicherung des europäischen Marktes für die eigene Wirtschaft. Die Sowjetunion und die von ihr abhängigen Staaten Ostmitteleuropas, die prinzipiell ebenfalls an der Marshall-Plan-Hilfe beteiligt werden sollten, lehnten das Programm ab. Sie sahen darin den offenen Versuch der Amerikaner, Einfluß auf die inneren Angelegenheiten der Staaten zu nehmen.
Das offensichtliche Scheitern der gemeinsamen Besatzungspolitik zeigte sich, als im Juni 1948 die letzten Reste der deutschen Wirtschaftseinheit durch die westliche Währungsreform beseitigt wurden. Die Sowjetunion reagierte darauf mit der Blockade West-Berlins. Sie war der letzte Versuch, die Bildung eines Weststaates zu verzögern bzw. zu verhindern. Der ***Kalte Krieg*** hatte seinen ersten Höhepunkt erreicht. Die Blockade wurde im Mai 1949 aufgehoben. Noch im selben Monat wurde die *Bundesrepublik Deutschland* gegründet, fünf Monate später die *Deutsche Demokratische Republik*.
Bis zu diesem Zeitpunkt hatte es das deutsche Volk nicht geschafft, sich einer ehrlichen Auseinandersetzung mit dem Nationalsozialismus zu stellen. Die Besatzungsmächte führten eine formale Entnazifizierung durch. Die unheilvolle Verdrängung des Nationalsozialismus begleitete das deutsche Volk weiter auf seinem Weg.

1945	4.–11. 2.	Auf der Konferenz von Livadija/Jalta einigen sich die Regierungschefs der „Großen Drei" (USA, Großbritannien und die UdSSR) über Maßnahmen zur Beendigung des Zweiten Weltkrieges und legen die Rahmenbedingungen für die Nachkriegsordnung in Deutschland fest (Besetzung, Kontrolle, Grenzverschiebungen, Reparationen u. a.); Frankreich wird als vierte Besatzungsmacht hinzugezogen.
	19. 4.	Auf Initiative von Kurt Schumacher wird in Hannover die SPD wiedergegründet.
	30. 4.	Der deutsche „Führer und Reichskanzler" Adolf Hitler entzieht sich durch Selbstmord der Verantwortung. Die von Walter Ulbricht geleitete Initiativgruppe der KPD trifft aus Moskau kommend bei Frankfurt a. O. ein.
	2. 5.	Die Sowjetarmee hat Berlin eingenommen.
	7./8. 5.	Die Führung der deutschen Wehrmacht unterzeichnet in Reims (7. 5.) und Berlin (8. 5.) die bedingungslose Kapitulation.
	10. 6.	In der sowjetischen Besatzungszone werden antifaschistisch-demokratische Parteien und Gewerkschaften von der ***Sowjetischen Militäradministration in Deutschland*** (SMAD) zugelassen.
	11. 6.	Die KPD tritt in Berlin mit einem Aufruf an das deutsche Volk an die Öffentlichkeit. In Berlin folgen die Gründungen der SPD (15. 6.), der CDU (26. 6.) sowie der LDPD (5. 7.).
	17. 6.	Ohne Genehmigung der britischen Besatzungsbehörde wird in Köln die rheinische CDU gegründet.
	14. 7.	Die *Einheitsfront der antifaschistisch-demokratischen Parteien* (KPD, SPD, CDU, LDPD) wird in Berlin gegründet ***(Blockparteien)***.
	17. 7.–2. 8.	In Potsdam tagen die Regierungschefs der „Großen Drei" über die Zukunft Deutschlands; Frankreich schließt sich wenige Tage nach der Konferenz dem Protokoll an.
	ab 27. 8.	In den drei Westzonen werden demokratische Parteien (vorerst nur auf Kreisebene) zugelassen (in der amerikanischen Zone am 27. 8., in der britischen Zone am 15. 9. und in der französischen Zone am 12. 12.).
	3.–11. 9.	In der sowjetischen Besatzungszone werden landwirtschaftliche Betriebe mit mehr als 100 ha entschädigungslos enteignet *(Bodenreform)*.
	Nov. '45–Okt. '46	In Nürnberg wird ein Prozeß gegen 23 Hauptkriegsverbrecher und NS-Organisationen vor einem Internationalen Militärgerichtshof geführt.
1946	21./22. 4.	In der sowjetischen Besatzungszone schließen sich KPD und SPD zur SED zusammen.
	9.–11. 5.	In den Westzonen findet der erste Parteitag der SPD statt.

	30. 6.	In Sachsen wird ein Volksentscheid über die Enteignung der Großbetriebe von Kriegsverbrechern und Naziaktivisten durchgeführt; die anderen Länder der sowjetischen Besatzungszone folgen dem Beispiel.
	6. 9.	US-Außenminister James F. Byrnes gibt in Stuttgart die Änderung der US-Deutschland-Politik bekannt. Deutschlands wirtschaftliche Einheit soll bewahrt, die wirtschaftlichen Kräfte belebt und die Selbstverantwortung in Politik und Wirtschaft gestärkt werden.
1947	1. 1.	Die amerikanische und britische Zone werden offiziell zur *Bizone* zusammengeschlossen.
	25. 2.	Das Land Preußen wird durch das Gesetz Nr. 46 des Kontrollrates aufgelöst.
	10. 3.–24. 4.	In Moskau findet die vierte Außenministerkonferenz der vier Besatzungsmächte statt. Sie scheitert u. a. an der Uneinigkeit in den Punkten, die Deutschland betreffen (Oder-Neiße-Grenze, Saargebiet, Reparationen u. a.).
	5. 6.	US-Außenminister George C. Marshall schlägt in einer Rede den Zusammenschluß der Völker Europas zu einem gegenseitigen wirtschaftlichen Hilfs- und Wiederaufbauprogramm vor *(Marshall-Plan)*.
1948	23. 2.–6. 3.	Die *Sechsmächtekonferenz* in London (USA, Großbritannien, Frankreich, Niederlande, Belgien und Luxemburg) empfiehlt ein föderatives Regierungssystem für Deutschland, ebenso die Einbeziehung Deutschlands in den Marshall-Plan und in die Ruhrkontrolle.
	9. 3.	Die *Deutsche Wirtschaftskommission* übernimmt die zentrale Leitung und Lenkung der Wirtschaft in der sowjetischen Besatzungszone.
	10. 3.	Die SMAD ordnet die Auflösung der Entnazifizierungskommissionen in der sowjetischen Besatzungszone an. Die Strafverfolgung von Kriegsverbrechern wird davon nicht berührt.
	17. 3.	Großbritannien, Frankreich und die Benelux-Staaten schließen in Brüssel das erste Nachkriegsbündnis für Europa, die *West-Union*; sie richtet sich gegen die sowjetische Politik und regelt neben der gemeinsamen Selbstverteidigung die wirtschaftliche, soziale und kulturelle Zusammenarbeit.
	16. 4.	Die *Organisation für Europäische wirtschaftliche Zusammenarbeit (engl. OEEC)*, an der sich 16 „westliche" Staaten beteiligen, wird gegründet. Die OEEC übernimmt die Koordination der Marshall-Plan-Hilfe.
	17. 4.	In der sowjetischen Besatzungszone beginnt der Aufbau von *Vereinigungen Volkseigener Betriebe.*
	20. 4.–2. 6.	Die *Sechsmächtekonferenz* in London (zweite Sitzungsperiode) plädiert für den Zusammenschluß Westdeutschlands. Die westdeutschen Ministerpräsidenten wer-

den – unter Aufsicht der Militärgouverneure – aufgefordert, eine *Verfassungsgebende Versammlung* einzuberufen.

20. 6. In den Westzonen wird mit der Währungsreform die *Deutsche Mark* eingeführt.

23. 6. In der sowjetischen Besatzungszone wird die *Deutsche Mark der Deutschen Notenbank* eingeführt.

24. 6. '48 – 12. 5. '49 Die SMAD blockiert die Land- und Wasserwege zu den Westsektoren Berlins

26. 6. '48 – 30. 9. '49 Die amerikanische Luftbrücke sichert die Versorgung der Westberliner Bevölkerung.

10. 8.–23. 8. Auf der Insel Herrenchiemsee in Bayern tritt der von den Ministerpräsidenten berufene Verfassungsausschuß zusammen.

1. 9. Der *Parlamentarische Rat* beginnt in Bonn mit der Ausarbeitung des Grundgesetzes.

13. 10. In der ostdeutschen Steinkohlengrube „Gottes Segen" erfüllt der Kumpel Adolf Hennecke die Norm mit 387%. Damit beginnt die Aktivistenbewegung.

1949 25. 1. Der ***Rat für gegenseitige Wirtschaftshilfe*** (RGW) wird als sowjetische Antwort auf den Marshall-Plan bzw. die OEEC gegründet.

5.–8. 4. Auf einer Deutschlandkonferenz beschließen die amerikanischen, britischen und französischen Außenminister u. a. den Text des Besatzungsstatuts, die weitere Reduzierung der Demontagen und die Einsetzung einer Alliierten Hohen Kommission anstelle der drei Militärregierungen.

8. 5. Der Parlamentarische Rat nimmt das Grundgesetz an.

10. 5. Bonn wird zum vorläufigen Regierungssitz gewählt.

23. 5. Das Grundgesetz wird durch den Parlamentarischen Rat verkündet. Der Tag gilt als Gründungstag der Bundesrepublik Deutschland.

14. 8. Es finden in der Bundesrepublik die Wahlen zum 1. Deutschen Bundestag statt.

12. 9. Theodor Heuss (F.D.P.) wird 1. Bundespräsident.

15. 9. Der Bundestag wählt Konrad Adenauer (CDU) zum Bundeskanzler.

1. 10. Die Sowjetunion protestiert bei den westlichen Siegermächten gegen die Gründung der Bundesrepublik.

7. 10. Die *Provisorische Volkskammer* der Deutschen Demokratischen Republik tritt zusammen. Die Bundesregierung bezeichnet die Staatsgründung als rechtswidrig.

11./12. 10. Wilhelm Pieck wird zum Präsidenten und Otto Grotewohl zum Ministerpräsidenten gewählt. Die SMAD übergibt formell ihre Verfügungsgewalt als Besatzungsmacht der Regierung der DDR.

Nachkriegsalltag in Deutschland

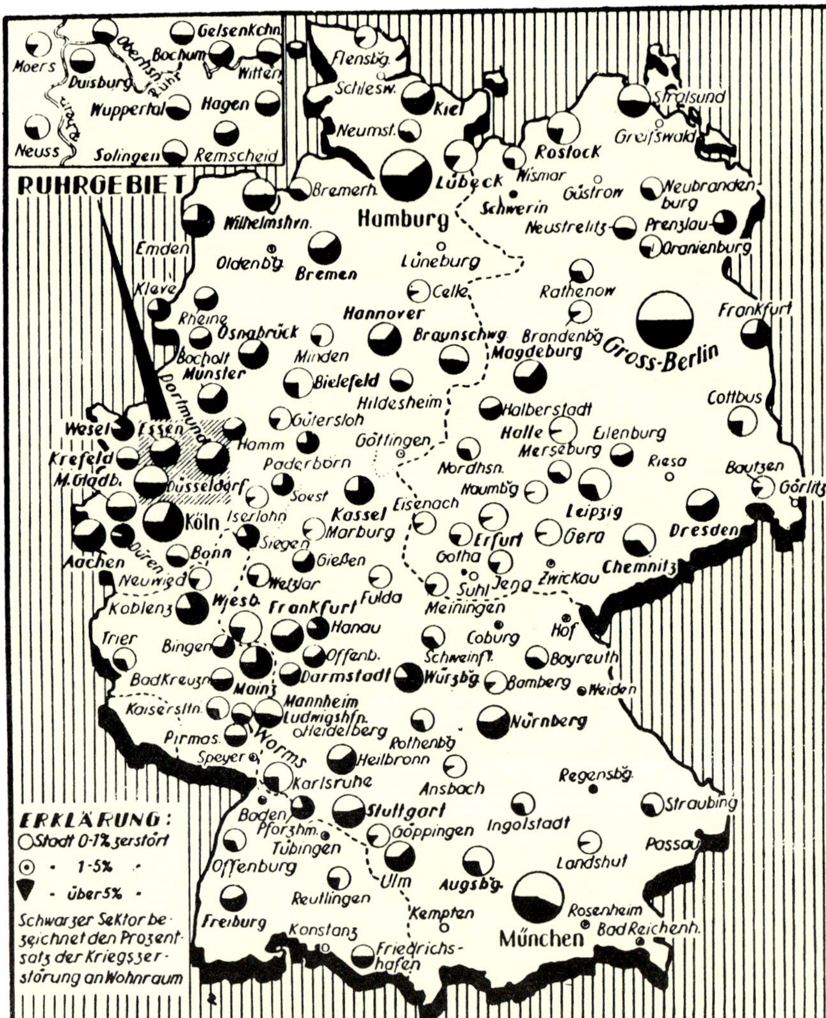

Der Zerstörungsgrad der deutschen Städte *(G. W. Harmssen, Reparationen, Sozialprodukt, Lebensstandard, Anlage VII, Bremen 1947, S. 37).* Die Zerstörungen in den Städten sind nur bedingt miteinander vergleichbar, da es keine amtliche, auf einheitlicher Grundlage beruhende Gesamterhebung gab. Die in der Karte angegebenen Kriegszerstörungen gehen auf eine Presseumfrage im Jahre 1947 zurück. *Informieren Sie sich über das Aussehen Ihres Heimatortes/Ihrer Heimatregion am Ende des Zweiten Weltkrieges! Benutzen Sie dazu auch die Karte!*

Am Ende des Krieges lebten die Menschen in Deutschland in einer Trümmerwelt. Wohnhäuser, Industrieanlagen, Straßen, Schienen und Brücken waren zerstört. Das Ausmaß der Zerstörungen ließ sich exakt nie ermessen; zu groß war das Chaos. In Berlin, wo der Krieg seinen Anfang nahm und sein Ende fand, gab es kaum ein unbeschädigtes Gebäude. Straßenzüge waren vollständig verschwunden. 60 % der Industriebetriebe waren unbrauchbar. Es gab kein Trinkwasser, keinen Strom, kein Gas. Andere deutsche Städte boten ein ähnliches Bild.

Neben Verwirrung, Verzweiflung und Lethargie wurden viele Überlebende von existentiellen Ängsten überwältigt. Man litt Hunger, hatte kein Obdach und fror im Winter, hatte keine Arbeit und wußte nichts von den Angehörigen.

Die größte Last im Nachkriegsalltag trugen die Frauen. Etwa 5,25 Millionen Deutsche – darunter 500 000 Zivilisten – waren tot und über 11 Millionen Soldaten befanden sich in Kriegsgefangenschaft. Die Frauen begannen mit der Beseitigung der Trümmer, mit dem Wiederaufbau der Städte und sorgten zugleich für die Kinder, Verwundeten und Alten. Sie brachten einen bewundernswerten Willen im täglichen Kampf um das Leben auf.

Berlin 1946. Seit Sommer 1945 wurde die arbeitsfähige Bevölkerung von den Behörden zur Beseitigung der Trümmer verpflichtet. In Anbetracht der fehlenden männlichen Arbeitskräfte wurden ab Juli 1946 Frauen durch ein Kontrollratsgesetz zu „Bau- und Wiederaufbauarbeiten einschließlich Aufräumungsarbeiten" verpflichtet. *Nehmen Sie das Foto zum Anlaß, um bei Ihren ältesten Familienmitgliedern zu erfragen, welche Erinnerungen an den Nachkriegsalltag noch geblieben sind!*

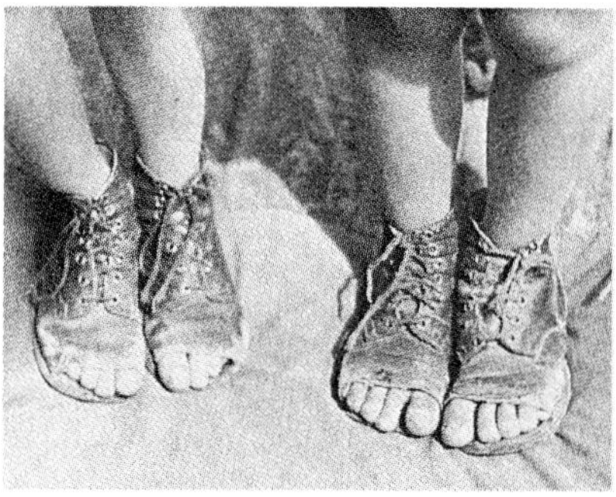

1945/46. Nachkriegsprobleme. Die Schuhe wachsen nicht mit – woher neue nehmen?

In Deutschland war fast alles unterwegs

In der letzten Phase des Krieges begann eine „Völkerwanderung". Aus Angst vor den sowjetischen Truppen waren vermutlich mehr als 4 Millionen Menschen aus den deutschen Gebieten im Osten geflohen. Nach Kriegsende zogen Evakuierte und Soldaten an ihre Heimatorte zurück. Gleichzeitig strebten die rund 8 bis 10 Millionen ausländischen Kriegsgefangenen und Zwangsarbeiter, die sogenannten „Displaced Persons", in ihre Herkunftsländer zurück. Die Situation wurde wie folgt beschrieben:

Flüchtlinge, die bessere Unterkünfte suchten, Soldaten, die bei ihrer Heimkehr zerstörte Wohnungen angetroffen und ihre Familien nicht vorgefunden hatten und nun deren Spuren verfolgten, Eltern, die nach verlorenen Kindern, bisweilen auch Kinder, die nach Eltern suchten, Verbrecher und Schwarzhändler, die ihren Profiten nachjagten, Städter, die um eines nahrhaften Päckchens willen Freunde auf dem Land besuchten, ehemalige Nazis, die in eine Gegend zogen, wo sie niemand kannte, Unternehmer, die hinter Materialien oder Ersatzteilen zur behelfsmäßigen Reparatur beschädigter Maschinen her waren, Frauen und Männer, die sich hauptsächlich bei den Besatzungsstreitkräften nach Arbeit umsahen.

Michael Balfour, Viermächte-Kontrolle in Deutschland, Düsseldorf 1959, S. 175

1. *Benennen Sie die Gründe für die „Völkerwanderung"!*
2. *Überlegen Sie, welche soziale und wirtschaftliche Bedeutung die gegenläufigen Bevölkerungsströme in der Nachkriegszeit hatten!*

Flucht und Vertreibung

Die Veränderung der Grenzen des ehemaligen Deutschen Reiches

Bereits auf der Konferenz von Jalta hatten die „Großen Drei" eine Westverschiebung der Grenzen Polens zu Lasten Deutschlands – vorbehaltlich endgültiger Regelungen – vereinbart. Auf der Potsdamer Konferenz (17. 7.–2. 8. 45) war dieses Thema erneut verhandelt worden. In der Grenzfrage Polens und bezüglich der sowjetischen Annexion einigte man sich auf folgende Formulierungen:

VI. Stadt Königsberg und das anliegende Gebiet

Die Konferenz prüfte einen Vorschlag der Sowjetregierung, daß vorbehaltlich der endgültigen Bestimmung der territorialen Fragen bei der Friedensregelung derjenige Abschnitt der Westgrenze der Union der Sozialistischen Sowjetrepubliken, der an die Ostsee grenzt, von einem Punkt an der östlichen Küste der Danziger Bucht in östlicher Richtung nördlich von Braunsberg–Goldap und von da zu dem Schnittpunkt der Grenzen Litauens, der Polnischen Republik und Ostpreußens verlaufen soll.

Die Konferenz hat grundsätzlich dem Vorschlag der Sowjetregierung hinsichtlich der endgültigen Übergabe der Stadt Königsberg und des anliegenden Gebietes an die Sowjetunion gemäß der obigen Beschreibung zugestimmt, wobei der genaue Grenzverlauf einer sachverständigen Prüfung vorbehalten bleibt. [...]

IX. Polen

[...] Die Häupter der drei Regierungen bekräftigen ihre Auffassung, daß die endgültige Festlegung der Westgrenze Polens bis zu der Friedenskonferenz zurückgestellt werden soll.

Die Häupter der drei Regierungen stimmen darin überein, daß bis zur endgültigen Festlegung der Westgrenze Polens, die früher deutschen Gebiete östlich der Linie, die von der Ostsee unmittelbar westlich von Swinemünde [Swinoujście] und von dort die Oder entlang bis zur Einmündung der westlichen Neiße und die westliche Neiße entlang bis zur tschechoslowakischen Grenze verläuft, einschließlich des Teiles Ostpreußens, der nicht unter die Verwaltung der Union der Sozialistischen Sowjetrepubliken in Übereinstimmung mit den auf dieser Konferenz erzielten Vereinbarungen gestellt wird und einschließlich des Gebietes der früheren Freien Stadt Danzig, unter die Verwaltung des polnischen Staates kommen und in dieser Hinsicht nicht als Teil der sowjetischen Besatzungszone in Deutschland betrachtet werden sollen.

Amtsblatt des Kontrollrates in Deutschland. Ergänzungsblatt Nr. 1, hrsg. vom alliierten Sekretariat, Berlin o. J. (1945), S. 17ff.

Die Vertriebenenfrage

Die Gebietsveränderungen führten zur Vertreibung der Deutschen aus jenen Gebieten. In den amtlichen Verlautbarungen über die Potsdamer Konferenz heißt es dazu:

XIII. Ordnungsmäßige Überführung deutscher Bevölkerungsteile

Die Konferenz erzielte folgendes Abkommen über die Ausweisung Deutscher aus Polen, der Tschechoslowakei und Ungarn:

Die drei Regierungen [...] erkennen an, daß die Überführung der deutschen Bevölkerung oder Bestandteile derselben, die in Polen, Tschechoslowakei und Ungarn zurückgeblieben sind, nach Deutschland durchgeführt werden muß. Sie stimmen darin überein, daß jede derartige Überführung, die stattfinden wird, in ordnungsgemäßer und humaner Weise erfolgen soll. Da der Zustrom einer großen Zahl Deutscher nach Deutschland die Lasten vergrößern würde, die bereits auf den Besatzungsbehörden ruhen, halten sie es für wünschenswert, daß der alliierte Kontrollrat in Deutschland zunächst das Problem unter besonderer Berücksichtigung der Frage einer gerechten Verteilung dieser Deutschen auf die einzelnen Besatzungszonen prüfen soll.

Amtsblatt des Kontrollrates in Deutschland, a. a. O., S. 19f.

1. *Erkunden Sie auf einer Europa-Karte, welche Territorien Deutschlands an Polen und die Sowjetunion bis zu einer Friedensregelung abgetreten wurden!*
2. *Überlegen Sie sich, warum die Siegermächte die Abtretung der Gebiete und die Überführung deutscher Bevölkerungsteile für notwendig erachteten!*

Vertreibung aus Pommern

Die sowjetische Besatzungszone war das Durchzugsgebiet für alle, die aus den Gebieten östlich von Oder und Neiße nach Westen flohen bzw. vertrieben wurden. Auf der Flucht aus der Heimat verloren schätzungsweise 2,1 Millionen Menschen ihr Leben. Diese Tatsache sowie überhaupt die Begriffe „Flüchtlinge" und „Vertriebene" wurden später von den Politikern in der DDR und der DDR-Geschichtsschreibung ignoriert und mit dem Begriff „Umsiedlung" gekennzeichnet. Mit der Verdrängung des Vertriebenenproblems aus der Öffentlichkeit sollte eine Trübung des Verhältnisses zu Polen und der Sowjetunion vermieden werden.
Wie groß die Differenzen zwischen den Vereinbarungen in Potsdam und der Wirklichkeit waren, macht der folgende Bericht eines Lehrers aus Dieck (Hinterpommern, Kreis Neustettin) deutlich:

Am 9. März 1945 kamen wir auf verschneitem Weg nach Dieck. Hier waren die Russen am Tage vorher abgezogen. Im Hause wüste Unordnung, alle Bücher, aus Wohnung und Schule geworfen, lagen im Hofe in Schnee und Dreck, Spiegel zertrümmert, Aufsatz vom Schreibtisch im Keller, Schlösser an den Türen zerschlagen, in der Scheune lagen Reste von geschlachteten Kälbern und Schweinen. [...]
Bauer D. war vor uns zurückgekehrt von Kölpin aus. In den nächsten Wochen trafen weitere Familien ein, zum Teil aus der Gegend von Greifenberg ... Am 9. Mai 1945 kam auch der Bürgermeister St. von Rügen zurück, Frau M. aus Stralsund. Der Ortsgruppenleiter F. aus Thurow wurde bei seiner Rückkehr von den Polen erschlagen. Auch Leute aus Lottin, Wulfflatzke, Thurow kamen auf dem Rückweg durch Dieck, zum Teil noch mit Fuhrwerk, die meisten zu Fuß, sogar barfuß.
Durchziehende Russen (Troß) plünderten, machten Jagd auf die letzten Hühner. Polnische Miliz ordnete Reinigung der Straßen an. Am Seeufer lag ein toter deutscher Soldat ohne Erkennungsmarke oder Papiere. Wir haben ihn auf dem Friedhof beerdigt.
Ein Glück für uns war die Feindschaft zwischen Russen und Polen. Der Russe überließ dem Polen nichts. Riesige Viehherden, Pferde und Schafe wurden ostwärts getrieben, sämtliche Maschinen und Ackergeräte abtransportiert. In Neustettin sah ich, wie ganze Lastzüge mit Klavieren oder Betten und Matratzen zur Bahn gebracht wurden. Der russische Kommandant in Dieck sagte zu mir: „Er, der Pole, behält die Erde."
Nach dem Potsdamer Abkommen wurden die Polen immer frecher und riefen uns zu: „Über Odder!" Wer irgend konnte, verließ daher die Heimat. Ein polnischer Straßenaufseher sagte zu mir: „Herr Lährer, fort, letzten beißen die Hunde, kommen alle in Lager."
Am 17. September 1945 gingen auch wir mit einem Transport aus Neustettin nach Westen ab. 14 Tage später sind dann auch die andern gefolgt. Drei Familien ... wurden von den Polen zurückbehalten. Diese sind erst 1947 ausgewiesen worden und haben solange bei den Polen arbeiten müssen.

Herbert Michaelis und Ernst Schraeper (Hrsg.), Ursachen und Folgen. Vom deutschen Zusammenbruch 1918 und 1949 bis zur staatlichen Neuordnung Deutschlands in der Gegenwart, 24. Bd., Berlin o. J., S. 481 ff.

1. *Rekonstruieren Sie die Abfolge der Ereignisse und bestimmen Sie, wann die endgültige Vertreibung begann!*
2. *Warum waren die Vertriebenen die Ärmsten der Armen im Nachkriegs-Deutschland?*
3. *Versuchen Sie, Informationen über das Schicksal einer betroffenen Familie zu bekommen!*
4. *Diskutieren Sie in diesem Zusammenhang über das Problem von Schuld und Sühne!*

Vertriebene aus Ostdeutschland, Ost- und Südosteuropa
(Stand 1950, in 1000)

	Vertriebene aus Ostdeutschland insg.	davon aus Ostpreußen	Pommern	Brandenburg (östl.) Oder/Neiße)	Schlesien (einschl. Lkrs. Zittau)	übrige Vertriebene (aus Osteuropa, Tschechoslowakei usw.)
Ansiedlung bzw. Wohnung in der Bundesrepublik Deutschland						
Schleswig-Holstein	687,8	301,0	307,1	20,1	59,7	169,1
Hamburg	86,1	35,2	26,4	3,0	31,5	29,9
Niedersachsen	1442,5	408,3	264,7	47,2	722,4	408,9
Nordrhein-Westfalen	1039,6	325,9	161,1	26,2	526,4	292,4
Bremen	35,8	13,5	8,5	1,2	12,6	12,4
Hessen	216,1	60,1	34,9	9,9	111,2	504,5
Württemberg-Baden	122,1	28,2	15,6	4,3	73,9	527,5
Bayern	594,4	87,4	34,5	13,7	458,9	1334,8
Rheinland-Pfalz	79,8	29,7	15,9	2,7	31,4	72,5
Baden	54,9	27,0	10,7	1,4	15,9	43,5
Württemberg-Hohenzollern	63,7	31,0	11,7	1,4	19,5	57,9
Bundesgebiet	4422,9	1347,2	891,1	131,2	1053,4	3453,4
Ansiedlung bzw. Wohnung in Berlin						
Berlin (West)	118,4	28,3	31,7	21,7	36,6	30,0
Berlin (Ost)*	57,5	13,0	15,0	14,0	15,5	13,0
Groß-Berlin*	175,9	41,3	46,7	35,7	52,1	43,0
Ansiedlung bzw. Wohnung in der DDR*						
Mecklenburg	690	200	390	40	60	310
Brandenburg	570	80	140	200	150	160
Sachsen	720	110	70	10	530	280
Sachsen-Anhalt	550	120	70	40	320	530
Thüringen	370	90	30	10	240	320
DDR	2900	600	700	300	1300	1600
Vertriebene insgesamt*	7500	2000	1600	500	3400	5100

* = Geschätzt.

Ralf Rytlewski und Manfred Opp de Hipt, Die Bundesrepublik Deutschland in Zahlen 1945/49–1980, München 1987, S. 31f.

Analysieren Sie, wieviel Vertriebene in Ihrem Bundesland angesiedelt wurden! Vergleichen Sie die Anzahl im Verhältnis zu anderen Bundesländern!

Einheit und Spaltung als Problem von SPD und KPD

Bereits kurz nach dem Einmarsch der alliierten Truppen hatten sich in Deutschland die von den Nationalsozialisten ab 1933 verfolgten Sozialdemokraten, Kommunisten und Gewerkschafter zusammengefunden, um sich zum Teil in antifaschistischen Komitees an dem regionalen politischen und wirtschaftlichen Wiederaufbau zu beteiligen. Die katastrophalen Nachkriegsverhältnisse sowie das anfängliche Verbot jeder politischen Tätigkeit durch die Besatzungsmächte ließen aber nur regional begrenzte Aktivitäten zu.

Während in der sowjetischen Besatzungszone bereits am 10.Juni 1945 die „Bildung und Tätigkeit aller antifaschistischen Parteien“ erlaubt wurde, lockerten die drei westlichen Besatzungsmächte das Verbot politischer Organisationstätigkeit erst mit dem Potsdamer Abkommen.

In dieser Phase der parteipolitischen Neuorientierung wurde der Aufbau einer einheitlichen Arbeiterpartei diskutiert, da man die massiven Auseinandersetzungen zwischen KPD und SPD für das Scheitern der Weimarer Republik mitverantwortlich machte.

Kurt Schumachers Plädoyer gegen eine einheitliche Arbeiterpartei

Kurt Schumacher, ehemaliges Mitglied des Reichstags und KZ-Häftling, initiierte bereits am 19.April 1945 die Wiedergründung der SPD in Hannover und wandte sich am 6.Mai 1945 in einer Rede vor sozialdemokratischen Funktionären gegen eine Vereinigung mit der KPD:

Eine einheitliche Arbeiterpartei schwebt vielen Arbeitern in der ganzen Welt als die ideale und den Erfahrungen angemessene Lösung vor. Auch hier am Ort mag sich dieser gutmeinende Wille in vielen geregt haben. Diese Genossen werden sehr überrascht gewesen sein, daß sich wenige Tage nach dem Einmarsch die Kommunisten bereits als selbständige politische Partei etabliert hatten, ohne vorher Einigungsfühler ausgestreckt zu haben. [...] Wir sahen bereits an den Beispielen in Frankreich, Belgien und in dem als Parallele für uns besonders interessanten Italien, wir sehen in diesen Wochen wieder, daß *überall in den befreiten Ländern sich Kommunisten und Sozialisten als selbständige politische Parteien* mit eigener Ideologie und eigener Taktik der Öffentlichkeit vorstellen. Das gleiche Bild zeigen auch zahlreiche Rundfunkberichte aus deutschen Städten. [...]

Die Trennungslinie ist dadurch gezogen, daß die Kommunisten fest an eine einzige der großen Siegermächte und damit an Rußland als Staat und an seine außenpolitischen Ziele gebunden sind. Wir demokratischen Sozialisten dagegen gehen nicht von der Auffassung ab, daß *wir uns nach den politischen und sozialen Notwendigkeiten der deutschen arbeitenden Klasse zu richten* und von diesem Standpunkt aus die internationale Zusammenarbeit mit allen Arbeiterparteien der Welt zu betreiben haben, die dazu bereit sind. Es ist also nicht eine Verschiedenheit in der Radikalität, sondern ein anderer Blickwinkel in der Betrachtung der politischen Welt, eine andere Art, die Verhältnisse und Ideen zu werten, die diese Trennung hervorruft. Die einen wollen eben das Vorbild eines Landes und seine Methoden auf die politischen und ökonomischen Verhältnisse aller Länder übertragen und erklären dieses für die richtige Form des

Klassenkampfes. Die anderen erkennen keine Schablone des Klassenkampfes und allgemein gültige Regeln für alle Länder oder gar für Fälle an, die der Zukunft angehören.

Kurt Schumacher, Reden – Schriften – Korrespondenzen 1945–52, hrsg. von W. Albrecht, Berlin – Bonn 1985, S. 228

1. *Benennen Sie die zwei „Blickwinkel in der Betrachtung der politischen Welt"!*
2. *Fassen Sie die Argumente zusammen, die Schumacher gegen eine Einheitspartei nannte! Welches Argument überzeugt Sie?*

Otto Grotewohl über die parteipolitische Entwicklung in der sowjetischen Besatzungszone

In rascher Folge hatten sich im Juni/Juli 1945 in der sowjetischen Besatzungszone die KPD, SPD, CDU und LDPD gebildet. Die KPD hatte am 11. Juni in einem programmatischen Aufruf erklärt, daß der Weg, Deutschland das Sowjetsystem aufzuzwingen, falsch wäre, da dieser Weg nicht den deutschen Bedingungen entspräche. Die SPD in der sowjetischen Besatzungszone erklärte in ihrem Aufruf vom 15. Juni, sie wolle den Kampf um die Neugestaltung auf der Grundlage der organisatorischen Einheit der deutschen Arbeiterklasse führen. Beide Parteien schlossen am 19. Juni eine Vereinbarung über gemeinsame Aktionen. Damit begannen die Vorbereitungen für den Zusammenschluß von KPD und SPD zur Sozialistischen Einheitspartei Deutschlands (SED), der am 21./22. April 1946 erfolgte.
Auf der sogenannten „Sechziger Konferenz" vom 20./21. Dezember 1945 in Berlin von jeweils 30 führenden Vertretern der KPD und SPD nahm der Vorsitzende des Zentralausschusses (ZA) der SPD in der sowjetischen Besatzungszone, Otto Grotewohl, Stellung zur parteipolitischen Entwicklung:

1. Die KPD erfährt durch die sowjetrussische Besatzungsmacht eine wesentlich weitergehende und nachdrücklichere Förderung als die SPD. Das drückt sich aus in einer schnelleren und weitergehenderen tatsächlichen Hilfsbereitschaft und Erleichterung beim organisatorischen Aufbau der KPD, ihrer Presse und sonstigen Publikationen. – Das äußert sich vor allem auch in der Einräumung eines wesentlich stärkeren zahlenmäßigen und auch sonstigen Einflusses der KPD in allen Organen der sowjetrussischen Besatzungszone, wie z. B. in den Zentralverwaltungen, den Länder- und Provinzialverwaltungen sowie in den Verwaltungen der Kreise und Gemeinden.
2. Die KPD handelt vielfach nicht im Geiste der von ihr selbst bekundeten demokratischen Grundsätze und der vereinbarten guten Zusammenarbeit. Es mehren sich die Zeugnisse eines undemokratischen Drucks auf Sozialdemokraten.
3. Durch die unter 1 und 2 festgestellten Abweichungen von Geist und Buchstaben der Bekundungen der KPD und der gemeinsamen Vereinbarungen ist die vorbehaltlose Bereitschaft großer Teile der Funktionäre und Anhänger der SPD einem zunehmenden Zweifel an der Ehrlichkeit des Bekenntnisses der KPD zur Demokratie und des Willens zur Zusammenarbeit und Einheit ohne betonten Führungsanspruch der KPD gewichen.

Hermann Weber (Hrsg.), DDR. Dokumente zur Geschichte der Deutschen Demokratischen Republik 1945–1985, München [3]1987, S. 55 f.

Welche Schwierigkeiten zeigten sich im Zusammengehen von KPD und SPD vor der Gründung der SED?

Wilhelm Pieck zum Verhältnis von Kommunisten und Sozialdemokraten

Auf dem letzten Berliner Parteitag der KPD am 13. April 1946 äußerte sich Wilhelm Pieck als Vorsitzender der KPD zum Verhältnis von Kommunisten und Sozialdemokraten:

Wir geben den Namen unserer Partei und vieles andere auf, um in der Einheit mit den sozialdemokratischen Massen Höheres und Besseres zu gestalten ... Wir werden das erbärmliche Geschwätz, daß die Kommunisten keine Demokraten seien, daß sie nur eine Parteidiktatur wollen, durch unsere Arbeit innerhalb der Sozialistischen Einheitspartei widerlegen. Jedes Sektierertum oder etwa das Nebeneinanderbestehen alter parteimäßiger Gruppen, [...] müssen wir unter allen Umständen vermeiden und beseitigen. Wir sollen es uns abgewöhnen, etwa von Kommunisten und Sozialdemokraten noch zu reden. Wir werden ohne Unterschied Sozialisten sein [...].

Einstimmig beschlossen : SED Groß-Berlin, Berlin 1946, S. 18 u. 20

1. Informieren Sie sich über die Geschichte der KPD seit 1919!
2. Welche Empfindungen löst das Bekenntnis von W. Pieck zur Einheitspartei bei Ihnen aus?

„Grundsätze und Ziele der Sozialistischen Einheitspartei Deutschlands"

Am 21. und 22. April 1946 tagte im Berliner Admiralspalast (heute das Metropoltheater) der Vereinigungsparteitag, an dem 548 sozialdemokratische und 507 kommunistische Delegierte teilnahmen. Einstimmig wurden die „Grundsätze und Ziele der Sozialistischen Einheitspartei Deutschlands" angenommen:

Die Vereinigung der Sozialdemokratischen Partei Deutschlands und der Kommunistischen Partei ist [...] das unaufschiebbare Gebot der Stunde!
Von diesen Erwägungen ausgehend, wird die Sozialistische Einheitspartei Deutschlands auf dem Boden folgender Grundsätze und Ziele gebildet:

I. Gegenwartsforderungen

1. Bestrafung aller Kriegsschuldigen und Kriegsverbrecher. [...]
2. Beseitigung der kapitalistischen Monopole, Übergabe der Unternehmungen der Kriegsschuldigen, Faschisten und Kriegsinteressenten in die Hände der Selbstverwaltungsorgane.
3. Vernichtung des reaktionären Militarismus, Entmachtung der Großgrundbesitzer und Durchführung der demokratischen Bodenreform.
4. Ausbau der Selbstverwaltung auf der Grundlage demokratisch durchgeführter Wahlen. Leitung aller öffentlichen Einrichtungen und der Wirtschaft durch ehrliche Demokraten und bewährte Antifaschisten. [...]
5. Überführung aller öffentlichen Betriebe, der Bodenschätze und Bergwerke, der Banken, Sparkassen und Versicherungsunternehmungen in die Hände der Gemeinden, Provinzen und Länder oder der gesamtdeutschen Regierung. [...]
6. Aufbau der Wirtschaft und Sicherung der Währung auf Grund von Wirtschaftsplänen. [...]
7. Demokratische Steuerreform. [...]
8. Sicherung der demokratischen Volksrechte. Freiheit der Meinungsäußerung in Wort, Bild und Schrift unter Wahrung der Sicherheit des demokratischen Staates gegenüber reaktionären Anschlägen. Gesinnungs- und Religionsfreiheit. Gleichheit aller Bürger vor dem Gesetz ohne Unterschied von Rasse und Geschlecht. Gleichberechtigung der Frau im öffentlichen

Berlin, 21.–22. April 1946. Vereinigungsparteitag der KPD und SPD. Wilhelm Pieck hält die Fahne der SED, neben ihm steht Otto Grotewohl. An der Wand die Bilder *(von links nach rechts)* von Friedrich Engels, August Bebel und Karl Marx.

Leben und im Beruf. Staatlicher Schutz der Person. Demokratische Rechts- und Justizreform.

9. Sicherung des Koalitions-, Streik- und Tarifrechtes. [...]
10. Achtstundentag als gesetzlicher Normalarbeitstag. [...]
11. Demokratische Reform des gesamten Bildungs- und Erziehungswesens. Aufbau der Einheitsschule. [...]
12. Herstellung der Einheit Deutschlands als antifaschistische, parlamentarisch-demokratische Republik, Bildung einer Zentralregierung durch die antifaschistisch-demokratischen Parteien.
13. Anerkennung der Pflicht zur Wiedergutmachung der durch das Hitlerregime den anderen Völkern zugefügten Schäden. [...]
14. Schärfster Kampf gegen Rassenhetze und jedwede Hetze gegen andere Völker. Friedliches und gutnachbarliches Zusammenleben mit anderen Nationen.

Protokoll des Vereinigungsparteitages der SPD und KPD, Berlin 1946, S. 174ff.

1. *Welchen Ideen hatte sich die SED in ihrem Gründungsprogramm verschrieben?*
2. *Vergleichen Sie die „Gegenwartsforderungen" mit den Potsdamer Vereinbarungen (siehe S. 5)!*

Die Bodenreform in der sowjetischen Besatzungszone

Als ein Herd des Militarismus galt die ostelbische Junkerschaft, deren politische und wirtschaftliche Macht durch die erste durchgreifende Reform in der sowjetischen Besatzungszone zerschlagen werden sollte.
Im September 1945 begann die Bodenreform auf der Grundlage von Verordnungen der Länder- und Provinzialverwaltungen, durch die die Grundbesitzer, die mehr als 100 ha Boden besaßen, entschädigungslos enteignet wurden. Initiator dieser Maßnahme war die KPD, die seit August unter dem Leitspruch *„Junkerland in Bauernhand!"* für die Reform geworben hatte. Auch die übrigen Parteien waren für diese Maßnahme eingetreten. Die CDU-Führung hatte nur die entschädigungslose Enteignung abgelehnt. Betroffen von der Bodenreform waren rund 14000 Betriebe der Großgrundbesitzer, Nazi- und Kriegsverbrecher. Von den 3,3 Mio. ha Land erhielten etwa 600000 individuelle Eigentümer 2,2 Mio. ha, der Rest kam in den staatlichen Bodenfonds.

Stimmen zur Bodenreform

Der Vertriebene O. Reinhardt aus Günterdorf/Crossen äußerte seine Meinung:

Ich will siedeln. Ich siedle gern. Nichts hat mir größere Freude bereitet als die Mitteilung der Bodenreform. Ich bin Flüchtling, und vor mir stand immer das Gespenst der Ungewißheit, ich wußte nicht, was anfangen, zumal meine Familie neun Personen zählt ... Mein Traum ist Wirklichkeit geworden.

TÄGLICHE RUNDSCHAU 24. September 1945

Clara von Arnim, Gutsfrau von Zernikow/Mecklenburg, berichtete von einem Besuch auf ihrem ehemaligen Gutshof:

Als wir nun durch die Räume gingen, sagte der Bürgermeister zu den neuen Hausbewohnern: „Das ist die Frau, der das alles einmal gehört hat. Jetzt will sie nur ein paar Erinnerungen an ihren Großvater haben."
Das nahmen die Flüchtlinge verständnisvoll auf und waren recht freundlich. Ich forderte auch keinen einzigen Gebrauchsgegenstand, kein Bett, keinen Tisch, keinen Stuhl ... In einem Raum fand ich die große Schreibtischschublade als Kinderbett vor. Der Aufsatz des Schreibtisches diente einer anderen Familie zur Aufbewahrung von Schuhen und Lebensmitteln. [...] Widerspruch legte nur eine Familie ein, die meinen Eichenschrank aus der Halle bis hinauf in eine Dachmansarde geschleppt hatte. [...] Einen einzigen Schrank wenigstens wollte ich doch gern haben, und nur dieser ließ sich auseinandernehmen. Die Leute murrten. Da sagte der Bürgermeister: „Ich habe achtzehn Schränke, die aus dem Schloß weggeholt worden sind, im Dorf beschlagnahmt. Von denen bekommen Sie einen." Damit waren sie einverstanden.

Clara von Arnim, Der Grüne Baum des Lebens, Bern–München–Wien 1990, S. 347f.

1. *Versuchen Sie, sich in die Beteiligten hineinzuversetzen und erörtern Sie, wie dicht oft Recht und Unrecht beieinanderlagen!*
2. *Nennen Sie den politischen Hintergrund der Bodenreform!*

Die Konfrontation der Alliierten in Deutschland – die Blockade West-Berlins

Die Krise um West-Berlin von 1948/49 war der erste Höhepunkt des ***Kalten Krieges.*** Ende des Jahres 1947 hatte der sowjetische Außenminister *Wjatscheslaw M. Molotow* auf der Londoner Außenministerkonferenz der Siegermächte einen Vorschlag für eine Friedenskonferenz, einen Friedensvertrag und die Bildung einer gesamtdeutschen demokratischen Regierung unterbreitet. Der Vorschlag wurde abgelehnt, da die drei Westmächte an der weiteren wirtschaftspolitischen Verschmelzung der Westzonen interessiert waren. Angesichts der festgefahrenen Verhandlungssituation traten dann im Februar 1948 in London die Außenminister der Westalliierten und der Benelux-Länder zusammen und berieten über die weitere politische und wirtschaftliche Struktur Deutschlands. Am 20. März 1948 protestierte der sowjetische Vertreter im Alliierten Kontrollrat gegen die *Londoner Empfehlungen* und die Gründung der *West-Union* (siehe Chronik). Er verließ den Kontrollrat demonstrativ. Damit war das gemeinsame oberste Machtorgan für Deutschland endgültig handlungsunfähig. Die sowjetischen Besatzungsbehörden begannen daraufhin mit der Behinderung westalliierter Transporte auf den Straßen nach Berlin.

Die Krise spitzte sich mit der westdeutschen Währungsreform zu. Nachdem am 18. Juni die Einführung der neuen Westwährung verkündet worden war, reagierte die SMAD wenige Tage später mit der Einführung einer eigenen Währung, die in ganz Berlin und der sowjetischen Zone gelten sollte. Als die westlichen Stadtkommandanten auf der Einführung der Westmark in ihren Sektoren bestanden, unterbrachen die Sowjets in der Nacht vom 23. zum 24. Juni den Verkehr von und nach West-Berlin vollständig.

Die Westmächte antworteten darauf mit der Einrichtung einer Luftbrücke. Sie wurde während der elfmonatigen Blockade aufrechterhalten und versorgte die Westberliner Bevölkerung in etwa 195 000 Flügen mit den notwendigsten Lebensmitteln, Kohle und anderen Gütern. Nach Geheimverhandlungen und einem Abkommen der vier Mächte wurde die Blockade am 12. Mai 1949 aufgehoben. Während der Blockadezeit kam es auch zur politischen und verwaltungsmäßigen Spaltung Berlins, die bis 1990 anhielt.

Die Blockade war ein Versuch der Sowjetunion, ihr Einflußgebiet demonstrativ abzustecken, zugleich war sie auch ein massiver Protest gegen die sich deutlich abzeichnende westdeutsche Staatsgründung. Sie erwies sich für die Sowjetunion als Fehlschlag, denn die Blockade verstärkte die antikommunistische Stimmung in der Bevölkerung und führte zu einer noch engeren Bindung der westdeutschen Politiker an die Westmächte.

Wie weit Deutschland 1948 schon wieder am Rande eines Krieges stand, ist schwer abzuschätzen. Der amerikanische Außenminister war dafür, die Blokkade auf den Autobahnen mit Panzern zu durchbrechen, und Churchill hatte zuvor sogar einen präventiven Atomschlag gegen die Sowjetunion gefordert.

Die Durchführung der Währungsreform in der sowjetischen Besatzungszone und Berlin

Befehl
des Obersten Chefs der Sowjetischen Militärverwaltung in Deutschland

Nr. 111 Berlin, 23. Juni 1948

[...] Die separate Währungsreform in den westlichen Besatzungszonen beschließt die Spaltung Deutschlands. Die amerikanischen, britischen und französischen Besatzungsbehörden haben die separate Währungsreform gegen die Interessen des deutschen Volkes durchgeführt, um den Wünschen der amerikanischen, britischen und französischen Monopole zu entsprechen, die bestrebt sind, Deutschland zu schwächen und zu zergliedern, es wirtschaftlich zu knechten. Die separate Währungsreform in Westdeutschland hat gleichfalls die Stärkung der Stellung der Vertreter des deutschen Großkapitals und der Junker zum Ziel, die die Machtergreifung des Faschismus sicherten, den zweiten Weltkrieg vorbereiteten und entfesselten und jetzt der Verknechtung Westdeutschlands durch die ausländischen Imperialisten Vorschub leisten.
Die Sowjetische Militärverwaltung in Deutschland, entsprechend den Anweisungen der Sowjetregierung, trat einer separaten Währungsreform in den einzelnen Besatzungszonen Deutschlands entgegen, bestand auf der Verwirklichung einer gesamtdeutschen Währungsreform. [...]
Unter diesen Verhältnissen und den Forderungen der deutschen demokratischen Öffentlichkeit entgegenkommend, sieht sich die Sowjetische Militärverwaltung gezwungen, unaufschiebbare Maßnahmen zu treffen, um die Interessen der deutschen Bevölkerung und der Wirtschaft der sowjetischen Besatzungszone und Groß-Berlin zu wahren. Deswegen billigt die Sowjetische Militärverwaltung den Vorschlag der Deutschen Wirtschaftskommission über die Durchführung der Währungsreform in der sowjetischen Besatzungszone Deutschlands. [...]
Unter Berücksichtigung der Vorschläge der Deutschen Wirtschaftskommission und der Wünsche der deutschen demokratischen Öffentlichkeit befehle ich:
1. Ab 24. Juni 1948 auf dem gesamten Territorium der sowjetischen Besatzungszone Deutschlands und auf dem Gebiet Groß-Berlins neue Geldscheine einzuführen: Reichsmark und Rentenmark alten Musters mit aufgeklebten Spezialkupons. Scheidemünzen bleiben ihrem Nominalwert nach im Umlauf.
2. Als einziges gesetzlich zugelassenes Zahlungsmittel in der sowjetischen Besatzungszone und im Gebiet von Groß-Berlin gelten Reichsmark und Rentenmark mit aufgeklebten Spezialkupons sowie im Umlauf befindliche Scheidemünzen.
3. Um einer Desorganisation des Geldumlaufs vorzubeugen und die wirtschaftlichen Schwierigkeiten zu beseitigen, sind im Gebiet von Groß-Berlin, das sich in der sowjetischen Besatzungszone befindet und wirtschaftlich einen Teil der Sowjetzone bildet, nur neue Geldscheine der sowjetischen Besatzungszone im Verkehr zuzulassen.

TÄGLICHE RUNDSCHAU – Berliner Ausgabe – vom 23. Juni 1948

1. *Wodurch sah die SMAD die Einheit Deutschlands gefährdet?*
2. *Suchen Sie in den Punkten 1–3 Zündstoff zu neuen Streitigkeiten der Siegermächte!*

Meldung des Allgemeinen Deutschen Nachrichtendienstes (ADN) der sowjetischen Besatzungszone

Am 23. Juni 1948 veröffentlichte der ADN folgende Meldung:

Infolge einer technischen Störung an der Eisenbahnstrecke war die Transportverwaltung der Sowjetischen Militärverwaltung in Deutschland gezwungen, in der Nacht zum 24. Juni sowohl den Passagier- als auch den Güterverkehr auf der Strecke Berlin-Helmstedt in beiden Richtungen einzustellen. Der Chef der Transportverwaltung der SMV, Generalmajor Kwaschnin, erließ die notwendigen Anordnungen, um die Strecke schnellstens in Ordnung zu bringen. Wie verlautet, ist es z. Zt. nicht möglich, zur Aufrechterhaltung des Eisenbahnverkehrs in dieser Richtung eine Umleitung vorzunehmen, da sich das auf den gesamten Eisenbahnverkehr der sowjetischen Besatzungszone ungünstig auswirken würde.

TÄGLICHE RUNDSCHAU – Berliner Ausgabe – vom 24. Juni 1948

1. *Suchen Sie eine Erklärung dafür, weshalb die amtliche Nachrichtenagentur diese Gründe für die Blockade veröffentlichte!*
2. *Benennen Sie den Zusammenhang zwischen der Währungsreform und der Blockade!*

Appell des Berliner Magistrats

Am 29. Juni 1948 richtete der Magistrat der drei Westsektoren Berlins einen Aufruf an die **Vereinten Nationen:**

Die gesamte Berliner Bevölkerung wird nach Erschöpfung der noch in der Stadt vorhandenen Kohlenvorräte, das heißt nach Ablauf einer nur wenige Wochen betragenden Frist, vor dem Erliegen der Gas-, Elektrizitäts- und auch der Wasserversorgung stehen, wobei der der sowjetischen Besatzung unterstehende Ostsektor bei der Fortführung der Elektrizitätslieferung aus der Ostzone und vielleicht auch in anderer Hinsicht weniger betroffen wird. Für die Bewohner der drei anderen Sektoren dagegen muß das vollständige Aufhören aller drei Versorgungsarten etwa ab Anfang August zu noch schwer ausdenkbaren Folgen auf allen Gebieten des öffentlichen, wirtschaftlichen und privaten Lebens, insbesondere auch auf gesundheitlichem Gebiete führen. Etwa um die gleiche Zeit wird auch die Möglichkeit der geordneten Ernährung für die Bevölkerung dieser drei Sektoren aufhören, da die jetzt vorhandenen Vorräte durchschnittlich nur bis zu dieser Zeit reichen und da ins Gewicht fallende andere Zufuhrmöglichkeiten nicht bestehen. Gegenwärtig ist die Stromversorgung für die drei Westsektoren bis auf wenige Stunden eingestellt worden; ebenso hat bereits die Frischmilchversorgung der Säuglinge und Kleinstkinder in den Westsektoren aufgehört. Beide Tatsachen schaffen schon jetzt eine überaus gefahrvolle Lage für die Gesundheit der Bevölkerung. In fortschreitender Entwicklung wäre die gesamte, 2,1 Millionen zählende Bevölkerung der Westsektoren zum regelrechten physischen Untergang verurteilt, wenn nicht mit größter Beschleunigung Abhilfe geschaffen würde.

Wolfgang Benz, Die Gründung der Bundesrepublik. Von der Bizone zum souveränen Staat, München 1984, S. 21

Warum wandte sich der Magistrat an die Vereinten Nationen? Informieren Sie sich über die Weltorganisation!

Planwirtschaft – Marktwirtschaft

Die Vorstellung der Besatzungsmächte, die die Verfügungsgewalt über die deutsche Wirtschaft hatten, sowie die große Not der Nachkriegszeit bestimmten die Diskussion über das zukünftige deutsche Wirtschaftssystem. Als Alternativen kristallisierten sich erst allmählich heraus: die Einführung einer sozialistischen Plan- oder einer privatkapitalistischen Marktwirtschaft.
Während die KPD noch in ihrem Gründungsaufruf vom 11. Juni 1945 für die ungehinderte Entfaltung des freien Handels auf der Grundlage des Privateigentums eintrat, bewirkten die konkreten Maßnahmen der sowjetischen Militäradministration, die im Zusammenhang mit der Enteignung der Nazi- und Kriegsverbrecher und den Ansprüchen auf Reparationsleistungen durchgesetzt wurden, die Einführung einer Planwirtschaft nach sowjetischem Vorbild.
Demgegenüber setzte sich in der Bizone der am 2. März 1948 gewählte „Direktor der Verwaltung für Wirtschaft des Vereinigten Wirtschaftsgebietes“, *Ludwig Erhard,* mit einer auf Freiheit und sozialer Verantwortung begründeten Marktwirtschaft durch. Am 21. April 1948 legte er sein Wirtschaftsprogramm vor. Die tragende Idee darin war, eine sinnvolle Kombination von zentraler staatlicher Lenkung und freier Initiative der Bürger zu verwirklichen. Die Bevormundung und Gängelung der Wirtschaft sollten weitestgehend ausgeschlossen und ein freies Spiel der Kräfte zugelassen werden.
Damit begannen in der Ost- und den Westzonen grundverschiedene Wirtschaftsvorstellungen wirksam zu werden (siehe auch die Schaubilder in Anhang, S. 164).

Die Wirtschaftsstrategie der SED

Auf der 1. Parteikonferenz der Sozialistischen Einheitspartei Deutschlands, die vom 25. bis 28. Januar 1949 in Berlin tagte, wurde zu der zukünftigen Wirtschaftsstrategie festgestellt:

Im Beschluß des zweiten Volkskongresses[1]) wird von der Schaffung einer unabhängigen Friedenswirtschaft auf demokratischer Grundlage gesprochen. [...]
Antifaschistisch-demokratische Ordnung, das heißt: die faschistischen Kriegsverbrecher und Kriegsinteressenten wurden entmachtet; es wurden bedeutende strukturelle Veränderungen in Staat und Wirtschaft durchgeführt. Es erfolgte eine demokratische Umwälzung in der Ostzone Deutschlands. Durch die Enteignung der Kriegsverbrecher gingen die Schlüsselstellungen in der Wirtschaft in die Hände des Volkes über.
Der volkseigene Sektor der Industrie umfaßt 8 Prozent der Betriebe mit 45 Prozent der Produktion.
Die volkseigenen Güter in der Landwirtschaft erzeugen ungefähr 10 Prozent des Produktionswertes der Landwirtschaft.
Daneben bestehen kapitalistische Betriebe in Industrie und Landwirtschaft (das sind großbäuerliche Wirtschaften, die ständig eine Anzahl von Arbeitskräften ausbeuten).

---

1) Er tagte am 17. und 18. März 1948 unter dem Motto *„Für Einheit und gerechten Frieden!“* (siehe auch S. 28, Anm. 1).

Der Großhandel liegt fast ausschließlich in kapitalistischen Händen. Und schließlich gibt es bei uns Betriebe der einfachen Warenproduktion (Betriebe von Handwerkern, kleinen Gewerbetreibenden sowie Klein- und Mittelbauern).

Wir haben es also nicht mit einer einheitlichen Wirtschaftsordnung zu tun. Unter den Bedingungen der antifaschistisch-demokratischen Ordnung ist es dem Volke möglich, durch die staatliche Wirtschaftsplanung, durch den volkseigenen Sektor der Wirtschaft, zu dem alle Grundstoffindustrien gehören, durch das System der Volksbanken und durch die volkseigenen Großhandelsorganisationen seine Lebenslage Schritt für Schritt zu verbessern.

Worin besteht der Fortschritt, den wir erreicht haben? In den volkseigenen Betrieben arbeiten die Werktätigen für das Volk, das Mehrprodukt, das sie erzeugen, wird zum Nutzen des ganzen Volkes verwendet. In den volkseigenen Betrieben ist ein neues Verhältnis der Menschen zur Arbeit entstanden. [...]

Im privatkapitalistischen Teil der Wirtschaft ist der Unternehmerinitiative Spielraum gewährt. Die privatkapitalistischen Betriebe unterstehen nicht direkt der Planung, sondern haben nur indirekt Beziehungen dazu; sie schließen Verträge mit volkseigenen Betrieben oder SAG-Betrieben[1]), mit Handelsorganisationen oder mit Privatunternehmern ab.

Die nächsten Aufgaben sehen wir darin, die demokratische Ordnung zu festigen und mit Hilfe der Wirtschaftsplanung die Wirtschaft im Interesse der Verbesserung der materiellen Lage des Volkes und des Aufbaues zu entwickeln. Wir beabsichtigen nicht, nach der Enteignung der Konzernherren und Kriegsverbrecher nun die Enteignung auf heißem oder kaltem Wege weiterzuführen.

Worauf kommt es jetzt an?

Die Betriebe des volkseigenen Sektors sollen im Wettbewerb ihre Überlegenheit beweisen. [...]

Die grundlegende Aufgabe in der gegenwärtigen Zeit besteht also darin, die Fähigkeit zu erwerben, die staatliche Verwaltung und die Wirtschaft auf neue Weise zu leiten, im Interesse des Volkes zu leiten, die Menschen zu überzeugen, sie im Kampf um das Neue zu stählen, der Jugend den Weg zum Aufstieg zu ebenen. [...]

Wir sind überzeugt, daß das Beispiel der demokratischen Entwicklung und der Wirtschaftsplanung in der Ostzone in Westdeutschland überzeugend wirken wird.

Protokoll der Ersten Parteikonferenz der Sozialistischen Einheitspartei Deutschlands 25. bis 28. Januar 1949, Berlin 1950, S. 182–185, 243

1. *Fassen Sie die Gründe zusammen, weshalb die SED-Führung beschloß, zur zentralen Planwirtschaft überzugehen!*
2. *Welche Erwartungen knüpfte die SED-Führung an das Volkseigentum an Produktionsmitteln hinsichtlich*
   a) der Einstellung der Menschen zur Arbeit,
   b) des Wettbewerbs mit dem marktwirtschaftlichen System?

---

1) Mit Befehl Nr. 167 der SMAD vom 5. Juni 1946 gingen 213 deutsche Betriebe, die wichtigsten Gewerbebetriebe in der Zone und in Ost-Berlin, als „SAG-Betriebe" in den Besitz der Sowjetunion über, darunter bedeutende Werke der Metallurgie, der Chemie, des Schwermaschinen-, Maschinen- und Waggonbaus sowie der Elektroindustrie. Die Sowjetunion verfügte damit über fast ein Drittel der Industriekapazität der Zone. Sie beschäftigten unter sowjetischer Leitung zunächst 300 000 deutsche Arbeiter und Angestellte. Am 1. 1. 1954 übergab die Sowjetunion die letzten 33 SAG-Betriebe an die DDR, ausgenommen blieben die Urangruben im Erzgebirge.

Die „Düsseldorfer Leitsätze" der CDU/CSU

Die „Düsseldorfer Leitsätze" der CDU/CSU vom 15. Juli 1949 entstanden unter maßgeblichem Einfluß von Ludwig Erhard. Sie sind bis heute das grundlegende Dokument des christlich-demokratischen Verständnisses für soziale Marktwirtschaft:

Die „soziale Marktwirtschaft" ist die sozial gebundene Verfassung der gewerblichen Wirtschaft, in der die Leistung freier und tüchtiger Menschen in eine Ordnung gebracht wird, die ein Höchstmaß von wirtschaftlichem Nutzen und sozialer Gerechtigkeit für alle erbringt. Diese Ordnung wird geschaffen durch Freiheit und Bindung, die in der „sozialen Marktwirtschaft" durch echten Leistungswettbewerb und unabhängige Monopolkontrolle zum Ausdruck kommen. Echter Leistungswettbewerb liegt vor, wenn durch eine Wettbewerbsordnung sichergestellt ist, daß bei gleichen Chancen und fairen Wettkampfbedingungen in freier Konkurrenz die bessere Leistung belohnt wird. [...]
In einer solchen Wirtschaftsordnung ist jeder Betrieb und jeder Haushalt im Rahmen der für alle gleichen Gesetze an Stelle einer lenkenden Behörde Herr seiner wirtschaftlichen Entschlüsse. Die einzelnen Betriebe planen in eigener Verantwortung, was sie erzeugen, und bieten ihre Erzeugnisse dem Markt an. Auf dem Markt findet ein Wettkampf der Erzeuger um die Gunst der Verbraucher statt. Wenn die Erzeuger richtig geplant haben, bezahlen die Verbraucher gute Preise, wenn sie falsch planen, werden die Erzeugnisse von den Verbrauchern abgelehnt oder nur zu niedrigeren Preisen abgenommen. Im ersteren Falle werden die Erzeuger durch Gewinn belohnt und zu größerer Produktion angeregt, im letzteren Falle werden sie durch Verlust gestraft und zur Umstellung auf eine andere, dem Verbraucher genehmere Produktion angehalten.
Auf diese Weise bestimmen die Verbraucher mittelbar, was produziert werden soll, und können gleichzeitig frei über ihr Einkommen verfügen.
Die „soziale Marktwirtschaft" steht im scharfen Gegensatz zum System der Planwirtschaft, die wir ablehnen, ganz gleich, ob in ihr die Lenkungsstellen zentral oder dezentral, staatlich oder selbstverwaltungsmäßig organisiert sind.
[...]
„Die soziale Marktwirtschaft" ist diejenige Ordnung, welche die Ausrichtung der Erzeugung auf die wirklichen Wünsche der Verbraucher und die billigste Versorgung des Gesamtbedarfs mit dem geringsten Aufwand an politischer und gesellschaftlicher Macht gewährleistet. Die Eindämmung von Macht aber ist die Aufgabe, vor die uns die Erfahrungen unserer eigenen jüngsten Vergangenheit und gewisser außerdeutscher Entwicklungsvorgänge stellen. Es sind also nicht nur wirtschaftliche und soziale Überlegungen, sondern auch politische und kulturelle Gründe, die uns veranlassen, die „soziale Marktwirtschaft" zu fordern. Wir sehen in ihr eine Wirtschaftsordnung, die zu echter Freiheit führt. Wer frei sein will, muß sich dem Wettbewerb unterwerfen und darauf verzichten, Macht auf dem Markt zu erstreben. Wer Macht auf dem Markt besitzt, d. h. wer nicht durch Wettbewerb kontrolliert ist, darf nicht frei sein.

Ernst-Ulrich Huster u. a., Determinanten der westdeutschen Restauration 1945–1949, Frankfurt/M. 1979, S. 430ff., 442

1. *Welche Grundlagen kennzeichnen ein marktwirtschaftliches System?*
2. *Erarbeiten Sie charakteristische Meinungen der SED-Führung und der CDU/CSU-Führung zur zentralen Planwirtschaft und sozialen Marktwirtschaft hinsichtlich politischer, ökonomischer und sozialer Zielvorstellungen!*

Die Gründung der beiden deutschen Staaten

Die Vorgeschichte der Spaltung Deutschlands ist reich an gegenseitigen Schuldzuweisungen der Siegermächte. *Winston Churchill* stellte im März 1946 in einer Rede fest: „Von Stettin an der Ostsee bis hinunter nach Triest an der Adria ist ein ‚Eiserner Vorhang' über den Kontinent gezogen ... Das ist sicher nicht das befreite Europa, für dessen Aufbau wir gekämpft haben." *Josef W. Stalin* antwortete wenige Monate später auf die Frage eines Korrespondenten der Nachrichtenagentur United Press, was den Frieden der Welt gefährde, mit dem Hinweis: „Die Brandstifter eines neuen Krieges, vor allem Churchill und seine Gesinnungsgenossen in England und den Vereinigten Staaten."
Schritte zur Teilung Deutschlands wurden von den Alliierten mit jeder Maßnahme gegangen, die ihren jeweiligen Machtbereich stärkte. Insofern war die Spaltung Deutschlands keine unmittelbare Folge des Zweiten Weltkrieges, sondern hatte ihre direkten Ursachen im Ost-West-Gegensatz.
Als die Währungsreform in den Westzonen durchgeführt wurde, waren die grundlegenden Dokumente für die Bildung eines westdeutschen Staates schon geschrieben worden. Die *Londoner Empfehlungen* vom März bzw. Juni 1948 (siehe Chronik) bildeten den Kern der westdeutschen Staatsgründung. Am 1. Juli 1948 wurden die neun Ministerpräsidenten und zwei Bürgermeister der westdeutschen Länder nach Frankfurt am Main berufen. Sie erhielten von den drei Militärgouverneuren drei Dokumente zur Bildung einer westdeutschen *Verfassungsgebenden Versammlung,* zur eventuellen Revision der Ländergrenzen und für den Erlaß eines Besatzungsstatuts. Die westdeutschen Länderchefs konnten den ersten Auftrag modifizieren und richteten einen *Parlamentarischen*

Mit vereinten Kräften. *„Merkwürdig, daß wir den Kahn nicht flott kriegen!"* Titelblattkarikatur aus dem in München erschienenen *SIMPL* (1. Jg. 1946, Heft 15). *1. Benennen Sie die Gründe, wodurch die Anstrengungen der beiden deutschen Michel behindert wurden! 2. Unter welchen Umständen wäre das Boot wieder manövrierfähig geworden?*

Rat ein. Dieser Rat, der aus 65 Vertretern der gewählten Länderparlamente bestand, wollte keine Verfassung, sondern nur ein *Grundgesetz* für die einheitliche Verwaltung des Besatzungsgebietes ausarbeiten. Der Begriff „Grundgesetz“ sollte den vorläufigen Charakter des Dokuments verdeutlichen.
Zum Vorsitzenden des Parlamentarischen Rates wurde *Konrad Adenauer* (CDU) gewählt. Von September 1948 bis Mai 1949 arbeitete dieser Rat an dem Entwurf des Grundgesetzes, in den sowohl die Erfahrungen aus der Weimarer Republik als auch die Wünsche der Westmächte einflossen.
Am 8. Mai 1949 stimmte der Parlamentarische Rat über das Grundgesetz ab. Es wurde mit 53 gegen 12 Stimmen angenommen. Am 12. Mai stimmten die westlichen Besatzungsmächte dem Grundgesetz nach geringfügigen Änderungen zu.
Nahezu parallel zur Gründung der Bundesrepublik vollzog sich in der sowjetischen Besatzungszone eine zweite Staatsgründung. Im Auftrag des *Deutschen Volkskongresses für Einheit und gerechten Frieden*[1]) legte der *Deutsche Volksrat*[2]) am 22. Oktober 1948 den Entwurf einer Verfassung der Deutschen Demokratischen Republik vor.
Unmittelbar vor der Gründung der DDR hatten vom 16. bis 28. September 1949 die Führer der SED *Wilhelm Pieck, Otto Grotewohl, Walter Ulbricht* und *Fred Oelßner* mit führenden Vertretern der Sowjetregierung in Moskau über die Gründung eines Staates auf dem Territorium der sowjetischen Besatzungszone verhandelt.
Der 7. Oktober 1949 war der Gründungstag der DDR. Der Deutsche Volksrat trat unter dem Vorsitz von *Wilhelm Pieck* zusammen und konstituierte sich als *Provisorische Volkskammer der Deutschen Demokratischen Republik*.
Beide Staaten beeilten sich nach ihrer Gründung, dem anderen die Existenzberechtigung abzusprechen. Der Deutsche Volksrat erklärte am 7. Oktober 1949, die Bundesrepublik sei ein Separatstaat[3]), dessen Scheinregierung allein das Diktat der Westmächte auszuführen habe. Demgegenüber betonte Konrad Adenauer in seiner Regierungserklärung vom 21. Oktober 1949, daß die Bundesrepublik „die alleinige legitimierte staatliche Organisation des deutschen Volkes“ sei.
Wohl nur wenige Menschen konnten 1949 absehen, daß die mit der doppelten Staatsgründung manifestierte Teilung Deutschlands nicht ein kurzzeitiges Zwischenspiel in der deutschen Geschichte war, sondern das Leben mehrerer Generationen prägte.

1) Der „Deutsche Volkskongreß für Einheit und gerechten Frieden“ wurde auf Initiative der SED am 6./7. Dezember 1947 gegründet und setzte sich aus Vertretern von Parteien und Massenorganisationen, zu geringem Teil auch aus den Westzonen (in denen die Bewegung verboten war) zusammen.

2) Ein vom „Deutschen Volkskongreß für Einheit und gerechten Frieden“ gewähltes ständiges Organ, das sich aus 400 Mitgliedern der Blockparteien und den in der sowjetischen Besatzungszone zugelassenen Massenorganisationen zusammensetzte; rund 100 Teilnehmer kamen aus den Westzonen.

3) abgetrennter Teilstaat

Aus dem Grundgesetz für die Bundesrepublik Deutschland

Auf einem feierlichen Staatsakt wurde am 23. Mai 1949 in Bonn das Grundgesetz verkündet; es verlor in den folgenden vier Jahrzehnten getrennter deutscher Geschichte den Charakter eines Provisoriums:

Die Präambel

Im Bewußtsein seiner Verantwortung vor Gott und den Menschen, von dem Willen beseelt, seine nationale und staatliche Einheit zu wahren und als gleichberechtigtes Glied in einem vereinten Europa dem Frieden der Welt zu dienen, hat das deutsche Volk in den Ländern Baden, Bayern, Bremen, Hamburg, Hessen, Niedersachsen, Nordrhein-Westfalen, Rheinland-Pfalz, Schleswig-Holstein, Württemberg-Baden und Württemberg-Hohenzollern, um dem staatlichen Leben für eine Übergangszeit eine neue Ordnung zu geben, kraft seiner verfassungsgebenden Gewalt dieses Grundgesetz der Bundesrepublik Deutschland beschlossen. Es hat auch für jene Deutsche gehandelt, denen mitzuwirken versagt war. Das gesamte deutsche Volk wird aufgefordert, in freier Selbstbestimmung die Einheit und Freiheit Deutschlands zu vollenden.

Artikel 1 [Menschenwürde, Grundrechtsbildung der staatlichen Gewalt]

(1) Die Würde des Menschen ist unantastbar. Sie zu achten und zu schützen ist Verpflichtung aller staatlichen Gewalt.

Artikel 22 [Bundesflagge]

Die Bundesflagge ist schwarz-rot-gold.

Artikel 23 [Geltungsbereich des Grundgesetzes]

Dieses Grundgesetz gilt zunächst im Gebiete der Länder Baden, Bayern, Bremen, Groß-Berlin[1]), Hamburg, Hessen, Niedersachsen, Nordrhein-Westfalen, Rheinland-Pfalz, Schleswig-Holstein, Württemberg-Baden und Württemberg-Hohenzollern. In anderen Teilen Deutschlands ist es nach deren Beitritt in Kraft zu setzen.

Artikel 116 [Deutsche Staatsangehörigkeit]

(1) Deutscher im Sinne dieses Grundgesetzes ist vorbehaltlich anderweitiger gesetzlicher Regelungen, wer die deutsche Staatsangehörigkeit besitzt oder als Flüchtling oder Vertriebener deutscher Volkszugehörigkeit oder als dessen Ehegatte oder Abkömmling in dem Gebiete des Deutschen Reiches nach dem Stande vom 31. Dezember 1937 Aufnahme gefunden hat.

Artikel 144 [Ratifizierung]

(1) Dieses Grundgesetz bedarf der Annahme durch die Volksvertretungen in zwei Dritteln der deutschen Länder, in denen es zunächst gelten soll.

Artikel 146 [Geltungsdauer]

Dieses Grundgesetz verliert seine Gültigkeit an dem Tage, an dem eine Verfassung in Kraft tritt, die von dem deutschen Volke in freier Entscheidung beschlossen worden ist.

BUNDESGESETZBLATT Nr. 1 vom 23. Mai 1949

Aus welchen Formulierungen können Sie die Vorläufigkeit des Grundgesetzes entnehmen?

---

1) Während der Bund und West-Berlin den Standpunkt vertraten, West-Berlin sei ein Land der Bundesrepublik Deutschland, lehnten die Westmächte diese Auffassung ab und verwiesen auf den *Viermächte-Status* der Stadt (siehe Glossar). Daraus ergaben sich bestimmte Sonderregelungen; so durften in West-Berlin bis 1990 die Abgeordneten für den Deutschen Bundestag nicht in allgemeinen Wahlen gewählt werden, sondern nur von der gesetzgebenden Körperschaft (Senat) West-Berlins.

Aus der Verfassung der Deutschen Demokratischen Republik

Der „Deutsche Volkskongreß für Einheit und gerechten Frieden" billigte am 29. und 30. Mai 1949 – drei Wochen nach der Veröffentlichung des westdeutschen Grundgesetzes – diese Verfassung. Sie wurde in den folgenden vier Jahrzehnten mehrfach geändert und den politischen Gegebenheiten angepaßt (siehe S. 113f.):

Von dem Willen erfüllt, die Freiheit und die Rechte des Menschen zu verbürgen, das Gemeinschafts- und Wirtschaftsleben in sozialer Gerechtigkeit zu gestalten, dem gesellschaftlichen Fortschritt zu dienen, die Freundschaft mit allen Völkern zu fördern und den Frieden zu sichern, hat sich das deutsche Volk diese Verfassung gegeben.

A. Grundlagen der Staatsgewalt

Artikel 1

Deutschland ist eine unteilbare demokratische Republik; sie baut sich auf den deutschen Ländern auf.

Die Republik entscheidet alle Angelegenheiten, die für den Bestand und die Entwicklung des deutschen Volkes in seiner Gesamtheit wesentlich sind; alle übrigen Angelegenheiten werden von den Ländern selbständig entschieden.

Die Entscheidungen der Republik werden grundsätzlich von den Ländern ausgeführt. Es gibt nur eine deutsche Staatsangehörigkeit.

Artikel 2

Die Farben der Deutschen Demokratischen Republik sind Schwarz-Rot-Gold.

Die Hauptstadt der Republik ist Berlin.

Artikel 3

Alle Staatsgewalt geht vom Volke aus.

Artikel 5

Die allgemein anerkannten Regeln des Völkerrechts binden die Staatsgewalt und jeden Bürger.

Die Verfassung der Deutschen Demokratischen Republik, Dresden 1949, S. 8f.

1. *Welchen Eindruck vermittelte die Verfassung über ihren Gültigkeitsbereich?*
2. *Worin gleichen bzw. worin unterscheiden sich das Grundgesetz der Bundesrepublik Deutschland und die Verfassung der DDR?*

Die Regierungserklärung Otto Grotewohls

Aus der Regierungserklärung des Ministerpräsidenten der DDR, Otto Grotewohl, am 12. Oktober 1949 vor der Provisorischen Volkskammer:

Der neue Weg ist der Weg der Demokratie, des Friedens und der Freundschaft mit allen Völkern. Bei der Verfolgung dieses Weges kann und wird sich die Regierung auf die Beschlüsse der Potsdamer Konferenz stützen. [...]

Die Handlungen der Regierung werden durch nichts anderes bestimmt als durch die vom Deutschen Volksrat beschlossene, vom 3. Deutschen Volkskongreß bestätigte und durch die Volkskammer in Kraft gesetzte Verfassung der Deutschen Demokratischen Republik. Die Regierung geht aus der ersten unabhängigen deutschen Volksbewegung hervor, sie ist damit die erste unabhängige deutsche Regierung. Durch ihre Herkunft aus dem deutschen Volke selbst unterscheidet sie sich schon von der auf Grund der Bonner Verfassung errichteten westdeutschen Separatregierung. Die Bonner Verfassung ist nur die Ausführbestimmung des Besatzungsstatuts der westlichen Alliierten. Der in Westdeutschland errichtete Verfassungszustand ist keineswegs als Ausdruck einer eigenen deutschen politischen Willensbildung anzuerkennen. Der westdeutsche Sonderstaat ist nicht in Bonn, sondern in London entstanden. Bonn hat nur die Londoner Empfehlungen[1]), die in Wahrheit Befehle der westlichen Alliierten waren, ausgeführt. Der nunmehr in die Volkskammer umgewandelte frühere Deutsche Volksrat hat wiederholt Vorschläge an die westdeutschen Politiker ergehen lassen, eine gemeinsame politische Plattform für eine demokratische Willensbildung in ganz Deutschland zu schaffen. Sie haben in Westdeutschland diesen demokratischen Weg abgelehnt und glauben, mit den Methoden einer maßlosen Hetze und Verleumdung gegen die Sowjetunion und gegen die sowjetische Besatzungszone weiterzukommen. Gegenüber dieser Politik der chauvinistischen[2]) Verhetzung wird die Regierung der Deutschen Demokratischen Republik bemüht sein, die gesunden politischen Kräfte Deutschlands in den Grundfragen der nationalen Einheit und der Schaffung eines Friedensvertrages zu sammeln. Die Regierung wird alles tun, was der Einheit Deutschlands und dem Frieden dienen kann, sie wird alles verhindern, was dieses Ziel gefährdet.

Die Entwicklung unseres deutschen demokratischen und friedlichen Staates wird am stärksten behindert von den imperialistischen Westmächten, dic die Spaltung Deutschlands bis zu dem heutigen beklagenswerten Stand vorwärtsgetrieben haben. [...]

Die Westmächte haben aber das von ihnen feierlich unterzeichnete Abkommen gebrochen. Statt der im Potsdamer Abkommen vorgesehenen Demokratisierung, Entmilitarisierung und Entnazifizierung Deutschlands sind sie bestrebt, die von ihnen besetzten Teile Deutschlands in eine Kolonie zu verwandeln, die mit den traditionellen Methoden imperialistischer Kolonialherrschaft regiert und ausgebeutet wird. Von Demokratisierung, Entmilitarisierung und Entnazifizierung ist keine Rede. Die von Anfang an sorgfältig konservierten Kräfte der deutschen Reaktion, verstärkt durch den in Westdeutschland immer mehr um sich greifenden Neofaschismus, haben mit aktiver Unterstützung der Besatzungsmächte die alten Machtpositionen wieder eingenommen.

Otto Grotewohl, Im Kampf um die einzige Deutsche Demokratische Republik. Reden und Aufsätze, Bd. 1. Berlin 1954, S. 515ff.

Die Regierungserklärung Konrad Adenauers

Bundeskanzler Konrad Adenauer begründete am 21. Oktober 1949 in einer Regierungserklärung vor dem Deutschen Bundestag den Alleinvertretungsanspruch der Bundesrepublik Deutschland wie folgt:

Ihnen, meine Damen und Herren vom Deutschen Bundestag, als den legitimierten Vertretern des deutschen Volkes habe ich folgende Erklärung abzugeben. [...]

Es wird niemand behaupten können, daß die nunmehr geschaffene Organisation der Sowjetzone auf dem freien Willen der Bevölkerung dieser Zone be-

1) siehe S. 8 u. S. 27

2) Chauvinismus: nationalistischer Haß auf andere Völker

ruht. *(Sehr richtig)* Sie ist zustande gekommen auf Befehl Sowjetrußlands und unter Mitwirkung einer kleinen Minderheit ihr ergebener Deutscher. Im Gegensatz zu der Sowjetzone trat in den drei Westzonen bei den westlichen Alliierten das Bestreben, eine einheitliche Organisation für diese drei Zonen zu schaffen, erst auf der Londoner Konferenz der sechs Mächte – England, Frankreich, USA, Beneluxstaaten –, die vom Februar bis Juni 1948 abgehalten wurde, zutage. *(Abg. Rische [KPD]: Bereits 1946!)* Dieses Bestreben zeigte sich also erst, als die Entwicklung in der Ostzone, die ich eben geschildert habe, schon weit fortgeschritten war, als der Erste und der Zweite Volkskongreß und der Volksrat schon geschaffen waren. Auf Grund der Empfehlungen der Londoner Konferenz wurde der Parlamentarische Rat zum 1. September 1948 einberufen. Das von ihm beschlossene Grundgesetz trat nach der Ratifizierung durch die Landtage am 23. Mai 1949 in Kraft. *(Abg. Rische: Ohne Wahlen)* Die Wahlen zum ersten Bundestag wurden am 14. August 1949 abgehalten.[1]) An ihnen beteiligten sich rund 25 Millionen von 31 Millionen stimmberechtigter Deutscher. Nur die 1,5 Millionen kommunistischen Stimmen, die abgegeben wurden, kann man als gegen die staatliche Neuordnung abgegeben bezeichnen, *(Sehr gut!)* so daß rund 23 Millionen Wähler bei dieser Wahl bestätigten, daß sie die staatliche Neuordnung der drei Westzonen, die Schaffung der Bundesrepublik Deutschland billigten. *(Abg. Rische: Wann hat das Volk über die Grundgesetze abgestimmt?)*

Ich stelle folgendes fest. In der Sowjetzone gibt es keinen freien Willen der deutschen Bevölkerung. *(Lebhafte Zustimmung rechts, in der Mitte und bei der SPD.)* Das, was dort geschieht, wird nicht von der Bevölkerung getragen und damit legitimiert. *(Sehr gut!)* Die Bundesrepublik Deutschland stützt sich dagegen auf die Anerkennung durch den frei bekundeten Willen von rund 23 Millionen stimmberechtigter Deutscher. Die Bundesrepublik Deutschland ist somit bis zur Erreichung der deutschen Einheit insgesamt die alleinige, legitimierte, staatliche Organisation des deutschen Volkes. *(Lebhafter Beifall und Händeklatschen rechts, in der Mitte und bei der SPD.)* Hieraus ergeben sich innenpolitische und außenpolitische Folgerungen, die ich im einzelnen wiederzugeben mir heute versagen muß. Die Bundesrepublik Deutschland fühlt sich auch verantwortlich für das Schicksal der 18 Millionen Deutschen, die in der Sowjetzone leben. *(Lebhafte Zustimmung rechts, in der Mitte und bei der SPD.)* Sie versichert sie ihrer Treue und ihrer Sorge. *(Erneuter Beifall.)* Die Bundesrepublik ist allein befugt, für das deutsche Volk zu sprechen. *(Sehr gut – Abg. Renner [KPD]: Ich denke, die Hohen Kommissare!)* Sie erkennt Erklärungen der Sowjetzone nicht als verbindlich für das deutsche Volk an. *(Zustimmung rechts, in der Mitte und bei der SPD.)*

Verhandlungen des Deutschen Bundestages, 1. Wahlperiode 1949. Stenographische Berichte, Bd. 1, S. 307ff.

1. *Nennen und beurteilen Sie die Argumente der Regierungschefs beider deutscher Staaten, die die Legitimität des eigenen und die Unrechtmäßigkeit des jeweils anderen Staates beweisen sollen!*
2. *Setzen Sie sich mit dem Alleinvertretungsanspruch der Bundesrepublik Deutschland auseinander! Welche Argumente lassen sich dafür und dagegen anführen?*

1) siehe Schaubild auf S. 163

Die Einbindung der Deutschen in zwei Weltordnungen: 1950–1955

Die sechs Jahre nach der doppelten Staatsgründung waren von divergierenden politischen Tendenzen geprägt. Immer wieder tauschten die ehemaligen Siegermächte Vorschläge zur Lösung des Deutschlandproblems aus. Aber nie kam es zu einer gemeinsamen Regelung. So wie es sich schon in der unmittelbaren Nachkriegszeit angedeutet hatte, waren die Machtinteressen zu gegensätzlich und das Mißtrauen unüberwindlich. Ein Höhepunkt in der Auseinandersetzung um Deutschland waren die *„Stalin-Noten"* von 1952. Sie stellten die Westmächte und die Bundesregierung vor die Alternative: Neutralität *und* Wiedervereinigung oder Westintegration *und* Aufrechterhaltung zweier deutscher Staaten. Die Ablehnung der Stalin-Noten brachte K. Adenauer den Vorwurf ein, das Wiedervereinigungsgebot der sowjetischen Regierung nicht ernst genommen zu haben.[1]) Der Gedanke an die Wiedervereinigung blieb aber im deutschen Volk noch für viele Jahre lebendig. Besuche in Ost und West waren noch möglich und familiäre Bande konnten gepflegt werden. Doch zunehmend wurden die Menschen in den jeweiligen Staat eingebunden und führten dort ihr Leben. Wer dies ablehnte, konnte den Staat noch wechseln.
1953 kam es zu einer schweren Erschütterung des sozialistischen Staates, als Teile der Bevölkerung ihre Unzufriedenheit in einem Aufstand bekundeten. Die Erhebung wurde mit Hilfe der sowjetischen Truppen unterdrückt.
In beiden deutschen Staaten war es die Zeit des Wiederaufbaus, der in der DDR ohne die Marshall-Plan-Hilfe langsamer und durch Reparationszahlungen an die Sowjetunion beschwerlicher vor sich ging. In der Bundesrepublik brachte die Einführung der freien Marktwirtschaft soziale Belastungen: Die Zahl der Arbeitslosen fiel erst allmählich (siehe Schaubild im Anhang, S. 165).
Beide deutsche Staaten wurden in diesen Jahren politisch, wirtschaftlich und militärisch in die Ost-West-Blöcke eingebunden. Der westdeutsche Staat war 1951 vollberechtigtes Mitglied des *Europarats* geworden und hatte im selben Jahr den Vertrag über die *Europäische Gemeinschaft für Kohle und Stahl* (EGKS) unterzeichnet und sich damit gemeinsam mit Frankreich an die Spitze der wirtschaftlichen und politischen (west-)europäischen Einigungsbemühungen gestellt. 1955 folgte der Eintritt in die ***Nordatlantische Allianz*** (NATO). Die DDR war 1949 Mitglied des ***Rates für Gegenseitige Wirtschaftshilfe*** (RGW) geworden und wurde 1955 in die neu geschaffene ***Warschauer Vertragsorganisation*** (WVO) aufgenommen. Das Jahr 1955 war insofern eine Zäsur in der getrennten deutschen Geschichte; der sowjetische Parteichef *Nikita S. Chruschtschow* erklärte in Ost-Berlin erstmals öffentlich, daß in Deutschland „zwei Staaten mit verschiedener gesellschaftlicher und wirtschaftlicher Ordnung entstanden" seien.

---

1) siehe auch Anm. 1, S. 51

Fahne der Bundesrepublik Deutschland. Dieses Hoheitszeichen wurde am 20. Januar 1950 per Gesetz eingeführt. Der Bundesadler wurde in Anlehnung an den Reichsadler der mittelalterlichen Reichswappen gewählt.

1950 8. 2. Das ***Ministerium für Staatssicherheit*** *(MfS)* der DDR wird gebildet.

1. 5. In der Bundesrepublik werden die letzten Lebensmittelrationierungen aufgehoben.

17. 5. In der DDR wird die Volljährigkeit von 21 Jahren auf 18 Jahre herabgesetzt.

6. 7. Polen und die DDR unterzeichnen in Zgorzelec (Görlitz) eine Erklärung über die Festlegung der Oder-Neiße-Grenze als Staatsgrenze.

8. 7. Die Bundesrepublik tritt dem Europarat als assoziiertes Mitglied bei.

26. 9. Die ***Nordatlantische Allianz*** *(NATO)* beschließt die Schaffung einer gemeinsamen Armee zur Verteidigung Westeuropas unter Beteiligung West-Deutschlands.

29. 9. Die DDR wird in den ***Rat für Gegenseitige Wirtschaftshilfe*** (RGW) aufgenommen.

7. 11. In der Bundesrepublik wird das Gesetz über die Errichtung des Bundesamtes für Verfassungsschutz erlassen.

1951 6. 3. Die Bundesrepublik darf ein *Ministerium für Auswärtige Angelegenheiten* errichten und diplomatische Beziehungen zu anderen Staaten aufnehmen. Bundeskanzler Konrad Adenauer übernimmt auch die Aufgabe des Ministers für Auswärtige Angelegenheiten.

9. 7. Großbritannien beendet den Kriegszustand mit Deutschland; Frankreich folgt am 13. 7. und die USA am 18. 10.

20. 9. Die Bundesrepublik und die DDR regeln den Handelsverkehr im *Interzonenhandelsabkommen*.

8. 10. In der DDR wird die Rationierung von Lebensmitteln bis auf Fleisch, Fett und Zucker aufgehoben. Erst 1958 wird auch diese aufgehoben.

19. 11. Die Bundesregierung stellt beim Verfassungsgericht den Antrag auf Verbot der KPD und SRP *(Sozialistische Reichspartei)*.

	3. 12.	Die DDR lehnt die Teilnahme an den Olympischen Spielen 1952 ab, da die Bundesrepublik bei der Vorbereitung der Teilnahme einer gesamtdeutschen Mannschaft federführend sein soll.
1952	8. 2.	Der Bundestag stimmt für eine Mitgliedschaft der Bundesrepublik Deutschland in einer *Europäischen Verteidigungsgemeinschaft (EVG).*
	10. 3.	Josef W. Stalin schlägt den Westmächten Wiedervereinigung und bewaffnete Neutralität für Deutschland vor (*„Stalin-Note“*).
	25. 3.	Die Antwort der Westmächte enthält als Vorbedingung für Gespräche freie gesamtdeutsche Wahlen.
	9. 4.	Es folgen weitere Notenwechsel. In Einklang mit der Bonner Regierung lehnen die Westmächte eine Neutralisierung Deutschlands ab.
	26. 5.	In Bonn wird der *Vertrag über die Beziehungen zwischen der Bundesrepublik Deutschland und den drei Westmächten (Deutschlandvertrag)* unterzeichnet.
	9.–12. 7.	Die 2. Parteikonferenz der SED beschließt Richtlinien für den planmäßigen Aufbau der Grundlagen des Sozialismus.
	23. 7.	Umwandlung der fünf Länder der DDR in 14 Bezirke.
	1. 9.	Das ***Lastenausgleichsgesetz***, das Sonderleistungen für Kriegsbeschädigte, Heimatvertriebene und Flüchtlinge vorsieht, tritt in der Bundesrepublik in Kraft.
	21. 12.	Zu Stalins Geburtstag nimmt der *Deutsche Fernsehfunk* in der DDR sein Versuchsprogramm auf.
	25. 12.	Der Nordwestdeutsche Rundfunk beginnt mit der Ausstrahlung des *Ersten deutschen Fernsehprogramms.*
1953	19. 3.	Der Bundestag ratifiziert den Deutschland- und EVG-Vertrag. Der *Deutschlandvertrag* sieht die Gleichberechtigung der Bundesrepublik innerhalb der westeuropäischen Gemeinschaft vor. Im *EVG-Vertrag* wird die Schaffung supranationaler europäischer Streitkräfte mit deutschen Kontingenten festgelegt.
	16./17. 6.	Aus Streiks und Protestdemonstrationen der Arbeiter gegen die Erhöhung von Arbeitsnormen entwickelt sich in Ost-Berlin und in der übrigen DDR ein Aufstand gegen die Politik der SED. Sowjetische Panzer fahren auf. Bis zum 11. Juli wird der Ausnahmezustand verhängt.
	20.–22. 8.	Eine DDR-Regierungsdelegation verhandelt in Moskau über den Erlaß aller Reparationsleistungen ab 1. 1. 1954.
1954	25. 1.–18. 2.	Eine Viermächtekonferenz in Berlin über die deutsche Wiedervereinigung scheitert.
	19.–23. 10.	Auf der Pariser Konferenz wird der künftige Status der Bundesrepublik in den *Pariser Verträgen* geregelt – u. a. Beendigung des Besatzungsregimes, Aufnahme in die

		NATO, Anerkennung des Alleinvertretungsanspruchs, Sicherheitsgarantien der Westmächte für Berlin.
1955	25. 1.	Die Sowjetunion beendet offiziell den Kriegszustand mit Deutschland.
	29. 1.	Im *Deutschen Manifest* protestieren Wissenschaftler und Politiker der Bundesrepublik gegen die *Pariser Verträge.*
	18. 2.	Die Volkskammer der DDR schlägt dem Bundestag die Vorbereitung gesamtdeutscher Wahlen vor. Sie wendet sich gegen die Ratifizierung der *Pariser Verträge.*
	5. 5.	Die *Pariser Verträge* treten in Kraft. Damit erhält die Bundesrepublik die Souveränität.
	9. 5.	Die Bundesrepublik wird Mitglied der NATO.
	14. 5.	Die ***Warschauer Vertragsorganisation*** *(WVO)* wird gegründet; die DDR ist daran beteiligt.
	27. 8.	Die Nationalen Olympischen Komitees der Bundesrepublik und der DDR beschließen die Entsendung einer gesamtdeutschen Olympiamannschaft nach Melbourne. Statt einer Nationalhymne wird bei Siegerehrungen der letzte Satz von Beethovens 9. Sinfonie gespielt.
	9.–13. 9.	Bundeskanzler Konrad Adenauer folgt einer sowjetischen Einladung nach Moskau. Es werden die Aufnahme diplomatischer Beziehungen, die Freilassung deutscher Kriegsgefangener und ein Handelsvertrag vereinbart.
	17.–20. 9.	DDR-Ministerpräsident Otto Grotewohl besucht Moskau. Die DDR erhält durch einen Staatsvertrag Souveränität.
	22. 9.	Die Bundesregierung erklärt die Aufnahme diplomatischer Beziehungen eines Staates mit der DDR zu einem „unfreundlichen Akt" gegen die Bundesrepublik, die sich Gegenmaßnahmen vorbehält. Diese Erklärung wird als die *Hallstein-Doktrin*[1]) zu einem politischen Grundsatz der Bundesregierung.

1) Benannt nach dem CDU-Politiker Walter Hallstein, der von 1951 bis 1957 Staatssekretär im Auswärtigen Amt war.

Die deutsche Grenze zu Polen

Die Anerkennung der deutsch-polnischen Grenze durch die DDR

Im Juni 1946 hatte der sowjetische Außenminister Wjatscheslaw M. Molotow die Oder-Neiße-Linie bereits als endgültige deutsche Grenze zu Polen erklärt. Vier Jahre später, die DDR war inzwischen innerhalb des Ostblocks diplomatisch anerkannt worden, vereinbarten die DDR und Polen eine gemeinsame Erklärung über die deutsch-polnische Staatsgrenze, die in der Bundesrepublik viel Aufregung verursachte. Am 6. Juli 1950 unterzeichneten Delegationen beider Staaten das „Abkommen von Zgorzelec [Görlitz] über die deutsch-polnische Staatsgrenze":

Artikel 1
Die Hohen Vertragsschließenden Parteien stellen übereinstimmend fest, daß die festgelegte und bestehende Grenze, die von der Ostsee entlang die Linie westlich von der Ortschaft Swinoujście und von dort entlang den Fluß Oder bis zur Einmündung der Lausitzer Neiße und die Lausitzer Neiße entlang bis zur tschechoslowakischen Grenze verläuft, die Staatsgrenze zwischen Deutschland und Polen bildet.

Helmut Stoecker (Hrsg.), Handbuch der Verträge 1871–1964, Berlin 1968, S. 509f.

1. *Vergleichen Sie den Vertragstext mit den Vereinbarungen von Potsdam (siehe S. 13)!*
2. *Das Abkommen mit Polen gehörte zu den ersten außenpolitischen Schritten der DDR. Warum wandte sich die DDR-Regierung zunächst dieser Frage zu?*
3. *Überlegen Sie sich, welche Gedanken und Gefühle der Vertrag bei der polnischen Bevölkerung ausgelöst hat!*

Die westdeutsche Reaktion auf die DDR-Vereinbarung zur deutsch-polnischen Grenze

Am 13. Juni 1950 gab der Alterspräsident des Deutschen Bundestages, der SPD-Abgeordnete Paul Löbe, im Namen aller Fraktionen und Gruppen des Bundestages, mit Ausnahme der kommunistischen Abgeordneten, folgende Erklärung ab:

In der von einer Delegation der sogenannten provisorischen Regierung der *Deutschen Demokratischen Republik* und der Regierung der *Republik Polen* unterzeichneten *Vereinbarung* vom 6. Juni 1950 wird die völker- und staatsrechtlich unhaltbare Behauptung aufgestellt, daß zwischen der sowjetisch besetzten Zone Deutschlands und Polen eine *sogenannte Friedensgrenze* festgelegt worden ist. Gemäß dem Potsdamer Abkommen ist das deutsche *Gebiet östlich von Oder und Neiße* als Teil der sowjetischen Besatzungszone Deutschlands der Republik Polen nur zur einstweiligen Verwaltung übergeben worden. Das Gebiet bleibt ein Teil Deutschlands. *(Langanhaltender lebhafter Beifall. – Abg. Reimann [KPD]: Herr Präsident, ich bitte ums Wort! – Erneuter Beifall. – Die Abgeordneten, mit Ausnahme der Fraktion der KPD, und die Vertreter der Bundesregierung und des Bundesrates erheben sich von den Plätzen. – Dauerndes Händeklatschen. – Zurufe von der KPD. – Gegenrufe: Ruhe!)* Meine Damen und Herren, niemand hat das Recht, *(Zuruf von der KPD: Die Kriegskoalition!)* aus einer eigenen Machtvollkommenheit Land und Leute preiszugeben oder eine Politik des Verzichts zu treiben. *(Beifall.)* Die Regelung dieser wie aller Grenzfragen Deutschlands, der östlichen wie der westlichen, kann nur durch einen Friedensvertrag erfolgen, der von einer demokratisch gewählten deutschen Regierung als ein Vertrag der Freundschaft und der guten Nachbarschaft mit allen Nationen baldigst geschlossen werden muß. *(Beifall.)* Meine Damen und Herren! Die Mitwirkung an der Markierung der Oder-Neiße-Linie als angeblich „unantastbare" Ostgrenze Deutschlands, zu der sich die sogenannte provisorische Regierung der Deutschen Demokratischen Republik bereitgefunden hat, ist ein Beweis für die beschämende Hörigkeit dieser Stelle gegenüber einer fremden Macht. *(Lebhafter Beifall.)* Der Bundestag weiß, daß er bei der Zurückweisung dieser Handlung auch im Namen der Deutschen in der sowjetischen Besatzungszone spricht. *(Allerseits stürmischer Beifall, außer bei der KPD. – Abg. Reimann: Ich bitte ums Wort!*[1]))

Verhandlungen des Deutschen Bundestages. I. Wahlperiode 1949. Stenographische Berichte, Bd. 4, S. 2457f.

Fassen Sie die Hauptargumente des SPD-Abgeordneten Löbe zusammen und werten Sie die Stellungnahme! Beachten Sie dabei auch die Reaktionen der Abgeordneten!

Die Charta der deutschen Heimatvertriebenen

Die Diskussion um die Anerkennung der deutsch-polnischen Grenze beeinflußte auch die folgende Grundsatzerklärung (Charta) des Zentralverbandes der vertriebenen Deutschen, die am 5. August 1950 in Bad Cannstatt (bei Stuttgart) verkündet wurde:

1. Wir Heimatvertriebenen verzichten auf Rache und Vergeltung. Dieser Entschluß ist uns ernst und heilig im Gedenken an das unendliche Leid, welches im besonderen das letzte Jahrzehnt über die Menschheit gebracht hat. [...]
Wir haben unsere Heimat verloren. Heimatlose sind Fremdlinge auf dieser Erde. Gott hat die Menschen in ihre Heimat hineingestellt. Den Menschen mit Zwang von seiner Heimat trennen, bedeutet ihn im Geiste töten. Wir haben dieses Schicksal erlitten und erlebt. Daher fühlen wir uns berufen zu verlangen, daß das Recht auf die Heimat als eines der von Gott geschenkten Grundrechte der Menschheit anerkannt und verwirklicht wird. Solange dieses Recht für uns nicht verwirklicht ist, wollen wir aber nicht zur Untätigkeit verurteilt beiseite stehen. Darum fordern und verlangen wir heute wie gestern:
a) Gleiches Recht als Staatsbürger, nicht nur vor dem Gesetz, sondern auch in der Wirklichkeit des Alltags.
b) Gerechte und sinnvolle Verteilung der Lasten des letzten Krieges auf das ganze deutsche Volk und eine ehrliche Durchführung dieses Grundsatzes.
c) Sinnvollen Einbau aller Berufsgruppen der Heimatvertriebenen in das Leben des deutschen Volkes.
d) Tätige Einschaltung der deutschen Heimatvertriebenen in den Wiederaufbau Europas.

Helmut Krause, Karlheinz Reif (Bearb.), Die Welt seit 1945. Geschichte in Quellen, München 1980, S. 251f.

1. *Überlegen Sie sich, welche Gedanken und Gefühle die deutsch-polnische Erklärung vom 6. Juli 1950 (siehe S. 37) bei den deutschen Heimatvertriebenen ausgelöst hat!*
2. *Welchen Anspruch erhoben die Heimatvertriebenen in der Charta an sich selbst und an den Staat?*

1) Der KPD-Abgeordnete Reimann erhielt keine Gelegenheit zur Gegenrede. Der Bundestagspräsident unterbrach die Sitzung und erteilte dem Abgeordneten Reimann, nach mehrfachen Aufforderungen, das Rednerpult zu verlassen, für 30 Sitzungen Hausverbot.

Die „Stalin-Noten"

Die Frage der Wiedervereinigung wurde von den Politikern immer wieder als Thema aufgegriffen, aber ohne Ergebnis fallengelassen. Im März 1952 legte der stellvertretende sowjetische Außenminister *A. Gromyko* den Botschaftern der drei Westmächte in Moskau eine Note vor, in der die sowjetische Regierung die Wiederherstellung der deutschen Einheit unter bestimmten Bedingungen anbot. Drei weitere sowjetische Noten folgten.
Doch der Integrationsprozeß der Bundesrepublik in die westeuropäische Gemeinschaft wurde dadurch nicht aufgehalten. Im Mai unterzeichneten die Außenminister der USA, Großbritanniens, Frankreichs und der Bundesrepublik in Bonn den *Deutschland-Vertrag,* und einen Tag später wurde in Paris der *EVG-Vertrag* paraphiert. Die DDR-Führung reagierte darauf mit der Errichtung einer Sperrzone entlang der Zonengrenze und verabschiedete auf der 2. SED-Parteikonferenz die Richtlinien für den planmäßigen *Aufbau der Grundlagen des Sozialismus.*

Die erste „Stalin-Note" vom 10. März 1952

Entwurf für einen Friedensvertrag mit Deutschland
Seit Beendigung des Krieges mit Deutschland sind fast sieben Jahre vergangen. Jedoch hat Deutschland immer noch keinen Friedensvertrag. Es ist gespalten und befindet sich gegenüber anderen Staaten in einer nicht gleichberechtigten Situation. Diesem unnormalen Zustand muß ein Ende gemacht werden. Das entspricht dem Willen aller friedliebenden Völker.
Grundlagen des Friedensvertrages mit Deutschland
Die Teilnehmer:
Großbritannien, die Sowjetunion, die USA, Frankreich, Polen, die Tschechoslowakei, Belgien, Holland und die anderen Staaten, die sich mit ihren Streitkräften am Krieg gegen Deutschland beteiligt haben.
Politische Leitsätze:
1. Deutschland wird als einheitlicher Staat wiederhergestellt. Damit wird der Spaltung Deutschlands ein Ende gemacht, und das geeinte Deutschland gewinnt die Möglichkeit, sich als unabhängiger, demokratischer, friedliebender Staat zu entwickeln.
2. Sämtliche Streitkräfte der Besatzungsmächte müssen spätestens ein Jahr nach Inkrafttreten des Friedensvertrages aus Deutschland abgezogen werden. Gleichzeitig werden sämtliche ausländischen Militärstützpunkte auf dem Territorium Deutschlands liquidiert.
3. Dem deutschen Volke müssen die demokratischen Rechte gewährleistet sein, damit alle unter deutscher Rechtsprechung stehenden Personen ohne Unterschied der Rasse, des Geschlechts, der Sprache oder der Religion die Menschenrechte und die Grundfreiheiten genießen, einschließlich der Redefreiheit, der Pressefreiheit, des Rechts der freien Religionsausübung, der Freiheit der politischen Überzeugung und der Versammlungsfreiheit.
4. In Deutschland muß den demokratischen Parteien und Organisationen freie Betätigung gewährleistet sein; sie müssen das Recht haben, über ihre inneren

Angelegenheiten frei zu entscheiden, Tagungen und Versammlungen abzuhalten, Presse- und Publikationsfreiheit zu genießen.
5. Auf dem Territorium Deutschlands dürfen Organisationen, die der Demokratie und der Sache der Erhaltung des Friedens feindlich sind, nicht bestehen. [...]
7. Deutschland verpflichtet sich, keinerlei Koalitionen oder Militärbündnisse einzugehen, die sich gegen irgendeinen Staat richten, der mit seinen Streitkräften am Krieg gegen Deutschland teilgenommen hat.
Das Territorium:
Das Territorium Deutschlands ist durch die Grenzen bestimmt, die durch die Beschlüsse der Potsdamer Konferenz der Großmächte festgelegt wurden.
Wirtschaftliche Leitsätze:
Deutschland werden für die Entwicklung seiner Friedenswirtschaft, die der Hebung des Wohlstandes des deutschen Volkes dienen soll, keinerlei Beschränkungen auferlegt. [...]
Militärische Leitsätze:
1. Es wird Deutschland gestattet sein, eigene nationale Streitkräfte (Land-, Luft- und Seestreitkräfte) zu besitzen, die für die Verteidigung des Landes notwendig sind.

Rolf Steininger, Eine Chance zur Wiedervereinigung? Die Stalin-Note vom 10. März 1952. Darstellung einer Dokumentation [...], Bonn 1985, S. 114ff.

1. *Welche Gedanken der Potsdamer Konferenz wurden wieder aufgegriffen?*
2. *Wie hätten sich die Bundesrepublik und die DDR verändern müssen, wenn die „Stalin-Note" angenommen worden wäre? Berücksichtigen Sie dabei auch das Spektrum der Parteien!*

Erste Stellungnahme des Bundeskanzlers

Am 16. März 1952 nahm Bundeskanzler Konrad Adenauer auf einer Tagung des Evangelischen Arbeitskreises der CDU in Siegen erstmals öffentlich Stellung zur Stalin-Note:

Seien wir uns darüber klar, daß dort [im Osten] der Feind des Christentums sitzt. Hier handelt es sich nicht nur um politische, sondern auch um geistige Gefahren. [...] Es gibt drei Möglichkeiten für Deutschland: den Anschluß an den Westen, Anschluß an den Osten und Neutralisierung. Die Neutralisierung aber bedeutet für uns die Erklärung zum Niemandsland. Damit würden wir zum Objekt und wären kein Subjekt mehr. Ein Zusammenschluß mit dem Osten aber kommt für uns wegen der völligen Verschiedenheit der Weltanschauungen nicht in Frage. Ein Zusammenschluß mit dem Westen bedeutet – und das möchte ich nach dem Osten sagen – in keiner Weise ein[en] Druck gegen den Osten, sondern er bedeutet nichts anderes als die Vorbereitung einer friedlichen Neuordnung des Verhältnisses zur Sowjetunion, zur Wiedervereinigung Deutschlands und zur Neuordnung in Osteuropa. Und das sind auch die Ziele unserer Politik. [...]
Der allgemeine Standpunkt gegenüber dieser Note muß sein: Wir dürfen nicht außer acht lassen, daß jede Möglichkeit, bald zu einer Neuordnung Osteuropas zu kommen, ausgenutzt werden muß. Wir dürfen aber ebensowenig ein Werk, wie es sich jetzt der Vollendung nähert, zum Stillstand bringen; denn dann würden die Dinge sehr schlimm werden. [...] Wir wollen, daß der Westen so stark wird, daß er mit der Sowjetregierung in ein vernünftiges Ge-

spräch kommen kann, und ich bin fest davon überzeugt, daß diese letzte sowjetrussische Note ein Beweis hierfür.ist. Wenn wir so fortfahren, wenn der Westen unter Einbeziehung der Vereinigten Staaten so stark ist, wie er stark sein muß, wenn er stärker ist als die Sowjetregierung, dann ist der Zeitpunkt gekommen, an dem die Sowjetregierung ihre Ohren öffnen wird. Das Ziel eines vernünftigen Gesprächs zwischen Westen und Osten aber wird sein: Sicherung des Friedens in Europa, Aufhören von unsinnigen Rüstungen, Wiedervereinigung Deutschlands in Freiheit und die Neuordnung im Osten. Dann endlich wird die Welt nach all den vergangenen Jahrzehnten das werden, was sie dringend braucht: ein langer und sicherer Frieden!

Rolf Steininger, a. a. O., S. 30f.

1. *Welchen Weg zur Wiedervereinigung wollte der Bundeskanzler gehen?*
2. *Nehmen Sie Stellung zu der Argumentationsweise Adenauers!*

Die offizielle DDR-Position zu dem Notenwechsel

Auf der 2. Parteikonferenz der SED (9.–12. Juli 1952) sprach Präsident Wilhelm Pieck über den Notenwechsel. Zu diesem Zeitpunkt hatten die Westmächte und Bundeskanzler Konrad Adenauer die sowjetischen Vorschläge bereits abgewiesen:

Der sowjetische Entwurf der Grundlage eines Friedensvertrages zeichnet sich dadurch aus, daß er die Verwirklichung aller nationalen Forderungen des deutschen Volkes bringt. Eben deshalb billigen und unterstützen wir diesen Entwurf. [...]
Eine Handvoll nationaler Verräter in Bonn und ihre Auftraggeber aus den amerikanischen und westdeutschen Konzernen haben jedoch am beschleunigten Abschluß eines gerechten Friedensvertrages kein Interesse.
Sie verweigern unserem Volke die Erfüllung seiner nationalen Forderungen und haben statt dessen den Generalkriegsvertrag unterzeichnet. [...]
Die Westmächte und ihre Kreatur Adenauer haben sich durch ihre spalterische Politik in der ganzen Nachkriegszeit als Gegner der Einheit erwiesen. [...]
Die Bonner Regierung und die Westmächte erklären, die Wiedervereinigung Deutschlands hätte zur unabdingbaren Voraussetzung, daß sich die Bundesrepublik an den aggressiven Atlantikblock anschließt und ihr antidemokratisches Regime auf die Deutsche Demokratische Republik ausgedehnt wird. Selbstverständlich kann unter diesen Bedingungen von einer friedlichen Wiedervereinigung Deutschlands nicht die Rede sein. Die Westmächte schlagen damit vielmehr bewußt den Kurs auf den Krieg ein.

Wilhelm Pieck, Gegen den Bonner Kriegsvertrag – für einen Friedensvertrag und die bewaffnete Verteidigung des Friedens, Diskussionsbeitrag auf der 2. Parteikonferenz der SED, Berlin 1952, S. 8ff.

1. *In welchem Licht sah W. Pieck den Weg zur Wiedervereinigung, wie ihn K. Adenauer anstrebte?*
2. *Vergleichen Sie die Argumentationsweisen von Pieck und Adenauer!*

Der „Neue Kurs" und der 17. Juni 1953

Die Vorgeschichte zu dem Juni-Aufstand in der DDR läßt sich weit zurückführen. Seit 1948 wandelte sich die SED zu einer Partei neuen Typus, d. h. sie folgte dem Modell der KPdSU und wurde Staatspartei. Gleichzeitig „säuberte" sie ihre Reihen, ging gegen Oppositionelle vor, und viele ehemalige Sozialdemokraten verloren ihre Führungspositionen. Die Parteiführung übte unter Anleitung und Kontrolle der Sowjetunion die Macht aus. Die DDR sollte, nachdem die sowjetischen Wiedervereinigungsbedingungen von den Westmächten nicht akzeptiert worden waren, endgültig zu einem sozialistischen Land und Bollwerk gegen den als bedrohlich empfundenen militärischen Zusammenschluß Westeuropas (*EVG-Vertrag*, siehe Chronik) aufgebaut werden. 1952 wurde auf der 2. Parteikonferenz beschlossen, mit dem *Aufbau der Grundlagen des Sozialismus* zu beginnen. Damit waren weitreichende Maßnahmen verbunden, wie z. B. der vorrangige Aufbau der Schwerindustrie, die Einschränkung des privaten Wirtschaftssektors, die Begünstigung von *Landwirtschaftlichen Produktionsgenossenschaften* (LPG), sowie die Aufstellung der ***Kasernierten Volkspolizei*** (KVP). Anzeichen für Unzufriedenheit, Protest und Widerstand bei den Arbeitern und Bauern wurden von der SED-Führung ignoriert bzw. mit verschärfter Strafjustiz niedergehalten. Eine Folge dieser Politik war das Ansteigen der Fluchtbewegung in den Westen. Allein von Januar bis Juni 1953 stieg die Zahl der Menschen, die die DDR verließen, von 22 396 auf 225 174 (siehe auch das Schaubild im Anhang, S. 166).
Am 14. Mai beschloß das Zentralkomitee der SED, die Arbeitsnormen in den Betrieben um 10 % zu erhöhen. Angesichts der schlechten Versorgungslage wirkte der Beschluß wie eine Provokation. Die aufkommende Unruhe blieb der Partei-Führung nicht verborgen. Sie gab am 9. und 16. Juni Erklärungen ab, die dem Beschluß vom Mai die Spitze nehmen sollten. Die Erhöhung der Arbeitsnormen sollte nur noch auf der Grundlage der Überzeugung und Freiwilligkeit erfolgen. Diese und weitere Erklärungen zum *Neuen Kurs,* die auch im Zusammenhang mit dem Tod Stalins (5. März 1953) gesehen werden müssen, konnten die Aufregung in der Bevölkerung nicht mehr beruhigen. Es kam zu Streiks, Demonstrationen und Unruhen. Sie erfaßten 373 Städte und Ortschaften. Forderungen nach einem Generalstreik, dem Rücktritt der Regierung, freien Wahlen und der Wiedervereinigung wurden erhoben, Staats-, Partei- und Gewerkschaftssymbole zerstört. Aber die Proteste blieben unkoordiniert.
Am 17. Juni wurde in über 167 von 217 Stadt- und Landkreisen der DDR durch sowjetische Militärkommandanten der Ausnahmezustand verhängt. Öffentliche Menschenansammlungen von mehr als drei Personen wurden verboten. Sowjetische Panzer zogen auf und beendeten mit ihrer bedrohlichen Anwesenheit den Aufstand. Etwa 50 bis 150 Menschen starben bei den Auseinandersetzungen (eine genaue Zahl der Opfer wurde nicht veröffentlicht), über 8 000 Personen wurden anschließend verhaftet und viele davon zu langen Freiheitsstrafen verurteilt.

Der Schriftsteller Bertolt Brecht über die Ereignisse des 17. Juni

In einem Brief an seinen westdeutschen Verleger offenbarte der bekannte Schriftsteller Bertolt Brecht (1898–1956) seine Sicht der Ereignisse:

An Peter Suhrkamp | Berlin-Weißensee, 1. Juli 1953
Berliner Allee 190

Lieber Suhrkamp,
Sie fragen nach meiner Stellungnahme zu den Vorkommnissen des 16. und 17. Juni. Handelte es sich um einen Volksaufstand, um den Versuch, „die Freiheit zu erlangen", wie der überwältigende Teil der westdeutschen Presse behauptet? Bin ich einem Volksaufstand gleichgültig oder gar feindlich gegenübergestanden, habe ich mich gegen die Freiheit gestellt, als ich mich am 17. Juni in einem Brief an die Sozialistische Einheitspartei Deutschlands, von dem der Schlußsatz veröffentlicht wurde,[1]) bereit erklärte, bei der unbedingt nötigen großen Aussprache zwischen Arbeiterschaft und Regierung in meiner Weise (in künstlerischer Form) mitzuwirken? – Ich habe drei Jahrzehnte lang in meinen Schriften die Sache der Arbeiter zu vertreten versucht. Aber ich habe in der Nacht des 16. und am Vormittag des 17. Juni die erschütternden Demonstrationen der Arbeiter übergehen sehen in etwas sehr anderes als den Versuch, für sich die Freiheit zu erlangen. Sie waren zu Recht erbittert. Die unglücklichen und unklugen Maßnahmen der Regierung, die bezwecken sollten, überstürzt auf dem Gebiet der DDR eine Schwerindustrie aufzubauen, brachten zu gleicher Zeit Bauern, Handwerker, Gewerbetreibende, Arbeiter und Intellektuelle gegen sie auf. Eine Mißernte im vorigen Jahr, verursacht durch eine große Trockenheit und die Landflucht von Hunderttausenden von Bauern dieses Jahr, bedrohten die Ernährung aller Schichten der Bevölkerung zugleich. Maßnahmen wie der Entzug der Lebensmittelkarten für Kleingewerbetreibende stellten ihre nackte Existenz in Frage. Andere Maßnahmen, wie die Anrechnung des Krankenurlaubs auf den Erholungsurlaub, Streichungen der Vergünstigungen für Arbeiterfahrkarten und die generelle Erhöhung der Normen bei gleichbleibenden oder sich sogar erhöhenden Lebenskosten trieben die Arbeiterschaft, deren Gewerkschaften nur schwächlich arbeiteten und ihrer Position nach nur schwächlich arbeiten konnten, schließlich auf die Straße und ließen sie die unzweifelhaft großen Vorteile vergessen, welche die Vertreibung der Junker, die Vergesellschaftung der Hitlerschen Kriegsindustrie, die Planung der Produktion und die Zerschmetterung des bürgerlichen Bildungsmonopols ihnen verschafft hatten. Die Straße freilich mischte die Züge der Arbeiter und Arbeiterinnen in den schon frühen Morgenstunden des 17. Juni auf groteske Art mit allerlei deklassierten Jugendlichen, die durch das Brandenburger Tor, über den Potsdamer Platz, auf der Warschauer Brücke kolonnenweise eingeschleust wurden, aber auch mit den scharfen, brutalen Gestalten der Nazizeit, den hiesigen, die man seit Jahren nicht mehr in Haufen hatte auftreten sehen und *die doch immer dagewesen waren*. Die Parolen verwandelten sich rapide. Aus „Weg mit der Regierung!" wurde „Hängt sie!", und der Bürgersteig übernahm die Regie. Gegen Mittag, als auch in der DDR, in Leip-

1) Der Brief war an den Generalsekretär der SED, Walter Ulbricht, gerichtet und enthielt die Hoffnung auf „die große Aussprache mit den Massen über das Tempo des sozialistischen Aufbaus". Er endete mit dem Satz: „Es ist mir ein Bedürfnis, Ihnen in diesem Augenblick meine Verbundenheit mit der Sozialistischen Einheitspartei Deutschlands auszudrücken."

zig, Halle, Dresden, sich Demonstrationen in Unruhen verwandelt hatten, begann *das Feuer* seine alte Rolle wieder aufzunehmen. Von den Linden aus konnte man die Rauchwolke des Columbiahauses, an der Sektorengrenze des Potsdamer Platzes liegend, sehen, wie an einem vergangenen Unglückstag einmal die Rauchwolke des Reichstagsgebäudes. Heute wie damals hatten nicht Arbeiter das Feuer gelegt: es ist nicht die Waffe derer, die bauen. Dann wurden – hier wie in anderen Städten – Buchhandlungen gestürmt und Bücher herausgeworfen und verbrannt, und die Marx- und Engels-Bände, die in Flammen aufgingen, waren sowenig arbeiterfeindlich wie die roten Fahnen, die öffentlich zerrissen wurden. [...] In der Provinz wurde „befreit". Aber als die Gefängnisse gestürmt wurden, kamen merkwürdige Gefangene aus diesen „Bastillen", in Halle die ehemalige Kommandeuse des Ravensbrücker Konzentrationslagers, Erna Dorn. Sie hielt anfeuernde Reden auf dem Marktplatz. An manchen Orten gab es Überfälle auf Juden, nicht viele, da es nicht mehr viele Juden gibt. Und den ganzen Tag kamen über den RIAS[1]), der sein Programm kassiert hatte, anfeuernde Reden, das Wort Freiheit von eleganten Stimmen gesprochen. Überall waren die „Kräfte" am Werk, die Tag und Nacht an das Wohlergehen der Arbeiter und der „kleinen Leute" denken und jenen hohen Lebensstandard versprechen, der am Ende dann immer zu einem hohen Todesstandard führt. Da schien es große Leute zu geben, die bereit waren, die Arbeiter von der Straße direkt in die Freiheit der Munitionsfabriken zu führen. Mehrere Stunden lang, bis zum Eingreifen der Besatzungsmacht, stand Berlin am Rand eines dritten Weltkrieges.

Lieber Suhrkamp, machen wir uns nichts vor: Nicht nur im Westen, auch hier im Osten Deutschlands sind „die Kräfte" wieder am Werk. Ich habe an diesem tragischen 17. Juni beobachtet, wie der Bürgersteig auf die Straße das „Deutschlandlied" warf und die Arbeiter es mit der „Internationale" niederstimmten. Aber sie kamen, verwirrt und hilflos, nicht durch damit.

Die Sozialistische Einheitspartei Deutschlands hat Fehler begangen, die für eine sozialistische Partei sehr schwerwiegend sind und Arbeiter, darunter auch alte Sozialisten, gegen sie aufbrachten. Ich gehöre ihr nicht an. Aber ich respektiere viele ihrer historischen Errungenschaften, und ich fühlte mich ihr verbunden, als sie – nicht ihrer Fehler, sondern ihrer Vorzüge wegen – von faschistischem und kriegstreiberischem Gesindel angegriffen wurde. Im Kampf gegen Krieg und Faschismus stand und stehe ich an ihrer Seite.

Bertolt Brecht, Briefe, hrsg. und kommentiert von Günter Glaeser, Frankfurt a. M. 1981, S. 696ff.

1. *Nennen Sie die Gründe, die nach Brechts Ansicht zum Aufstand führten!*
2. *Analysieren Sie die Haltung, die Brecht zu den Ereignissen einnahm!*

Stimmen aus der Bevölkerung

Die Protesthaltung der Bevölkerung kam auf den Bauern- und Gemeindeversammlungen zum Ausdruck. Hier ein Auszug aus einem Bericht für das ***Ministerium für Staatssicherheit*** *(MfS) über eine Bauernversammlung vom 15. Juli 1953 in Kribitz, Kreis Plauen:*

Nach dem Referat über den neuen Kurs unserer Regierung, sprach H. in der Diskussion folgendes: „Der neue Kurs der Regierung ist falsch, was der Kreml

1) Die Amerikaner hatten am 21. 11. 1945 den *„Rundfunk im amerikanischen Sektor"* (RIAS) in Berlin gegründet.

sagt, bringt Unglück, kehrt um, vielleicht ist es jetzt noch Zeit, ihr seid die falsche Straße gelaufen. Wir brauchen keinen Pieck und Grotewohl, die sollen abtreten. In drei Monaten ist Adenauer hier, dann sind wir befreit." Der Bauer R. äußerte: „Die Ernte soll verfaulen und die Pferde sollen sich zusammentreten." Zum Bürgermeister sagte er: „Zieh Deine Schuhe aus, die sind verkehrt. Eure Partei verrät Euch, sie hält nicht, was sie verspricht." Der Malermeister F. stand auf und rief: „Meine Herren, es ist fünf Minuten nach zwölf, der Tag der Abrechnung ist bald da. Der RIAS, das ist der Sender. Alle Menschen, die in der Ostzone für die Menschenrechte kämpfen, werden eingesperrt, fünf Jahre Zuchthaus hat meine Frau dafür bekommen." [...] Der Bauer R. stand zum Schluß der Versammlung auf und sagte: „Los jetzt steht auf und wir singen das Lied, Deutschland, Deutschland über alles."[1]) Der Rentner S. stimmte nachdem das Lied „Freiheit, die ich meine"[2]) an.

Armin Mitter, Die Ereignisse im Juni und Juli 1953 in der DDR. Aus den Akten des Ministerium für Staatssicherheit, in: AUS POLITIK UND ZEITGESCHICHTE B 5/1991, S. 35

Vergleichen Sie den Bericht mit den Beobachtungen von B. Brecht! Welche Schlußfolgerung können Sie daraus ziehen?

Der „Tag der deutschen Einheit"

In der Folge der Ereignisse in der DDR beschloß der Bundestag am 4. August 1953 das „Gesetz über den Tag der deutschen Einheit":

Am 17. Juni 1953 hat sich das deutsche Volk in der sowjetischen Besatzungszone und in Ostberlin gegen die kommunistische Gewaltherrschaft erhoben und unter schweren Opfern seinen Willen zur Freiheit bekundet. Der 17. Juni ist dadurch zum Symbol der deutschen Einheit in Freiheit geworden.
Der Bundestag hat folgende Gesetze beschlossen:

§ 1

Der 17. Juni ist der Tag der deutschen Einheit.

§ 2

Der 17. Juni ist ein gesetzlicher Feiertag.

§ 3

Dieses Gesetz gilt auch im Lande Berlin.

§ 4

Dieses Gesetz tritt am Tage nach seiner Verkündung in Kraft.

Bonn, den 4. 8. 1953

BUNDESGESETZBLATT, Teil I, Nr. 45 vom 7. August 1953, S. 778

Welche politische Bedeutung wurde damit dem 17. Juni gegeben?

---

1) Zeile aus der 1919 eingeführten deutschen Nationalhymne (*„Lied der Deutschen"* von August Heinrich Hoffmann [von Fallersleben] aus dem Jahre 1841), die, da von den Nationalsozialisten beibehalten, von den Alliierten nach 1945 zunächst verboten worden war. Die Zeile steht aber auch in Beziehung zur Bundesrepublik, da dort die dritte Strophe der alten Nationalhymne nach 1950 wieder offiziell benutzt wurde.

2) Bekanntes Lied nach einem Gedicht von Max von Schenkendorf aus der Zeit der Befreiungskriege gegen Napoleon.

Souveränität und Wiederbewaffnung

„Ich nehme nie wieder ein Gewehr in die Hand" – war die Überzeugung der meisten Deutschen in der Nachkriegszeit. Mit starken pazifistischen Gefühlen wuchs die junge Generation in den vier Besatzungszonen heran. Entgegengesetzt dazu entwickelte sich die internationale und innerdeutsche Politik, die im Zeichen des ***Kalten Krieges*** stand. Mit übermächtigen Feindbildern belastet, begannen die Politiker in Ost und West die Wiederaufrüstung. Das widersprach den Potsdamer Vereinbarungen, in denen sich die Siegermächte einhellig für eine völlige Abrüstung und Entmilitarisierung Deutschlands ausgesprochen hatten. Bei ihrem immer deutlicher werdenden Bestreben, Teile Deutschlands in ihr jeweiliges System einzubeziehen, verließen sie selbst ihre in Potsdam erklärte Absicht und duldeten bzw. förderten die Aufrüstung in beiden deutschen Staaten.
Vor dem Hintergrund der Berlin-Blockade, des ***Korea-Krieges*** und der Aufstellung der ***Kasernierten Volkspolizei*** in der DDR, verstärkte Bundeskanzler Adenauer seine Bemühungen um eine Westintegration und bot den Westmächten einen westdeutschen Beitrag zur Verteidigung an. Dieses Angebot verband er mit der Forderung nach Souveränität der Bundesrepublik. Von einer *Politik der Stärke* versprach er sich auch die Möglichkeit, mit der Sowjetunion über die deutsche Zukunft nützliche Verhandlungen führen zu können.
Die Wiederbewaffnung löste in der deutschen Bevölkerung heftige Auseinandersetzungen aus. *„Ohne mich!"* lautete das Motto vieler Bürger. Es bildeten sich in diesem Zusammenhang vielfältige Aktivitäten gegen den *Deutschlandvertrag* und den Beitritt der Bundesrepublik zur *Europäischen Verteidigungsgemeinschaft* (EVG).

Die Einstellung der westdeutschen Bevölkerung zur Wiederbewaffnung 1950–1954

Am 5. Mai 1955 wurde die Bundesrepublik mit dem Inkrafttreten des Deutschlandvertrages souverän und vier Tage später Mitglied der **Nordatlantischen Allianz** *(NATO). Insbesondere die Einbindung in das Militärbündnis war in der Bevölkerung umstritten. Während in der Bundesrepublik diese Politik öffentlich kontrovers diskutiert wurde, blieb eine vergleichbare öffentliche Auseinandersetzung über die Wiederbewaffnung der DDR und die spätere Einbindung in die* **Warschauer Vertragsorganisation** *(WVO) aus.*

Frage: „Wer soll über die Wiederbewaffnung Deutschlands entscheiden?" (November 1950)

	in %
Eine Volksabstimmung	*77*
Die Bundesregierung	*6*
Der Bundestag	*5*
Weiß nicht	*12*
	100

Frage: „Sind Sie für oder gegen eine Teilnahme deutscher Truppen an einer westeuropäischen Armee?“

	Nov. 1950 %	Juli 1952 %	Aug. 1953 %
Dafür (mit und ohne Einschränkungen)	38	44	46
Dagegen	46	36	33
Unentschieden	16	20	21
	100	100	100

Erich Peter Neumann – Elisabeth Noelle, Antworten, Politik im Kraftfeld der öffentlichen Meinung, Allensbach 1954, S. 132ff.

Fassen Sie auf der Grundlage der Umfrageergebnisse die Meinung der westdeutschen Bevölkerung zur Wiederbewaffnung zusammen! Versuchen Sie, die Veränderungen seit 1950 zu erklären!

Der Deutschlandvertrag – Bedingungen der westdeutschen Souveränität

Als die französische Nationalversammlung im August 1954 den EVG-Vertrag ablehnte – der Vertrag bot ihr nicht genügend Sicherheiten gegenüber dem zukünftigen Deutschland – blieb auch der Deutschlandvertrag vom Mai 1952 ungültig, da beide Verträge aneinander gekoppelt waren. Drei Monate später brachten die „Pariser Verträge“ eine Änderung. Der Bundesrepublik wurde – unter neu bestimmten Auflagen – die Wiederbewaffnung gestattet, darüber hinaus wurde sie aufgefordert, der **Nordatlantischen Allianz** *(NATO) beizutreten. Gleichzeitig entstand auch die folgende Neufassung des Deutschlandvertrages, der am 23. Oktober 1954 unterschrieben und am 5. Mai 1955 in Kraft trat. Die grundlegenden Punkte des Vertrages wurden erst durch den „Zwei-plus-vier-Vertrag“ vom 12. September 1990 aufgehoben (siehe S. 161f.).*
Aus dem „Vertrag über die Beziehungen zwischen der Bundesrepublik Deutschland und den Drei Mächten“ in der Fassung vom 23. Oktober 1954:

Artikel 1
(1) Mit dem Inkrafttreten dieses Vertrags werden die Vereinigten Staaten von Amerika, das Vereinigte Königreich von Großbritannien und Nordirland und die Französische Republik (in diesem Vertrag und in den Zusatzverträgen auch als „Drei Mächte“ bezeichnet) das Besatzungsregime in der Bundesrepublik beenden. [...]
(2) Die Bundesrepublik wird demgemäß die volle Macht eines souveränen Staates über ihre inneren und äußeren Angelegenheiten haben.
Artikel 2
Im Hinblick auf die internationale Lage, die bisher die Wiedervereinigung Deutschlands und den Abschluß eines Friedensvertrags verhindert hat, behalten die Drei Mächte die bisher von ihnen ausgeübten oder innegehabten Rechte und Verantwortlichkeiten in bezug auf Berlin und auf Deutschland als Ganzes einschließlich der Wiedervereinigung Deutschlands und einer friedensvertraglichen Regelung. [...]
Artikel 4
(1) Bis zum Inkrafttreten der Abmachungen über den deutschen Verteidigungsbeitrag behalten die Drei Mächte weiterhin ihre bisher ausgeübten oder innegehabten Rechte in bezug auf die Stationierung von Streitkräften in der

Bundesrepublik. Die Aufgabe dieser Streitkräfte wird die Verteidigung der freien Welt sein, zu der die Bundesrepublik und Berlin gehören.

Artikel 5

(1) Für die in der Bundesrepublik stationierten Streitkräfte gelten bis zum Inkrafttreten der Abmachungen über den deutschen Verteidigungsbeitrag die folgenden Bestimmungen:

a) Die Drei Mächte werden die Bundesregierung in allen die Stationierung dieser Streitkräfte betreffenden Fragen konsultieren, soweit es die militärische Lage erlaubt. [...]

b) Die Drei Mächte werden nur nach vorheriger Einwilligung der Bundesrepublik Truppen eines Staates, der zur Zeit keine Kontingente stellt, als Teil ihrer Streitkräfte im Bundesgebiet stationieren. Jedoch dürfen solche Kontingente im Falle eines Angriffs oder unmittelbar drohenden Angriffs ohne Einwilligung der Bundesrepublik in das Bundesgebiet gebracht werden, dürfen dagegen nach Beseitigung der Gefahr nur mit Einwilligung der Bundesrepublik dort verbleiben. [...]

Artikel 7

(1) Die Unterzeichnerstaaten sind darüber einig, daß ein wesentliches Ziel ihrer gemeinsamen Politik eine zwischen Deutschland und seinen ehemaligen Gegnern frei vereinbarte friedensvertragliche Regelung für ganz Deutschland ist, welche die Grundlage für einen dauerhaften Frieden bilden soll. Sie sind weiterhin darüber einig, daß die endgültige Festlegung der Grenzen Deutschlands bis zu dieser Regelung aufgeschoben werden muß.

(2) Bis zum Abschluß der friedensvertraglichen Regelung werden die Unterzeichnerstaaten zusammenwirken, um mit friedlichen Mitteln ihr gemeinsames Ziel zu verwirklichen: Ein wiedervereinigtes Deutschland, das eine freiheitlich-demokratische Verfassung, ähnlich wie die Bundesrepublik, besitzt und das in die europäische Gemeinschaft integriert ist. [...]

(4) Die Drei Mächte werden die Bundesrepublik in allen Angelegenheiten konsultieren, welche die Ausübung ihrer Rechte in bezug auf Deutschland als Ganzen berühren.

Auswärtiges Amt (Hrsg.), 40 Jahre Außenpolitik der Bundesrepublik Deutschland. Eine Dokumentation, Stuttgart 1989, S. 73ff.

1. *Nennen Sie die Ziele und Probleme des Vertrages!*
2. *Fassen Sie die Punkte zusammen, die die Souveränität der Bundesrepublik einschränkten!*
3. *Welcher Vertragsteil war für die Bundesregierung besonders wichtig?*

„Das Dilemma". Karikatur aus der *FRANKFURTER RUNDSCHAU* vom 19. 11. 1954.

Versuchen Sie zu erklären, worin das Dilemma bestand! Erfassen Sie die politische Position des Zeichners!

Das „Deutsche Manifest"

Mitte der fünfziger Jahre schien der Widerspruch zwischen der Westintegration der Bundesrepublik und dem Wiedervereinigungsgebot des Grundgesetzes unlösbar geworden zu sein.
Die im Oktober 1954 in Paris getroffenen Regelungen zum künftigen Status der Bundesrepublik riefen bei Oppositionspolitikern, Gewerkschaftern und Intellektuellen Ablehnung hervor. Am 29. Januar 1955, kurz vor der abschließenden Behandlung der „Pariser Verträge" im Bundestag, fand in der Frankfurter Paulskirche eine Kundgebung statt, die unter dem Motto „Rettet Einheit, Freiheit, Frieden! Gegen Kommunismus und Nationalismus" stand und an der etwa 1000 Personen teilnahmen.
Die Versammlung nahm ein Manifest an, das u. a. von dem späteren Bundespräsidenten Gustav W. Heinemann unterzeichnet wurde:

Aus ernster Sorge um die Wiedervereinigung Deutschlands sind wir überzeugt, daß jetzt die Stunde gekommen ist, Volk und Regierung in feierlicher Form zu entschlossenem Widerstand gegen die sich immer stärker abzeichnenden Tendenzen einer endgültigen Zerreißung unseres Volkes aufzurufen.

Die Antwort auf die deutsche Schicksalsfrage der Gegenwart – ob unser Volk in Frieden und Freiheit wiedervereinigt werden kann oder ob es in dem unnatürlichen Zustand der staatlichen Aufspaltung und einer fortschreitenden menschlichen Entfremdung leben muß – hängt heute in erster Linie von der Entscheidung über die Pariser Verträge ab.

Die Aufstellung deutscher Streitkräfte in der Bundesrepublik und in der Sowjetzone muß die Chancen der Wiedervereinigung für unabsehbare Zeit auslöschen und die Spannung zwischen Ost und West verstärken. Eine solche Maßnahme würde die Gewissensnot großer Teile unseres Volkes unerträglich steigern. Das furchtbare Schicksal, daß sich die Geschwister einer Familie in verschiedenen Armeen mit der Waffe in der Hand gegenüberstehen, würde Wirklichkeit werden.

In dieser Stunde muß jede Stimme, die sich frei erheben darf, zu einem unüberhörbaren Warnruf vor dieser Entwicklung werden. Unermeßlich wäre die Verantwortung derer, die die große Gefahr nicht sehen, daß durch die Ratifizierung der Pariser Verträge die Tür zu Viermächteverhandlungen über die Wiederherstellung der Einheit Deutschlands in Freiheit zugeschlagen wird.

Wir appellieren an Bundestag und Bundesregierung, alle nur möglichen Anstrengungen zu machen, damit die vier Besatzungsmächte dem Willen unseres Volkes zur Einheit Rechnung tragen. Die Verständigung über eine Viermächtevereinbarung zur Wiedervereinigung muß vor der militärischen Blockbildung den Vorrang haben. Es können und müssen die Bedingungen gefunden werden, die für Deutschland und seine Nachbarn annehmbar sind, um durch Deutschlands Wiedervereinigung das friedliche Zusammenleben der Nationen Europas zu sichern.

Das deutsche Volk hat ein Recht auf seine Wiedervereinigung!

KEESING'S ARCHIV DER GEGENWART, 25. Jg. (1955) S. 4984

1. *Welche Argumente wurden im „Deutschen Manifest" gegen die Ratifizierung der „Pariser Verträge" vorgebracht?*
2. *Was konnte die Paulskirchenbewegung angesichts der bevorstehenden Ratifizierung der „Pariser Verträge" bewirken?*

Die Sowjetunion erklärt die DDR für souverän

Nachdem die DDR im Mai 1955 Mitglied in der **Warschauer Vertragsorganisation** *(WVO) geworden war, wurde ihr im September 1955 die Souveränität von der UdSSR anerkannt. Hier ein Auszug aus dem Vertrag zwischen der UdSSR und der DDR vom 20. September 1955:*

Artikel 1
Die vertragschließenden Seiten bestätigen feierlich, daß die Beziehungen zwischen ihnen auf völliger Gleichberechtigung, gegenseitiger Achtung der Souveränität und der Nichteinmischung in die inneren Angelegenheiten beruhen. In Übereinstimmung hiermit ist die Deutsche Demokratische Republik frei in der Entscheidung über Fragen ihrer Innenpolitik und Außenpolitik, einschließlich der Beziehungen zur Deutschen Bundesrepublik, sowie der Entwicklung der Beziehungen zu anderen Staaten.
[...]
Artikel 3
In Übereinstimmung mit den Interessen beider Länder und die Grundsätze der Freundschaft befolgend, kommen die vertragschließenden Seiten überein, die zwischen der Deutschen Demokratischen Republik und der Union der Sozialistischen Sowjetrepubliken bestehenden wirtschaftlichen, wissenschaftlich-technischen und kulturellen Verbindungen weiterzuentwickeln und zu festigen, sich gegenseitig jede mögliche wirtschaftliche Hilfe zu erweisen und die erforderliche wirtschaftliche und wissenschaftlich-technische Zusammenarbeit zu verwirklichen.
Artikel 4
Die zum gegenwärtigen Zeitpunkt in Übereinstimmung mit den bestehenden internationalen Abkommen auf dem Gebiet der Deutschen Demokratischen Republik stationierten sowjetischen Truppen verbleiben zeitweilig in der Deutschen Demokratischen Republik mit Zustimmung der Regierung der Deutschen Demokratischen Republik zu Bedingungen, die durch eine zusätzliche Vereinbarung zwischen der Regierung der Deutschen Demokratischen Republik und der Regierung der Sowjetunion festgelegt werden.
Die zeitweilig auf dem Gebiet der Deutschen Demokratischen Republik stationierten sowjetischen Truppen werden sich nicht in die inneren Angelegenheiten der Deutschen Demokratischen Republik und in das gesellschaftspolitische Leben des Landes einmischen.
Artikel 5
Zwischen den vertragschließenden Seiten besteht Übereinstimmung darüber, daß es ihr Hauptziel ist, auf dem Wege entsprechender Verhandlungen eine friedliche Regelung für ganz Deutschland herbeizuführen.

Hermann Weber (Hrsg.), DDR, Dokumente zur Geschichte der Deutschen Demokratischen Republik 1945–1985, München ³1987, S. 218f.

1. *Charakterisieren Sie auf der Grundlage des Vertragsauszuges die Souveränität der DDR!*
2. *Vergleichen Sie diesen Vertrag mit dem Deutschlandvertrag (siehe S. 47f.)! Zu welchen Erkenntnissen kommen Sie? Berücksichtigen Sie die dabei erwähnte Kritik von W. Pieck (Arbeitsvorschlag 1, S. 41)!*

Die Trennung wächst. Der Ausbau zweier gegensätzlicher Systeme: 1956–1961

Die politische und wirtschaftliche Entwicklung der beiden deutschen Staaten in der zweiten Hälfte der fünfziger Jahre schien die unnatürliche Teilung zu zementieren.

In der DDR baute *Walter Ulbricht* seine Macht aus. Der Versuch einiger Mitglieder des Politbüros, den Generalsekretär nach dem 17. Juni 1953 abzusetzen, scheiterte. Die Opposition innerhalb der SED, die sich nach dem Bekanntwerden der Verbrechen Stalins auf dem XX. Parteitag der KPdSU (1956) gebildet hatte, wurde zerschlagen.

Aus östlicher Perspektive blieb Bundeskanzler *Konrad Adenauer* ein „Kalter Krieger", der alle Wiedervereinigungsinitiativen der Sowjetunion und der DDR abblockte.[1] Aus westlicher Perspektive blieb die DDR „die Sowjetzone" und ihre Regierung nur ein kommunistisches Marionettentheater. Der ***Kalte Krieg*** sorgte für klare Fronten.

In der Bundesrepublik hielt die *Ära Adenauer* an. K. Adenauer hatte mit der Gewinnung der Souveränität bei gleichzeitiger Integration in den Westen ein Hauptziel seiner Politik für die Bundesrepublik erreicht. Innenpolitisch hatte die soziale Marktwirtschaft große Erfolge gebracht: Industrialisierungsgrad und Produktivität der Wirtschaft hatten zugenommen und die Arbeitslosenzahlen waren weiter gesunken (siehe Schaubild im Anhang, S. 165). Der allgemeine Lebensstandard wurde wesentlich angehoben. Die Mehrheit der Bevölkerung war mit seinem politischen Kurs einverstanden, und die Kritiker aus den Reihen der Sozialdemokratie und der Gewerkschaften hatten zunächst keine Chance, Veränderungen auf parlamentarischem Wege zu erwirken.

1) Adenauer war die Eingliederung der Bundesrepublik in den Westen wichtiger als die Wiedervereinigung Deutschlands. Diese Haltung hatte er am 15. 12. 1955 dem höchsten Beamten des britischen Foreign Office, Sir Ivone A. Kirkepatrik, durch den bundesdeutschen Botschafter in London, Hans Heinrich von Herwwarth zu Bittenfeld, streng vertraulich mitteilen lassen. „Der entscheidende Grund sei", so heißt es in dem 1986 erstmals veröffentlichten Dokument, „daß Dr. Adenauer kein Vertrauen in das deutsche Volk habe. Er sei äußerst besorgt, daß sich eine künftige deutsche Regierung ... zu Lasten Deutschlands mit Rußland verständigen könnte. Entsprechend sei er der Meinung, daß die Integration Westdeutschlands in den Westen wichtiger sei als die Wiedervereinigung Deutschlands."

Bundeskanzler Dr. Konrad Adenauer.
Foto um 1965.

Seine Politik wurde in den Bundestagswahlen bestätigt. 1957 konnte K. Adenauer seine 3. Regierungsperiode beginnen, und auch vier Jahre später setzte er sich erneut durch (siehe Schaubild im Anhang, S. 163).
Die Regierung *Wilhelm Pieck / Otto Grotewohl* verfocht die Rechtmäßigkeit ihrer Politik mit dem Kennzeichen „Sozialismus". Die neue Ordnung im Osten wurde als die historisch überlegene verstanden, der die Zukunft Deutschlands gehören sollte. Die Utopie vom besseren Menschen in einer sozial gerechten Gesellschaft stimulierte den Elan vieler DDR-Bürger, sich für ihren Staat einzusetzen, machte sie aber auch blind oder duldsam gegenüber Mißständen und Unrecht. *„Übergangsschwierigkeiten"* war damals ein geflügeltes Wort, das vieles entschuldigte.
Die Wirtschaft der DDR brachte kurzfristig eine spürbare Verbesserung der Lebenslage. Politische Höhepunkte im Land – wie Parteitage – waren in der Regel von Preissenkungen und sozialen Vergünstigungen begleitet. Einem Vergleich mit dem Lebensstandard in der Bundesrepublik hielt diese Entwicklung aber nicht stand. Das auf dem V. Parteitag der SED 1958 beschlossene Programm sah vor, bis 1961 auf allen wichtigen Gebieten den Vorsprung der Bundesrepublik mit Lebensmitteln und Konsumgütern eingeholt und z. T. überholt zu haben. W. Ulbricht hatte dafür den Spruch vom *„Überholen ohne einzuholen"* geprägt, was zur Verwirrung unter der Bevölkerung führte. Gemeint war, einen grundsätzlich anderen Weg zu beschreiten, um den Lebensstandard der Bundesrepublik zu übertreffen. Dieses Vorhaben erwies sich als propagandistische Wunschvorstellung. Das starre System der Planwirtschaft und die feste Einbindung in den ***Rat für Gegenseitige Wirtschaftshilfe*** führten zu krisenhaften Entwicklungen. Die Abhängigkeit von Importen aus der Bundesrepublik verstärkte die Störanfälligkeit. Die seit 1958 forcierte Kollektivierung der Landwirtschaft sowie die Eingriffe in das private Handwerk und in den Einzelhandel sollten die sozialistische Wirtschafts- und Gesellschaftsordnung vervollkommnen, führten aber zu neuen innenpolitischen Problemen. Die Trennung der beiden deutschen Staaten sollte durch den Ausbau zweier unterschiedlicher Gesellschaftsordnungen abgeschlossen werden.
Schließlich wies die Entscheidung Hunderttausender von Menschen, den östlichen deutschen Staat gegen den westlichen einzutauschen, auf ein baldiges Ende der DDR hin (die Zahl der Menschen, die seit 1949 die DDR verlassen hatten, betrug über 2,6 Millionen; siehe Schaubild im Anhang, S. 166). Rund 50 % der Übersiedler waren Jugendliche unter 25 Jahren. Um das „Ausbluten" zu verhindern, wurde am 13. August 1961 – in Absprache mit den übrigen Mitgliedern der ***Warschauer Vertragsorganisation*** – ein „Preßverband" angelegt. Dieser lag zwar um West-Berlin, dem bevorzugten Fluchtort, aber das Resultat dieser Aktion war, daß nicht dort, sondern in der DDR eine „Isolierstation" errichtet wurde.

1956	18. 1.	Die Volkskammer der DDR beschließt das Gesetz über die Schaffung der *Nationalen Volksarmee* (NVA) und des *Ministeriums für Nationale Verteidigung.*
	27. 1.	Der Politische Beratende Ausschuß der ***Warschauer Vertragsorganisation*** beschließt die Aufnahme der NVA. Damit ist die DDR auch militärisch voll in das System der sozialistischen Staaten integriert.
	21. 7.	In der Bundesrepublik, ohne West-Berlin, wird die allgemeine Wehrpflicht für Männer zwischen 18 und 45 Jahren mit dem Recht der Wehrdienstverweigerung eingeführt.
	17. 8.	Das Bundesverfassungsgericht erklärt die KPD für verfassungswidrig.
	1. 10.	Die IG-Metall erwirkt die 45-Stunden-Woche bei vollem Lohn- und Gehaltsausgleich.
1957	2. 1.	In der DDR wird die schrittweise Einführung der 45-Stunden-Woche für zunächst 2,6 Millionen Arbeitnehmer begonnen.
	9. 3.	In einem politischen Schauprozeß werden Oppositionelle, die einen „menschlichen Sozialismus" anstreben, von der DDR-Justiz zu hohen Zuchthausstrafen verurteilt.
	25. 3.	Die Bundesrepublik beteiligt sich an der Gründung der *Europäischen Wirtschaftsgemeinschaft* (EWG) und der *Europäischen Atomgemeinschaft* (EURATOM). Die Verträge treten am 1. 1. 1958 in Kraft.
	3. 4.	Bundeskanzler Konrad Adenauer tritt für die Ausrüstung der Bundeswehr mit Atomwaffen ein.
	12. 4.	18 Atomwissenschaftler fordern im *Göttinger Manifest* den Verzicht auf die atomare Bewaffnung der Bundeswehr.
	27. 7.	Der Ministerrat der DDR schlägt die Bildung einer *Konföderation*[1]) zwischen beiden deutschen Staaten vor.
	29. 7.	Die Regierungen der drei Westmächte und der Bundesrepublik unterzeichnen in West-Berlin ein Zwölf-Punkte-Programm zur deutschen Einheit: Forderung nach Abschluß eines Friedensvertrages zwischen den vier Siegermächten mit einer frei gewählten gesamtdeutschen Regierung *(„Berliner Erklärung").*
	19. 10.	Die Bundesrepublik bricht die diplomatischen Beziehungen zu Jugoslawien ab, da dieser Staat die DDR völkerrechtlich anerkannt hat.
	19. 12.	Der NATO-Rat beschließt, Atomwaffen und Mittel-

1) Staatenbund. Die Mitgliedstaaten eines Staatenbundes sind völkerrechtlich (nach außen) souverän und übertragen lediglich einen Teil ihrer Aufgaben auf gemeinsame Organe (der *Deutsche Bund* von 1815–1867 war z. B. eine Konföderation). Dagegen ist in einem Bundesstaat die Souveränität zwischen dem Bund (Zentralstaat) und den Bundesländern (Gliedstaaten) geteilt, nach außen ist aber allein der Zentralstaat verantwortlich (z. B. die Bundesrepublik Deutschland und die USA).

		streckenraketen dem Oberbefehlshaber in Europa zur Verfügung zu stellen.[1])
1958	20. 3.	Im Bundestag werden heftige Debatten über die Ausrüstung der Bundeswehr mit Atomwaffen und die Deutschlandfrage geführt.
	23. 3.	In Frankfurt a. Main gründet die SPD den Aktionsausschuß *Kampf dem Atomtod.*
	10.–16. 7.	In Berlin tagt der V. Parteitag der SED unter der Losung *Der Sozialismus siegt.* In der Vorbereitungsphase wurden von der Partei zahlreiche Aktionen initiiert: In „Zirkeln junger Sozialisten" wurden von den Mitgliedern des Jugendverbandes *Freie Deutsche Jugend* Schriften von Marx, Engels und Lenin studiert. Nach sowjetischem Muster beteiligten sich Millionen Arbeiter am sozialistischen Wettbewerb *„Zu Ehren der Partei – zum Nutzen aller!"*
	27. 11.	In drei Noten fordert Nikita S. Chruschtschow die drei Westmächte auf, den ***Viermächtestatus*** von Berlin aufzuheben und West-Berlin innerhalb von sechs Monaten zu einer entmilitarisierten „Freien Stadt" zu machen, ansonsten würde die Sowjetunion der DDR ihre Berlin-Rechte abtreten *(Chruschtschow-Ultimatum).*
	31. 12.	Die drei Westmächte protestieren gegen das Ultimatum und treten für eine Klärung des Berlin-Problems nur im Zusammenhang mit der Regelung der Deutschlandfrage ein.
1959	10. 1.	Die sowjetische Regierung unterbreitet den drei Westmächten einen Vorschlag für einen Friedensvertrag mit beiden deutschen Staaten.
	4.–12. 3.	N. S. Chruschtschow besucht die DDR und bekräftigt den Vorschlag seiner Regierung. Im Friedensvertrag mit beiden deutschen Staaten sieht er die geeignetste Lösung der deutschen Frage. Damit würde im Unterschied zur *Stalin-Note* 1952 die nach dem Krieg entstandene Situation in Mitteleuropa akzeptiert.
	18. 3.	Die SPD unterbreitet einen Vorschlag zur Schaffung einer entmilitarisierten, atomwaffenfreien Zone in Mitteleuropa.
	19. 3.	Die sowjetische Regierung erkennt die Berlin-Rechte der drei West-Mächte an.
	24. 4.	Die 1. Bitterfelder Kulturkonferenz in der DDR steht unter dem Motto *Greif zur Feder, Kumpel!*
	11. 5.	In Genf beginnt die Deutschland-Konferenz der Außenminister der ehemaligen vier Siegermächte über einen Friedensvertrag und die Wiedervereinigung. Die

1) Damit waren die Voraussetzungen dafür geschaffen worden, daß Bundeswehreinheiten im Umgang mit atomaren Waffensystemen ausgebildet und Mittelstreckenraketen auch in der Bundesrepublik aufgestellt werden konnten. Die Amerikaner behielten sich aber die Kontrolle über die atomaren Sprengköpfe vor. 1967 wurde der Bundesrepublik im Zusammenhang mit der Bildung einer Nuklearen Planungsgruppe innerhalb der NATO ein Mitspracherecht (Konsultationen) über den Einsatz von Atomwaffen zugestanden.

Fahne der DDR. Das Hoheitszeichen wurde am 1. Oktober 1959 per Gesetz eingeführt. Das Emblem in der Fahne sollte die Festigung der DDR als sozialistischer Nationalstaat und die Verbundenheit mit den Arbeitern und Bauern symbolisieren.

		Verhandlungen werden ergebnislos auf unbestimmte Zeit vertagt.
	13.–15. 11.	Die SPD beschließt auf dem Parteitag in Bad Godesberg ein neues Programm, das von marxistischen Vorstellungen endgültig Abschied nimmt.
	2. 12.	Die Volkskammer der DDR verabschiedet ein Gesetz über die „sozialistische Entwicklung des Schulwesens". Demnach wird eine zehnklassige allgemeinbildende Oberschule aufgebaut, die für alle Kinder obligatorisch ist. Polytechnischer Unterricht soll die Verbundenheit mit den Werktätigen stärken.
1960	23. 1.	Ein Brief von Walter Ulbricht an Konrad Adenauer mit Vorschlägen zu einem Friedensvertrag wird ungeöffnet zurückgeschickt.
	14. 4.	Die 1952 begonnene Kollektivierung der Landwirtschaft in der DDR wird abgeschlossen.
	12. 9.	Nach dem Tode von Wilhelm Pieck wird anstelle des Präsidentenamtes ein Staatsrat gebildet. Walter Ulbricht übernimmt auch das Amt des Staatsratsvorsitzenden.
1961	16.–19. 3.	Das ZK der SED befaßt sich mit den wirtschaftlichen Schwierigkeiten der DDR. Das auf dem 5. Parteitag der SED 1958 formulierte Ziel, die Bundesrepublik beim Pro-Kopf-Verbrauch an allen wichtigen Konsumgütern zu überholen, erweist sich als irreal.
	15. 6.	Walter Ulbricht fordert auf einer internationalen Pressekonferenz in Ost-Berlin die Neutralisierung von West-Berlin. Er verneint die Frage, ob der Bau einer Mauer geplant sei.
	13. 8.	Verbände der *Nationalen Volksarmee*, der *Volkspolizei* und der ***Kampfgruppen*** beginnen mit dem Bau einer Mauer quer durch Berlin und sperren die Grenzen zur Bundesrepublik.

Das Verbot der KPD in der Bundesrepublik

Nach 1945 hatte sich auch in den westlichen Besatzungszonen – vor allem im Ruhrgebiet – wieder die *Kommunistische Partei Deutschlands* (KPD) etablieren können. Es gelang ihr aber nicht, nennenswerten politischen Einfluß zu gewinnen. Obwohl die KPD in der Zeit des Nationalsozialismus große Opfer im Widerstandskampf gebracht hatte, fand sie in der Nachkriegszeit unter der Bevölkerung wenig Resonanz. Das lag sowohl an ihrer Politik, die sich nur in engster Verbindung zur SED in der DDR realisierte, als auch an dem aus der Zeit der Weimarer Republik und vor allem des Nationalsozialismus erhalten gebliebenen Antikommunismus. Im 1. Deutschen Bundestag war sie mit 15 Abgeordneten vertreten. 1 362 000 (von 24 496 000) Wähler hatten für sie gestimmt. Bei den folgenden Wahlen stellte sie, u. a. durch die Einführung der Sperrklausel von 5 %, keine Bundestagsabgeordneten mehr (siehe Schaubild im Anhang, S. 163).

1950 trat ein Erlaß der Bundesregierung in Kraft über die Unvereinbarkeit der Beschäftigung im öffentlichen Dienst mit der Zugehörigkeit zu kommunistischen Organisationen. Ein Jahr später wurden die der KPD nahestehenden Organisationen *Freie Deutsche Jugend* und *Demokratischer Frauenbund Deutschlands* verboten.

Im Herbst 1951 stellte die Bundesregierung beim Bundesverfassungsgericht den Antrag auf Verbot der KPD. Die Hochkommissare Englands und Frankreichs, in deren Ländern es legale Kommunistische Parteien gab, äußerten ihre Bedenken gegen ein Verbot. Das Verfahren zog sich über fünf Jahre hin. In der Zwischenzeit hatte die KPD 1953 in ihrem *„Programm der nationalen Vereinigung Deutschlands"* zum revolutionären Sturz der Adenauer-Regierung aufgerufen. Sie nahm davon nach den Bundestagswahlen von 1953 wieder Abstand, da sich diese Forderung als unrealistisch erwiesen hatte. Sie hatte nur noch 2,2 % der Stimmen (= 608 000 von 28 480 000) erhalten.

Das Urteil des Bundesverfassungsgerichts

Am 17. August 1956 verkündete das oberste Gericht der Bundesrepublik die Verfassungswidrigkeit der KPD, die zu dieser Zeit noch etwa 75 000 Mitglieder hatte. Die Partei wurde 1968 als Deutsche Kommunistische Partei wiedergegründet (DKP), konnte aber keine politische Bedeutung in Bundes- und Landtagswahlen erreichen.
Auszüge aus dem Urteil und der Urteilsbegründung:

1. Die Kommunistische Partei Deutschlands ist verfassungswidrig.
2. Die Kommunistische Partei Deutschlands wird aufgelöst.
3. Es ist verboten, Ersatzorganisationen für die Kommunistische Partei Deutschlands zu schaffen oder bestehende Organisationen als Ersatzorganisationen fortzusetzen. [...]

Das Endziel der KPD ist die Errichtung der sozialistisch-kommunistischen Gesellschaftsordnung auf dem Wege über die proletarische Revolution und die Diktatur des Proletariats. Sowohl die *proletarische Revolution* als auch der Staat der *Diktatur des Proletariats* sind mit der freiheitlichen *demokratischen*

Grundordnung unvereinbar. Beide Staatsordnungen schließen einander aus. Soziale rechtsstaatliche Demokratie, Mehrparteiensystem und Recht auf Opposition, geistige Freiheit und Toleranz, geduldige Reformarbeit und fortwährende Auseinandersetzung mit anderen grundsätzlich als gleichberechtigt angesehenen Überzeugungen stehen in unvereinbarem Gegensatz zur Diktatur des Proletariats. [...] Auch die Vertreter der KPD haben in der mündlichen Verhandlung die Unvereinbarkeit der beiden Staatsordnungen bejaht. [...] Überzeugende Beweise für die Einstellung der KPD zur freiheitlichen demokratischen Grundordnung sieht das Gericht schließlich in dem in Parteiverlautbarungen und namentlich in Agitation und Propaganda sichtbar werdenden *politischen Stil der Partei.* Ihre zahl- und maßlosen Beschimpfungen, Verhöhnungen, Verdrehungen und Verleumdungen lassen nur die Deutung zu, daß sie bewußt, dauernd und planmäßig die Werte der freiheitlichen demokratischen Grundordnung herabsetzen und dadurch auf ihre Zersetzung ausgehen will. Eine solche Partei kann verfassungsrechtlich nicht mehr zur Mitwirkung an der Bildung des staatlichen Willens in einer freiheitlichen Demokratie herangezogen werden.
Aus allen diesen Gründen kommt das Gericht zu dem Urteil, daß die KPD gemäßt Artikel 21 Abs. 2 des Grundgesetzes verfassungswidrig ist.

ARCHIV DER GEGENWART 26. Jg. (1956), S. 5946f.

Das KPD-Verbot aus der Sicht der SED

In der offiziellen Darstellung der Geschichte der SED wurde das KPD-Verbot so eingeschätzt:

Um die entschiedensten Gegner ihrer aggressiven Politik zum Schweigen zu bringen, setzte die Bonner Regierung am 17. August 1956 widerrechtlich das Verbot der KPD durch. Die KPD verkörperte die Kraft, die getreu dem Vermächtnis von Karl Liebknecht und Ernst Thälmann in der BRD am konsequentesten gegen Militarismus und Kriegsvorbereitung, für Frieden und Demokratie kämpfte. Ihre Mitglieder und Funktionäre, darunter viele, die bereits von der bürgerlichen Klassenjustiz der Weimarer Republik und vom faschistischen Regime verfolgt worden waren, wurden erneut dem Terror der Polizei und der Willkür der Gerichte ausgesetzt. Durch das Verbot der KPD verschafften sich die reaktionären Kräfte in der BRD eine Handhabe, auch alle anderen antiimperialistischen Friedenskräfte, die der Wiederaufrüstung, der Wehrpflicht und der Militarisierung der Gesellschaft Widerstand leisteten, zu unterdrücken.

Autorenkollektiv, Geschichte der Sozialistischen Einheitspartei Deutschlands. Abriß, Berlin (Ost) 1978, S. 352f.

1. *Das Urteil fand im In- und Ausland zwiespältige Aufnahme. Man fragte sich, ob nicht eine Demokratie eine radikale Oppositionspartei verkraften müßte. Andere sahen in dem Urteilsspruch den konsequenten Schutz vor Feinden der Bundesrepublik. Analysieren Sie die Argumente des Bundesverfassungsgerichtes für das Parteiverbot (unter Berücksichtigung des Artikels 21, Absatz 2 des Grundgesetzes), und formulieren Sie Ihre Meinung zum Verbot der KPD!*
2. *Informieren Sie sich über die Aufgaben des Bundesverfassungsgerichtes! Welche vergleichbare Einrichtung gab es in der DDR?*
3. *Während in der Urteilsbegründung des Bundesverfassungsgerichtes der KPD angelastet wurde, die freiheitlich demokratische Grundordnung untergraben zu wollen, sah die SED in den Kommunisten die konsequentesten Kämpfer für Frieden und Demokratie. Setzen Sie sich mit dieser gegenteiligen Sichtweise auseinander!*

Ideologische Opposition und politische Reaktion der SED

Entwurf für einen „dritten Weg"

Mitte der fünfziger Jahre mehrten sich in der DDR die Stimmen, die unter Berufung auf Karl Marx eine demokratische Entwicklung forderten. Es entstand die Opposition des „dritten Weges", die durch Reformen einen „menschlichen Sozialismus" errichten wollte. Aus der Vielschichtigkeit dieser Bewegung erwuchs keine geschlossene Theorie, aber eine alarmierende Kritik an den bestehenden Zuständen.

Innerhalb der nicht geduldeten Opposition erarbeitete eine Gruppe um Wolfgang Harich im November 1956 folgende politische Plattform:

1. Wer sind wir?
Wir sind eine Gruppe von SED-Funktionären, die über eine breite bewußte und über eine noch breitere unbewußte Anhängerschaft verfügt. Diese Anhängerschaft hat sich besonders aus den Kulturinstitutionen der DDR herausgebildet, aus Universitäten, Hochschulen, Zeitungsredaktionen, Verlagen und Lektoraten.
Wir lernten besonders aus den Beschlüssen des XX. Parteitages der KPdSU und aus unseren Kontakten mit ausländischen Genossen. Durch persönliche Diskussionen mit polnischen, ungarischen und jugoslawischen Genossen wurden wir in der Richtigkeit unserer Auffassungen bestätigt. [...]
Bertolt Brecht hat mit unserer Gruppe bis zu seinem Tode stark sympathisiert und in ihr die gesunden Kräfte der Partei gesehen. [...]
2. Unsere theoretisch-ideologische Konzeption [...]
Eine radikal entstalinisierte östliche Wirtschaftsstruktur in der UdSSR und in den Volksdemokratien wird im Verlaufe der weiteren Entwicklung den kapitalistischen Westen allmählich beeinflussen. Gleichzeitig wird der Westen den Osten mit demokratischen und freiheitlichen Ideen und Auffassungen beeinflussen und den Osten zwingen, sein totalitäres und despotisches politisches System Schritt für Schritt abzubauen.
In dieser wechselseitigen Beeinflussung und Durchdringung sehen wir die Verwirklichung einer echten Koexistenz, die dem Osten politische Freiheit und Demokratie und dem Westen Wirtschaftsstrukturen bringen wird, die er zumindest für seine Grundstoffindustrie übernehmen muß ...
3. Welches Programm haben wir für die SED und die DDR?
Aus der gegebenen Einschätzung der heutigen Situation ziehen wir für die SED und für die DDR folgende Schlußfolgerungen: Wir wollen die Partei von innen reformieren. Wir wollen auf den Positionen des Marxismus-Leninismus bleiben. Wir wollen aber weg vom Stalinismus. [...]
Organisatorisch ergeben sich für unsere Partei folgende Maßnahmen: Die Herrschaft des Parteiapparates über die Mitglieder muß radikal gebrochen werden ... Wiederherstellung der völligen Geistesfreiheit; Schluß mit dem Kirchenkampf, der die Partei von den religiösen Schichten der Bevölkerung isoliert; Herstellung der Autonomie der Universitäten; völlige Herstellung der Rechtssicherheit in der DDR; Auflösung des SSD[1]) und der Geheimjustiz ...
4. Unsere Meinung zur gesamtdeutschen Frage
Wenn wir diese Reformen in der DDR durchführen und einen Lebensstandard schaffen, der zwar nicht an den Lebensstandard Westdeutschlands heranrei-

1) Staatssicherheits-Dienst

chen wird, aber eine grundsätzliche Verbesserung der Situation gegenüber der stalinistischen Ära darstellt, dann haben wir auch das Recht, Westdeutschland Bedingungen zu stellen. Als Grundsatz unserer gesamtdeutschen Politik gilt: In einem wiedervereinigten Deutschland darf es nicht zu einer kapitalistischen Restauration kommen.

Hermann Weber (Hrsg.), DDR. Dokumente zur Geschichte der Deutschen Demokratischen Republik 1945–1985, München [3]1987, S. 227ff.

1. *Bestimmen Sie die Position des „dritten Weges" mit eigenen Worten!*
2. *Wie beschrieb W. Harich den „dritten Weg" der gesellschaftlichen Entwicklung?*
3. *W. Harich wurde (wie viele Oppositionelle) 1957 verhaftet und zu 10 Jahren Zuchthaus verurteilt (erst im April 1990 wurde er rehabilitiert). Welche „Gefahr" ging von dieser Bewegung für die SED aus?*

„Warum gibt es in der DDR keine Opposition?"

Mit folgender Begründung versuchte die SED am 17. Mai 1957 in ihrem Zentralorgan, dem NEUEN DEUTSCHLAND, zu erklären, warum in der DDR keine Opposition notwendig sei:

Manche Bürger fragen, warum es bei uns keine Opposition gibt und meinen, zu einer richtigen Demokratie gehöre doch auch eine Opposition. Demokratie herrscht aber nicht dort, wo verschiedene Parteien gegeneinander auftreten, wo die Kraft der Arbeiterklasse gespalten ist und eine Opposition besteht. [...] Opposition ist nur der Beweis dafür, daß die Volksmassen gegen die herrschende Klasse für ihr Recht kämpfen müssen.

Die Bourgeoisie kann die aus den unversöhnlichen Klassengegensätzen hervorwachsende Opposition nicht leugnen. Deshalb versucht sie, diese zu einem „Charakteristikum wahrer Demokratie" für jeden Staat umzufälschen. [...]

In unserer Deutschen Demokratischen Republik sind die Kriegsverbrecher, Monopolisten und Junker entmachtet. Hier gehören die Fabriken und Banken dem Volk. Die Armee, Polizei und Justiz – die Machtmittel des Staates – sind Instrumente der Werktätigen. Es gibt keinen Gegensatz zwischen der Politik unserer Regierung und den Interessen der gesamten Bevölkerung.

Eine Opposition in der DDR könnte nur gegen die Politik unserer Regierung gerichtet sein. Sie müßte sich also gegen die Einführung der 45-Stunden-Woche, gegen den Bau von zusätzlich hunderttausend Wohnungen, gegen unsere niedrigen Mieten, gegen die Stabilität unserer Preise, [...] gegen die hohen Ausgaben für Wissenschaft und Kultur und gegen unsere Friedenspolitik richten. Sie müßte sich gegen die Einheit der Arbeiterklasse, gegen unseren Arbeiter-und-Bauern-Staat richten. Sie müßte für den Einsatz von Militaristen und Faschisten in hohe Machtpositionen, für den NATO-Kriegspakt und für die Vorbereitung eines Atomkrieges sein. Solch eine Opposition zu dulden wäre verbrecherisch.

Hermann Weber (Hrsg.), a. a. O., S. 229f.

1. *Inhalt und Aufmachung der Zeitung wurden genau mit einem verantwortlichen Politbüro-Mitglied abgestimmt, so daß das NEUE DEUTSCHLAND die offizielle Meinung der Parteiführung wiedergab. Warum wurde der Artikel zu diesem Zeitpunkt veröffentlicht?*
2. *Vergleichen Sie das Demokratieverständnis der SED mit der Stellungnahme zum KPD-Verbot (siehe S. 57)!*

„Kampf dem Atomtod" – Opposition in der Bundesrepublik

Die aus unterschiedlichen Kräften (Kirchen, Gewerkschaften, Parteien und unabhängigen Gruppen) bestehende westdeutsche Friedensbewegung hatte sich formiert, als es um die Wiederbewaffnung ging. Nachdem im Februar 1957 die Ausrüstung der Bundeswehr mit Atomwaffen gefordert worden war, wurde sie erneut aktiv. Unter dem Motto *Kampf dem Atomtod* fanden 1957/58 zahlreiche Massendemonstrationen und auch Arbeitsniederlegungen statt, um die von der Regierung beschlossene Einführung dieser Waffen rückgängig zu machen.
Die Oppositionsbewegung löste sich aber bald auf und wurde erst in den 60er Jahren durch die *Ostermarsch-Bewegung* wiederbelebt. Die westdeutsche Friedensbewegung stand bis in die 80er Jahre hinein beständig im Verdacht, kommunistisch gesteuert und unterwandert zu sein.

Das „Göttinger Manifest"

Von besonderer Bedeutung für die westdeutsche Friedensbewegung war die folgende Erklärung von 18 führenden Naturwissenschaftlern, darunter vier Nobelpreisträgern, vom 12. April 1957:

Die Pläne einer atomaren Bewaffnung der Bundeswehr erfüllen die unterzeichneten Atomforscher mit tiefer Sorge. [...] Die Unterzeichneten fühlen sich [...] verpflichtet, öffentlich auf einige Tatsachen hinzuweisen, die alle Fachleute wissen, die aber der Öffentlichkeit noch nicht hinreichend bekannt zu sein scheinen.[1])
1. Taktische Atomwaffen haben die zerstörende Wirkung normaler Atombomben. Als „taktisch" bezeichnet man sie, um auszudrücken, daß sie nicht nur gegen menschliche Siedlungen, sondern auch gegen Truppen im Erdkampf eingesetzt werden sollen. Jede einzelne taktische Atombombe oder -granate hat eine ähnliche Wirkung wie die erste Atombombe, die Hiroshima zerstört hat. Da die taktischen Atomwaffen heute in großer Zahl vorhanden sind, würde ihre zerstörende Wirkung im ganzen sehr viel größer sein. [...]
2. Für die Entwicklung der lebensausrottenden Wirkung der strategischen Atomwaffen ist keine natürliche Grenze bekannt. Heute kann eine taktische Atombombe eine kleinere Stadt zerstören, eine Wasserstoffbombe aber einen Landstrich von der Größe des Ruhrgebiets zeitweilig unbewohnbar machen. Durch Verbreitung von Radioaktivität könnte man mit Wasserstoffbomben die Bevölkerung der Bundesrepublik wahrscheinlich schon heute ausrotten. Wir kennen keine technische Möglichkeit, große Bevölkerungsmengen vor dieser Gefahr zu schützen.
Wir wissen, wie schwer es ist, aus diesen Tatsachen die politischen Konsequenzen zu ziehen. Uns als Nichtpolitikern wird man die Berechtigung dazu abstreiten wollen; unsere Tätigkeit, die der reinen Wissenschaft und ihrer Anwendung gilt und bei der wir viele junge Menschen unserem Gebiet zuführen, belädt uns aber mit der Verantwortung für die möglichen Folgen dieser Tätigkeit. Deshalb können wir nicht zu allen politischen Fragen schweigen. Wir be-

1) Bundeskanzler K. Adenauer hatte am 5. April 1957 in einer Presseerklärung festgestellt, daß „die taktischen Atomwaffen [...] im Grunde nichts anderes als eine Weiterentwicklung der Artillerie" und „normale Waffen" seien (*DER SPIEGEL* vom 17. April 1957).

kennen uns zur Freiheit, wie sie heute die westliche Welt gegen den Kommunismus vertritt. Wir leugnen nicht, daß die gegenseitige Angst vor den Wasserstoffbomben heute einen wesentlichen Beitrag zur Erhaltung des Friedens in der ganzen Welt und der Freiheit in einem Teil der Welt leistet. Wir halten aber diese Art, den Frieden und die Freiheit zu sichern, auf die Dauer für unzuverlässig, und wir halten die Gefahr im Falle des Versagens für tödlich.

Wir fühlen keine Kompetenz, konkrete Vorschläge für die Politik der Großmächte zu machen. Für ein kleines Land wie die Bundesrepublik glauben wir, daß es sich heute noch am besten schützt und den Weltfrieden noch am ehesten fördert, wenn es ausdrücklich und freiwillig auf den Besitz von Atomwaffen jeder Art verzichtet. Jedenfalls wäre keiner der Unterzeichneten bereit, sich an der Herstellung, der Erprobung oder dem Einsatz von Atomwaffen in irgendeiner Weise zu beteiligen.

Gleichzeitig betonen wir, daß es äußerst wichtig ist, die friedliche Verwendung der Atomenergie mit allen Mitteln zu fördern, und wir wollen an dieser Aufgabe wie bisher mitwirken.

Klaus Wagenbach u. a. (Hrsg.), Vaterland, Muttersprache. Deutsche Schriftsteller und ihr Staat seit 1945. Ein Nachlesebuch für die Oberstufe, Berlin 1979, S. 139f.

1. *Aus welchen Beweggründen wandten sich die Atomforscher, die sich selbst als „Nichtpolitiker" einschätzten, an die Öffentlichkeit?*
2. *Diskutieren Sie über die Feststellung der Atomforscher, daß ihre Tätigkeit der „reinen Wissenschaft und ihrer Anwendung gilt"!*

Die Bewegung „Kampf dem Atomtod" aus der Sicht der DDR

In der DDR-Geschichtsschreibung wurde die Bewegung so charakterisiert:

Unter der Losung „Kampf dem Atomtod" entwickelte sich eine breite antimilitaristische Volksbewegung in der BRD, die den Vorschlag der sozialistischen Staaten aufgriff, Mitteleuropa in eine atomwaffenfreie Zone umzuwandeln.[1]) Die Führer der SPD und des DGB, die von der überwiegenden Mehrheit ihrer Mitglieder zur Teilnahme an dieser Bewegung gedrängt worden waren, versuchten jedoch erneut, außerparlamentarische Aktionen zu verhindern. Sie machten sich schließlich zum Vollstrecker eines Urteils des Bundesverfassungsgerichts, das die Durchführung einer Volksbefragung gegen die atomare Aufrüstung als verfassungswidrig bezeichnet hatte[2]) und ermöglichte es den Imperialisten der BRD, die antiimperialistische Volksbewegung zu kanalisieren. Damit wurde eine echte Chance vergeben, eine politische Wende in der Entwicklung der BRD einzuleiten.

Autorenkollektiv, Geschichte der Deutschen Demokratischen Republik, Berlin (Ost) 1981, S. 196

Welche Charakterisierung erfuhr die Bewegung „Kampf dem Atomtod" in der DDR-Geschichtsschreibung? Wie realistisch war die „echte Chance", die als vergeben galt?

1) Der polnische Außenminister Adam Rapacki unterbreitete am 2. 10. 1957 der UNO-Vollversammlung den Vorschlag, auf dem Gebiet Polens, der Tschechoslowakei und der beiden deutschen Staaten eine atomwaffenfreie Zone zu errichten. Die Westmächte lehnten diese Vorschläge ab, da sie eine militärische Überlegenheit der Staaten der *Warschauer Vertragsorganisation* bei den konventionellen Streitkräften befürchteten.

2) Die SPD hatte eine Volksbefragung zur Atombewaffnung gefordert, die aber das Bundesverfassungsgericht am 3. 7. 1958 verbot.

Kollektivierung der Landwirtschaft in der DDR

Schon 1952 wurden die ersten *Landwirtschaftlichen Produktionsgenossenschaften (LPG)* gegründet. Doch noch 1956 standen auf dem Lande den 6000 LPGen und 555 *Volkseigenen Gütern* rund 750000 bäuerliche Privatbetriebe gegenüber, die 70% der landwirtschaftlichen Nutzfläche umfaßten und über zwei Drittel der landwirtschaftlichen Gesamtproduktion erwirtschafteten. Der V. Parteitag der SED gab 1958 das Signal, die Kollektivierung zu forcieren. Sie erreichte im Frühjahr 1960 ihren Höhepunkt und wurde offiziell *Sozialistischer Frühling* genannt. In den ersten drei Monaten waren über eine halbe Million Landwirte den Genossenschaften beigetreten; darunter viele, die 1945 durch die Bodenreform eigenes Land erhalten hatten. Mitarbeiter des Partei- und Staatsapparates, Vertreter der ***Blockparteien*** und Agitatoren aus Betrieben fuhren in die Dörfer, um noch immer widerstrebende Bauern zum Eintritt in die LPG zu veranlassen. Sie hatten Land, Maschinen und z.T. auch Vieh in die Genossenschaften einzubringen, um alles gemeinsam zu bewirtschaften. Infolge des starken politischen Drucks, der auch die Inhaftierung sich widersetzender Bauern einschloß, verließen viele Bauern ihre Höfe und gingen in die Bundesrepublik. Die Bevölkerung in der DDR benutzte dafür das Wort „abhauen".
Mitte April 1960 war die Kollektivierung abgeschlossen. Mehr als 19000 Genossenschaften bearbeiten nun fast 85% der landwirtschaftlichen Nutzflächen. Nachdem der überwiegende Teil der Industrie bereits vorher verstaatlicht worden war, wurde damit ein weiterer Wirtschaftsbereich weitgehend sozialisiert.

Grenzsteine fallen in Boldekow. Foto vom März 1960. Die Bildlegende der amtlichen Nachrichtenagentur ADN vermerkte: „Zur sozialistischen Großraumbewirtschaftung geht die vollgenossenschaftliche Gemeinde Boldekow im Kreis Anklam bei der diesjährigen Frühjahrsbestellung über. Das wurde möglich, weil sich die letzten zwölf Einzelbauern zur LPG ‚Einheit' zusammengeschlossen haben und zum beiderseitigen Vorteil die Flächen mit der bereits bestehenden LPG ‚Freundschaft' ausgetauscht haben, so daß bei der Frühjahrsbestellung Flächen bis zu 20 ha bestellt werden." *1. Entschlüsseln Sie die Symbolik und die Funktion des Fotos! 2. Welche Vorteile des genossenschaftlichen Wirkens werden in der offiziellen Bildlegende genannt?*

Kritik der evangelischen Bischöfe an den Methoden der Kollektivierung der Landwirtschaft

Am 11. März 1960 richteten die evangelischen Bischöfe der DDR an den Ministerpräsidenten Otto Grotewohl folgenden Brief:

Sehr geehrter Herr Ministerpräsident!

Im Blick auf bestimmte Maßnahmen und Methoden bei der Sozialisierung der Landwirtschaft und in Sorge um die Menschen auf dem Lande sehen wir uns veranlaßt, Ihnen folgendes vorzutragen. Es ist nicht Sache der Kirche, in wirtschaftlichen Fragen, die mit der Sozialisierung zusammenhängen, Entscheidungen zu treffen. Uns erreichen aber von unseren Pfarrern und aus den Gemeinden laufend so erschütternde Berichte über die Methoden, die angewendet werden, um die einzelnen Bauern zum Eintritt in die Landwirtschaftlichen Produktionsgenossenschaften zu veranlassen, daß wir um der Menschen willen nicht schweigen können.
Es würde zu weit führen, diese Methoden im einzelnen zu schildern. Tatsache ist, daß Bauern gegen ihren Willen mit Mitteln wirtschaftlichen, politischen und moralischen Druckes, auch unter Einschaltung von Staatsanwälten, Polizei und Organen der Staatssicherheit, zum Eintritt in die Landwirtschaftlichen Produktionsgenossenschaften veranlaßt werden und dann noch schriftlich erklären müssen, das sei „freiwillig" geschehen. Hier werden Menschen in ihrer Würde verletzt und in ihrem Gewissen bedrängt. Was kann man von Menschen erwarten, die in Angst und Verzweiflung zerbrochen sind, die resignierend ihre neue Situation auf sich nehmen und verbittert an die Arbeit gehen?
In Ihrer Hand liegt es, solchen Methoden Einhalt zu gebieten und dem Grundsatz echter Überzeugungsarbeit und der Freiwilligkeit zur Geltung zu verhelfen, wie es auf der Tagung des Zentralkomitees der SED gefordert worden ist. Menschen zu der Erklärung zu zwingen, sie hätten einen Schritt freiwillig getan, zu dem sie genötigt wurden, ist Gewissenszwang.
In einer Zeit, in der es um den Frieden zwischen den Völkern geht, bitten wir Sie, sehr geehrter Herr Ministerpräsident, inständig, alles zu tun, daß der Friede in unserem eigenen Volk nicht gefährdet wird. Der Wille zu aufbauender Arbeit in unserem Lande wird nur lebendig bleiben, wenn die Menschenwürde gewahrt wird.

Günter Heidtmann (Hrsg.), Hat die Kirche geschwiegen?, Berlin (West) 1964, S. 322f.

1. *Wieso wandte sich die Kirche in einem Brief an die Staatsführung? Welches Anliegen trugen die Bischöfe vor? Wo wollte sich die Kirche einmischen und wo nicht?*
2. *Welche Organisationen und Institutionen hätten sich in einem demokratisch regierten Land zu Wort melden können?*
3. *Die SED-Führung rechtfertigte die harten Auseinandersetzungen bei der Kollektivierung mit der Notwendigkeit, sozialistische Produktionsverhältnisse auf dem Land einzuführen. Welche Argumente halten die Bischöfe dagegen?*

Tod eines Hofes

Erwin Strittmatter, einer der beliebtesten und meist gelesenen Schriftsteller der DDR, hat in vielen seiner Romane und Erzählungen das Leben auf dem Land beschrieben. Folgende Erzählung stammt aus dem „Schulzenhofer Kramkalender“:

Es liegt ein Großbauernhof dorfab in der Feldmark, und der vergeht, obwohl er breit wie ein gut verwurzelter Baum aus der Erde wächst. Die Winde rennen wie gescheuchte Hasen über die blachen[1]) Felder, und in den Gräsern ist ein beständiges Wehn. Drei Feldwege kriechen auf Spinnenbeinen von Ginsterhecken zum Horizont und verlieren sich hinter den Ackerbuckeln.

Wohnhaus, Ställe, Schuppen und Scheunen sind in Holunderbüsche gemummt und erklären, in ein Quadrat gestellt, ein Stück Feld zum Hofraum. Hinter der Scheune stirbt eine Mähmaschine den schweren Verwesungstod eiserner Dinge und hält ihren Mähbalken, dessen Eisenzähne mit samtenem Rost überzogen sind, in die Wetter. Geile Gräser und sperrige Meldestauden umstehn die einstige Mäherin, und der Wind singt ihr das Sterbelied.

An die Schuppenwand sind Eggen gelehnt, und auch an ihren Zinken sitzt der Rost wie Moos an alternden Bäumen. Aus eingefaulten Torlöchern weht der Modergeruch leerer Ställe. Die Hausfront wollte ihr Leben lang ohne Dorf und Straße auskommen und verschwendete ihre buntgekälkte Freundlichkeit an wilde Bienen und Schmetterlinge. Zwei schattenspendende Linden stehn vor der Haustür. Vielleicht der Anfang einer beim Gutsherrn abgeguckten Allee. Man kennt sie, jene aus Bäumen gebaute Hallen, die Ungebetene mit dem Worte PRIVATWEG schreckten und die Erbetene wie kühle Schloßvorräume empfingen.

Eine Hälfte des Wohnhauses schläft unter den Lidern geschlossener Fensterläden; die andere Hälfte sieht mit staubstumpfen Fensteraugen durch den Vorgarten ins Unbestimmte, als warte sie auf das Geschrei und die Steinwürfe Versteck spielender Dorfjungen. Am Giebel gähnt ein ausgefranstes Mauerloch, als dächte das Haus offenen Mundes nach, über das, was vor vielen Jahren versäumt wurde.

Um die Hausecken streicht der Feldwind und langweilt sich. Er hat hier, wie der Briefbote, nichts mehr zu bestellen, hat kein Mittagsrufen, kein Hengstgewieher, kein Kuhgebrüll und kein Hundegebell, kein Hennengackern, kein Kinderlachen mit auf die Fahrt übers Feld zu nehmen.

Ein Traktorist scheint auf Wellen von Motorgedröhn pflügend über die Felder zu schweben. Er kommt aus der Mutterwärme des Dorfes.

Es liegt ein Großbauernhof hinter Holunder und Wermut, eine Schnuppe, die sich vom Mutterstern löste und in der Einsamkeit langsam vergeht.

Erwin Strittmatter, Schulzenhofer Kramkalender, Berlin und Weimar 1967, S. 26f.

1. *Lesen Sie die Erzählung als literarische Quelle! Wo siedelt der Schriftsteller das Leben an?*
2. *Welche Empfindungen löst die bildhafte Beschreibung des sterbenden Hofes bei Ihnen aus?*
3. *Warum wurde wahrscheinlich dieser Großbauernhof – wie viele andere – verlassen?*

1) flachen

Der Bau der Mauer am 13. August 1961

Obwohl der sowjetische Parteichef *Nikita S. Chruschtschow* offiziell die ***friedliche Koexistenz*** verschiedener Gesellschaftsordnungen als Prinzip der sowjetischen Außenpolitik propagierte und damit Hoffnungen auf Entspannung auslöste, blieb die Weltpolitik vom ***Kalten Krieg*** bestimmt.
Dies wurde auch besonders deutlich im geteilten Berlin. Zehn Jahre nach der Berlin-Blockade forderte der sowjetische Regierungschef die drei Westmächte ultimativ auf, Berlin innerhalb von sechs Monaten in eine „entmilitarisierte freie Stadt" umzuwandeln, andernfalls werde die Sowjetunion ihre Hoheitsrechte der DDR-Regierung übertragen. Dieses *Berlin-Ultimatum* drohte, den freien Zugang zwischen West-Berlin und dem Westen der alleinigen Kontrolle der DDR zu unterwerfen. Die Westmächte protestierten. Sie wollten den Status der Stadt nur im Zusammenhang mit der Deutschlandfrage lösen. Die zu diesem Zwecke 1959 in Genf einberufene Außenministerkonferenz endete aber völlig ergebnislos. Einen neuen Konferenztermin sagte Chruschtschow kurzfristig ab, nachdem im Mai 1960 ein amerikanisches Spionageflugzeug über der Sowjetunion abgeschossen worden war. Der amerikanische Präsident *John F. Kennedy* stellte im Juli 1961 öffentlich klar, daß die USA weiterhin auf die Anwesenheit der Westmächte und den freien Zugang zu West-Berlin bestehen werden. Berlin blieb ein politischer Zankapfel. Die gespannte internationale Lage beunruhigte nicht nur die Bewohner West-Berlins. Auch die Bürger in Ost-Berlin und in der übrigen DDR waren verunsichert. Die DDR war – nach einer kurzzeitigen Konsolidierung 1958/59 – erneut in eine wirtschaftliche Krise geraten. Druck bei der Kollektivierung der Landwirtschaft und der dogmatische Kurs in allen Bereichen des gesellschaftlichen Lebens, hatten die Zahl der Fluchtwilligen stark zunehmen lassen. Die Flucht in die Bundesrepublik war ein Zeichen von Unzufriedenheit und Hoffnungslosigkeit. 1960 waren fast 200000 und in den ersten sechs Monaten des folgenden Jahres über 100000 Menschen in den Westen geflohen, darunter vor allem junge qualifizierte Facharbeiter und wissenschaftliche Spitzenkräfte, wie Ingenieure, Techniker, Lehrer, Ärzte etc., die für die DDR-Wirtschaft unersetzlich waren. Im Juli 1961 verließen täglich 1000 Menschen die DDR.
Die angeheizte Stimmung in Berlin – West-Berlin wurde in der DDR-Sprache „Frontstadt" genannt – ließ bevorstehende Veränderungen ahnen. Obwohl schon 1958 eine *Operation Chinesische Mauer* im Westen bekanntgeworden war, hatte *Walter Ulbricht* noch am 15. Juni 1961 erklärt: „Mir ist nicht bekannt, daß eine solche Absicht besteht, eine Mauer zu errichten." Vom 3. bis 5. August trafen sich in Moskau die Führer der ***Warschauer Vertragsorganisation***. Hier fiel wohl erst endgültig die Entscheidung. Polen und die ČSSR mobilisierten Teile ihrer Armeen. Am 10. August informierte die sowjetische Militärführung in Deutschland die Kommandanten der Westmächte in West-Berlin über die bevorstehenden Maßnahmen. Drei Tage später wurde die Teilung Deutschlands durch den Bau der Mauer „zementiert".

Die Maßnahmen des Ulbricht-Regimes, gestützt durch die Sowjetunion und den übrigen Ostblock, haben die Reste des Vier-Mächte-Status nahezu völlig zerstört. Während früher die Kommandanten der alliierten Mächte in Berlin bereits gegen Paraden der sogenannten Volksarmee protestierten, haben sie sich jetzt mit einem verspäteten und nicht sehr kraftvollen Schritt nach der militärischen Besetzung des Ostsektors durch die Volksarmee begnügen müssen. Die illegale Souveränität der Ost-Berliner Regierung ist durch Hinnahme anerkannt worden. [...]
1. Untätigkeit und reine Defensive könnten eine Vertrauenskrise zu den Westmächten hervorrufen. 2. Untätigkeit und reine Defensive könnten zu einem übersteigerten Selbstbewußtsein des Ostberliner Regimes führen, das heute bereits in seinen Zeitungen mit dem Erfolg seiner militärischen Machtdemonstration prahlt.
Die Sowjetunion hat die Hälfte ihrer Freistadtvorschläge durch den Einsatz der deutschen Volksarmee erreicht. Der zweite Akt ist eine Frage der Zeit. Nach dem zweiten Akt würde es ein Berlin geben, das einem Ghetto gleicht, das nicht nur seine Funktion als Zufluchtsort der Freiheit und als Symbol der Hoffnung auf Wiedervereinigung verloren hat, sondern das auch vom freien Teil Deutschlands abgeschnitten wäre. Dann könnten wir statt der Fluchtbewegung nach Berlin den Beginn einer Flucht aus Berlin erleben.
Ich würde es dieser Lage für angemessen halten, wenn die Westmächte zwar die Wiederherstellung der Viermächteverantwortung verlangen, gleichzeitig aber einen Drei-Mächtestatus West-Berlins proklamieren würden. [...]

Halle, 29. August 1961. Eine Reaktion auf den Bau der Mauer. Die „amtliche“ Bildlegende lautet: „Mit dieser Losung bekundete die Hausgemeinschaft Straße der Neuen Zeit 19 ihre Meinung zur Sicherung der Staatsgrenze am 13. 8. 1961.“ *1. Welche Funktion hatte die Wiedergabe der Abbildung in der DDR-Presse? 2. Im Gegensatz zum Transparent der Hausgemeinschaft ist die Bildlegende sachlich formuliert. Interpretieren Sie die dahinterliegende Absicht!*

Es bedarf auch eines klaren Wortes, daß die deutsche Frage für die Westmächte keineswegs erledigt ist, sondern daß sie mit Nachdruck auf einer Friedensregelung bestehen werden. [...]
Außerdem würde ich es für gut halten, wenn der Westen das Berlin-Thema durch eigene Initiative vor die Vereinten Nationen brächte, mindestens mit der Begründung, die Sowjetunion habe in eklatanter Weise die Erklärung der Menschenrechte verletzt. [...]
Ich verspreche mir von derartigen Schritten keine wesentliche materielle Änderung der augenblicklichen Situation [...]. Wir haben jetzt einen Zustand vollkommener Erpressung und schon höre ich, daß man Verhandlungen nicht werde ablehnen dürfen. In einer solchen Lage ist es um so wichtiger, wenigstens politische Initiative zu zeigen, wenn die Möglichkeit der Initiative des Handelns schon so gering ist.
Ich schätze die Lage ernst genug ein, um Ihnen, verehrter Herr Präsident, mit dieser letzten Offenheit zu schreiben, wie sie nur unter Freunden möglich ist, die einander voll vertrauen.

VIERTELJAHRSHEFTE FÜR ZEITGESCHICHTE, 33. Jg. (1985), S. 380ff.

1. *Welche Befürchtungen hegte Willy Brandt für die Zukunft von West-Berlin?*
2. *Warum schrieb der Regierende Bürgermeister von der „illegalen Souveränität der Ostberliner Regierung"?*
3. *Welche Vorschläge unterbreitete er dem amerikanischen Präsidenten?*

Das Antwortschreiben John F. Kennedys an Willy Brandt

GEHEIM!

18. August 1961

Sehr geehrter Herr Bürgermeister Brandt!

[...] Die Maßnahmen der sowjetischen Regierung und ihrer Marionetten in Ost-Berlin sind hier in Amerika auf Abscheu gestoßen. Diese Demonstration dessen, was sich die Sowjetregierung unter Freiheit für eine Stadt und Frieden für ein Volk vorstellt, beweist die Falschheit sowjetischer Heucheleien; und wir Amerikaner können verstehen, daß diese Aktion notwendigerweise ein harter Schlag für die Menschen in West-Berlin ist, die auf vielfältige Weise mit ihren Mitbürgern im Ostsektor verbunden bleiben. Daher verstehe ich vollkommen die tiefe Besorgnis und Unruhe, die Sie veranlaßt haben, mir zu schreiben.
So ernst die Sache auch ist, so stehen uns jedoch, wie Sie schreiben, keine Schritte zur Verfügung, die eine wesentliche materielle Änderung in der augenblicklichen Situation erzwingen könnten. Da die brutale Abriegelung der Grenzen ein schallendes Bekenntnis des Scheiterns und der politischen Schwäche darstellt, handelt es sich offensichtlich um eine grundlegende sowjetische Entscheidung, die nur ein Krieg rückgängig machen könnte. Weder Sie noch wir noch irgendeiner unserer Verbündeten haben je angenommen, daß wir wegen dieses Streitpunkts einen Krieg beginnen sollten. Dennoch ist die sowjetische Aktion zu ernst für unzulängliche Gegenschritte. Ich selbst lehne die meisten Maßnahmen, die vorgeschlagen worden sind – selbst die meisten der Vorschläge in Ihrem Brief – deshalb ab, weil sie nur Kinderspiel sind verglichen mit dem, was geschehen ist. [...]

Nach eingehenden Erwägungen habe ich selbst entschieden, daß die beste sofortige Gegenmaßnahme eine wesentliche Verstärkung der westlichen Garnisonen ist. [...]
Gleichzeitig – und das ist von noch größerer grundsätzlicher Bedeutung – werden wir den breiten Aufbau der militärischen Stärke des Westens fortsetzen und beschleunigen. [...]
Ich stimme mit Ihnen darin überein, daß die Garantien, die wir West-Berlin gegeben haben, fortlaufend bestätigt und nochmals bestätigt werden sollten, und das tun wir. [...]
Allgemein möchte ich Sie noch dringend bitten, daß wir uns nicht von sowjetischen Aktionen erschüttern lassen dürfen, die in sich ein Schwächebekenntnis darstellen. West-Berlin ist heute bedeutender als je zuvor, und seine Mission, Symbol für die Freiheit zu sein, ist noch nie so wichtig gewesen wie jetzt. Die Bindung West-Berlins zur Freien Welt ist keine Sache schöner Reden. So wichtig auch die Verbindungen zum Osten gewesen sind, so schmerzlich wie ihr Abbruch auch ist, so läuft das Leben der Stadt, so wie ich es verstehe, doch in erster Linie zum Westen hin – ihr Wirtschaftsleben, ihre moralische Basis und ihre militärische Sicherheit.

VIERTELJAHRSHEFTE FÜR ZEITGESCHICHTE, 33. Jg. (1985), S. 382f.

1. *Kennedy sah in den Maßnahmen vom 13. August ein Schwächebekenntnis der Sowjetunion. Begründen Sie diese Aussage!*
2. *Welche Gegenmaßnahmen sicherte der amerikanische Präsident dem Regierenden Bürgermeister von West-Berlin zu?*

Nikita S. Chruschtschow und der Mauerbau

Hans Kroll, Botschafter der Bundesrepublik in Moskau, hatte mehrmals die Gelegenheit, mit Nikita S. Chruschtschow über den Mauerbau zu sprechen. Der sowjetische Ministerpräsident äußerte ihm gegenüber:

Ich weiß, die Mauer ist eine häßliche Sache. Sie wird auch eines Tages wieder verschwinden. Allerdings erst dann, wenn die Gründe fortgefallen sind, die zu ihrer Errichtung geführt haben. Was sollte ich denn tun? Mehr als 30 000 Menschen, und zwar mit die besten und tüchtigsten Menschen aus der DDR, verließen im Monat Juli das Land. Man kann sich unschwer ausrechnen, wann die ostdeutsche Wirtschaft zusammengebrochen wäre, wenn wir nicht alsbald etwas gegen die Massenflucht unternommen hätten. Es gab aber nur zwei Arten von Gegenmaßnahmen: die Lufttransportsperre oder die Mauer. Die erstgenannte hätte uns in einen ernsten Konflikt mit den Vereinigten Staaten gebracht, der möglicherweise zum Krieg geführt hätte. Das konnte und wollte ich nicht riskieren. Also blieb nur die Mauer übrig. Ich möchte Ihnen auch nicht verhehlen, daß ich es gewesen bin, der letzten Endes den Befehl dazu gegeben hat. Ulbricht hat mich zwar seit längerer Zeit immer heftiger gedrängt, aber ich möchte mich nicht hinter seinem Rücken verstecken. Er ist viel zu schmal für mich. Die Mauer wird, wie ich schon gesagt habe, eines Tages wieder verschwinden, aber erst dann, wenn die Gründe für ihre Errichtung fortgefallen sind.

Hans Kroll, Lebenserinnerungen eines Botschafters, Köln–Berlin 1967, S. 512

Vergleichen Sie diese Bemerkungen mit dem Beschluß des Ministerrates der DDR (siehe S. 66f.)

Politische Stabilisierung im Osten – politische Dynamik im Westen: 1962–1972

Das Entstehen der Mauer und der folgende Ausbau einer mit Minensperren und Selbstschußanlagen gesicherten 1393 Kilometer langen deutsch-deutschen Grenze war ebenso ein Ausdruck des ***Kalten Krieges*** wie des Gleichgewichts der beiden Machtblöcke. Unter der Last der atomaren Bedrohung hatten beide Supermächte die jeweiligen Einflußbereiche des anderen akzeptiert.

In der westlichen Welt galt die Mauer als ein Eingeständnis des Ostens, mit dem „Experiment DDR“ gescheitert zu sein. So ungeheuerlich auch die Mauer war, bewirkte sie in den folgenden Jahren eine wirtschaftliche und politische Stabilisierung der DDR, die nach der Sowjetunion zur stärksten sozialistischen Industriemacht wurde. Die Menschen ernteten mehr Früchte ihrer Arbeit und gewöhnten sich an Sozialleistungen, wie das Recht auf Arbeit und auf eine Wohnung. Vieles wurde selbstverständlich, vieles wurde fast zur Gewohnheit – selbst die eingeschränkte Bewegungs- bzw. Reisefreiheit.

Unter ständigem Erfolgszwang stehend und sich fast immer im Mittelpunkt der Weltöffentlichkeit wähnend, gehörte es zu der selbstverständlichen Praxis der Parteiführung, schönzufärben: Statistiken wurden gefälscht und unrealistische Einschätzungen veröffentlicht, um Erfolge aufzuweisen. Ende der sechziger Jahre sollte der Bevölkerung mit ständigen Wiederholungen glaubhaft gemacht werden, sie sei eine „sozialistische Menschengemeinschaft“.

Von dem Wechsel von *Walter Ulbricht* zu *Erich Honecker* versprach sich die Bevölkerung eine weitergehende Verbesserung des Lebensstandards und neue außenpolitische Impulse. Der Kurs zu einem souveränen, völkerrechtlich anerkannten Staat schien der einzig mögliche Weg zu sein, voranzukommen.

Wie wenig innerstaatliche Souveränität den Staaten des Ostblocks zugestanden wurde, zeigte 1968 die gewaltsame Unterdrückung der kommunistischen Reformen in der Tschechoslowakei durch den Einmarsch von 600 000 Soldaten der ***Warschauer Vertragsorganisation*** (ohne Rumänien) unter der Führung der Sowjetunion (siehe auch Glossar: *Breshnew-Doktrin*).

In der Bundesrepublik offenbarte 1963 der Rücktritt *Konrad Adenauers* auch, daß die bisherige Deutschlandpolitik einen Neuanfang nötig machte. Sein Nachfolger *Ludwig Erhard* galt als Vater des bundesdeutschen Wirtschaftswunders. Ausgerechnet er stürzte drei Jahre später über eine Wirtschaftskrise (zur Konjunkturentwicklung siehe Schaubild im Anhang, S. 165).

1966 übernahm eine *Große Koalition* von CDU/CSU und SPD die Regierungsverantwortung. Gemeinsam wollten die Parteien die wirtschaftliche Rezession bewältigen, gemeinsam wollten sie auch die innenpolitische Situation stabilisieren, nachdem 1966 der rechtsradikalen *Nationaldemokratische Partei Deutschlands* (NPD) der Einzug in die Länderparlamente von Hessen und Bayern gelungen war. Die Große Koalition stieß in der Öffentlichkeit auf erhebliche Vorbehalte und weckte starke Befürchtungen bei Intellektuellen: Von einer Aushöhlung der parlamentarischen Demokratie war die Rede.

Für innenpolitische Unruhe sorgten die Schüler- und Studentenproteste. Sie waren einerseits ein Teil einer internationalen Empörungswelle der Jugend gegen den von den Amerikanern geführten Krieg in Vietnam und andererseits eine sich antiautoritär gebärdende moralische Auseinandersetzung mit den bestehenden Verhältnissen in der Bundesrepublik. Im Kampf gegen die ***Notstandsgesetze***, die seit 1959 von der CDU gefordert wurden und nun gemeinsam mit der SPD im Parlament durchgesetzt werden sollten, formierte sich eine *Außerparlamentarische Opposition* (APO). Aus der Sicht der DDR-Führung hatte diese Bewegung eine antiimperialistische Zielsetzung, die sich gegen das gesamte kapitalistische System der westlichen Welt wandte.
Die „Koalition auf Zeit", wie das Zusammengehen von CDU/CSU und SPD von vornherein genannt wurde, endete 1969 und wurde von einer Koalitionsregierung der SPD und F.D.P. abgelöst. Das historische Verdienst der neuen Regierung von *Willy Brandt* und *Walter Scheel*, die angetreten war, „mehr Demokratie" zu wagen, bestand sowohl in der neuen Ostpolitik, die von realistischen Positionen ausging und wesentlichen Anteil an der europäischen Entspannung hatte, als auch in dem Aufzeigen von neuen innenpolitischen Aufgaben. Während die neue Ostpolitik das Ansehen der Bundesrepublik und besonders ihres Kanzlers steigerte (W. Brandt erhielt 1971 für seine Ostpolitik den Friedensnobelpreis), versuchte die CDU/CSU 1972 die Regierung durch ein ***Konstruktives Mißtrauensvotum*** – das erste in der Geschichte der Bundesrepublik – abzulösen. Der Versuch, die neue Ost- und Reformpolitik zu stoppen, scheiterte.

1962	24. 1.	Die DDR führt die allgemeine Wehrpflicht ein.
	13. 4.	Die Beatles treten erstmals in der Bundesrepublik auf.
	17. 8.	An der Mauer in Berlin wird der achtzehnjährige Peter Fechter bei einem Fluchtversuch erschossen.
	26. 8.	Wegen eines kritischen Berichtes über ein NATO-Manöver läßt die Bundesanwaltschaft mehrere Mitarbeiter des Nachrichtenmagazins *DER SPIEGEL* verhaften. Die *Spiegel-Affäre* löst eine Regierungskrise aus.
1963	21. 1.	Der VI. Parteitag der SED stellt den Sieg der sozialistischen Produktionsverhältnisse in der DDR fest.
	22.11.	Bundeskanzler Konrad Adenauer und der französische Staatspräsident Charles de Gaulle regeln im Elysée-Vertrag die künftige deutsch-französische Zusammenarbeit.
	24./25. 6.	In der DDR wird ein *Neues ökonomisches System der Planung und Leitung* (NÖSPL) der Volkswirtschaft beschlossen. Mit der Reform soll das Gewinnstreben von Betrieben verstärkt werden. NÖSPL bringt kurzfristig einen ökonomischen Aufschwung.
	26. 6.	Der amerikanische Präsident John F. Kennedy besucht West-Berlin, um seine Verbundenheit mit der Stadt zu demonstrieren.

Berlin, Weihnachten 1963. Erstmals seit dem Mauerbau konnten zwischen dem 19.12.'63 und 5.1.'64 über 1,2 Millionen Westberliner ihre Verwandten und Freunde in Ost-Berlin besuchen. Die amtliche Nachrichtenagentur der DDR verbreitete das linke Foto in der Presse mit folgendem Text: „Am 21.Dezember verzeichneten die fünf Übergangsstellen für Westberliner Besucher der Hauptstadt der DDR einen verstärkten Andrang. So wie am ersten Besuchstag verlief die Abfertigung wieder großzügig, korrekt und schnell." Zum Bildinhalt vermerkte man: „Einen kleinen, geputzten Weihnachtsbaum bringt eine Besucherin mit für ihre Mutter, die am Prenzlauer Berg wohnt." Die rechte Aufnahme stammt aus den gleichen Tagen und wurde von der westdeutschen Landesbildstelle verbreitet. *Sprechen Sie über die Atmosphäre und Situation, die auf beiden Bildern deutlich wird! Vergleichen Sie die Bildinformation der DDR-Nachrichtenagentur mit der westdeutschen Aufnahme!*

	15. 7.	Egon Bahr (SPD) stellt die Konzeption einer neuen deutschen Ostpolitik vor: *Wandel durch Annäherung.*
	16. 10.	Bundeswirtschaftsminister Ludwig Erhard (CDU) wird zum neuen Bundeskanzler gewählt.
	8. 12.	Walter Ulbricht erklärt seine Bereitschaft zu Verhandlungen mit Bundeskanzler Ludwig Erhard.
	17. 12.	Ein Passierscheinabkommen ermöglicht West-Berlinern, über Weihnachten und Neujahr Verwandte in Ost-Berlin zu besuchen.
	20. 12.	In Frankfurt a. Main beginnt ein Prozeß gegen 21 Bewacher des Konzentrationslagers Auschwitz[1]). Die im August 1965 verkündeten, zum Teil milden Urteile führen im In- und Ausland zu starken Protesten.
1964	1. 9.	Die Volkskammer beschließt das Gesetz über die Nichtverjährung von NS- und Kriegsverbrechen.
	9. 9.	DDR-Bürger im Rentenalter dürfen einmal im Jahr in die Bundesrepublik reisen.

1) Auschwitz steht stellvertretend für die Vernichtung von etwa 6 Millionen europäischer Juden während der nationalsozialistischen Herrschaft. Allein in Auschwitz wurden zwischen 1940 und 1945 eine Million Menschen ermordet.

	28. 11.	In der Bundesrepublik wird die *Nationaldemokratische Partei Deutschlands* (NPD) gegründet.
1965	25. 3.	In der Bundesrepublik wird die Verjährungsfrist für NS-Verbrechen verlängert.
	15.–18. 5.	Auf einer Tagung des Zentralkomitees der SED wird scharfe Kritik an aktuellen künstlerischen Tendenzen geübt, die als sozialismusfeindlich gelten.
1966	7. 1.	Die Bundesregierung unterstützt in einer Erklärung den Krieg der USA in Vietnam.
	3. 10.	Es beginnt die Kampagne *Notstand der Demokratie*, die sich gegen die Verabschiedung von Notstandsgesetzen in der Bundesrepublik richtet.
	1. 12.	Kurt Georg Kiesinger (CDU) wird neuer Bundeskanzler und bildet eine *Große Koalition* aus CDU/CSU und SPD. Willy Brandt wird Außenminister und Vizekanzler.
1967	20. 2.	Die Volkskammer beschließt ein Gesetz über die eigene DDR-Staatsbürgerschaft.
	12. 4.	Bundeskanzler Kurt Georg Kiesinger bietet in einer Regierungserklärung der DDR ein geregeltes Nebeneinander an.
	2. 6.	Der Student Benno Ohnesorg wird bei einer Demonstration gegen den Besuch des Schahs von Persien in West-Berlin von einem Polizisten erschossen.
1968	9. 2.	Der Bundestag debattiert über die Unruhen der Jugend.
	18. 2.	In West-Berlin finden Studentenproteste gegen den Vietnam-Krieg statt.
	26. 3.	Die Volkskammer billigt eine neue Verfassung, die die DDR als einen sozialistischen Staat deutscher Nation charakterisiert.
	2. 4.	In Frankfurt a. Main werden zwei Brandanschläge verübt, sie werden von den Tätern politisch gerechtfertigt.
	11.–17. 4.	Am Gründonnerstag, dem 11. April, wird in West-Berlin ein Attentat auf den Studentenführer Rudi Dutschke verübt.
	11. 5.	30 000 Gegner der ***Notstandsgesetze*** unternehmen einen Sternmarsch nach Bonn.
	30. 5.	Der Bundestag verabschiedet die *Notstandsgesetze.*
	21. 8.	Die *Nationale Volksarmee* der DDR beteiligt sich an der Militäraktion, die von Mitgliedsstaaten der ***Warschauer Vertragsorganisation*** zur Beendigung der Reformpolitik in der ČSSR durchgeführt wird.
	22. 9.	In der Bundesrepublik wird die *Deutsche Kommunistische Partei* gegründet.
1969	5. 3.	Gustav W. Heinemann (SPD) wird Bundespräsident.
	21. 10.	Willy Brandt wird Bundeskanzler.

	28. 10.	In der Regierungserklärung kündigt Willy Brandt das umfangreichste Reform-Programm der Nachkriegsgeschichte an. Er entwickelt das *Zwei-Staaten-eine-Nation*-Konzept.
1970	19. 3.	Willy Brandt und Willi Stoph treffen sich in Erfurt zu Gesprächen über die deutsch-deutschen Beziehungen.
	21. 5.	Beide Staatsmänner setzen in Kassel die Gespräche fort.
	31. 7.	In der Bundesrepublik wird das aktive Wahlrecht auf 18 Jahre herabgesetzt (zuvor 21).
	12. 8.	Bundeskanzler Willy Brandt und der sowjetische Ministerratsvorsitzende Andrej N. Kossygin unterzeichnen in Moskau den *Vertrag über Gewaltverzicht und Anerkennung der in Europa bestehenden Grenzen (Moskauer Vertrag).*
	7. 12.	Willy Brandt und der polnische Ministerpräsident Józef Cyrankiewicz unterzeichnen den *Vertrag zur Normalisierung der Beziehungen bei Anerkennung der Oder-Neiße-Linie (Warschauer Vertrag).*
1971	31. 1.	Der Telefonverkehr zwischen Ost-Berlin und West-Berlin wird nach 19 Jahren wieder aufgenommen.
	3. 5.	Der Nachfolger von Walter Ulbricht wird Erich Honecker.
	15.–19. 6.	Der VIII. Parteitag der SED beschließt die *Einheit von Wirtschafts- und Sozialpolitik* als neue Hauptaufgabe.
	3. 9.	Die vier ehemaligen Siegermächte schließen in West-Berlin das *Viermächteabkommen.*
	10. 12.	Willy Brandt erhält den Friedensnobelpreis.
1972	6. 1.	Erich Honecker bezeichnet die Bundesrepublik als „imperialistisches Ausland".
	9. 3.	Die Volkskammer verabschiedet bei 14 Gegenstimmen und 8 Enthaltungen ein Gesetz über die Unterbrechung der Schwangerschaft (Fristenlösung).
	17. 5.	Der Bundestag ratifiziert die Ostverträge.
	15. 6.	Erste Gespräche über einen deutsch-deutschen Grundlagenvertrag beginnen in Berlin.
	1. 9.	An der Grenze zwischen den beiden deutschen Staaten wird die Anwendung der Schußwaffe durch die DDR-Grenztruppen gemäß den Bestimmungen des Ministeriums für Nationale Verteidigung für zulässig erklärt.
	27. 4.	Das von der CDU/CSU angestrebte ***Konstruktive Mißtrauensvotum*** gegen Bundeskanzler Willy Brandt scheitert.
	26. 8.–11. 9.	In München und Kiel finden die Olympischen Spiele statt.
	10. 12.	Heinrich Böll erhält den Literaturnobelpreis.
	21. 12.	Die Staatssekretäre Egon Bahr und Michael Kohl unterzeichnen den *Grundlagenvertrag.*

Neue deutschlandpolitische Vorstellungen in beiden deutschen Staaten

Die SED, die für sich die Führung des Staates in Anspruch nahm, berief in der Regel alle vier Jahre einen Parteitag ein, auf dem für sämtliche Bereiche der Gesellschaft – so für die Wirtschaft, Kultur, Bildung und Soziales – Maßnahmen und Richtlinien festgelegt wurden. Fragen der Innen- und Außenpolitik spielten dabei immer eine herausragende Rolle. Die deutsch-deutschen Beziehungen wurden von der SED generell als ein außenpolitisches Problem behandelt.
Auf dem VI. Parteitag (15.–21. Januar 1963) griff die SED-Führung den schon seit einigen Jahren immer wieder von ihr geäußerten Gedanken einer *Konföderation*[1]) der beiden deutschen Staaten auf. Die SED betrachtete sie als eine Form der ***friedlichen Koexistenz*** zwischen der DDR und der Bundesrepublik, die eine spätere Überwindung der Spaltung Deutschlands fördern sollte. In dem Parteiprogramm wurden auch die Grundsätze der möglichen deutsch-deutschen Beziehungen bestimmt. Sie lauteten: „Die Konföderation beruht auf der Souveränität und Gleichberechtigung beider deutscher Staaten und der Freien Stadt West-Berlin. Sie schafft keine über ihnen stehende Staatsgewalt und erfordert keine Veränderung ihrer Gesellschaftsordnung."

Für ein „Abkommen der Vernunft und des guten Willens"

Walter Ulbricht faßte auf dem VI. Parteitag (15.–21. Januar 1963) den Vorschlag der Parteiführung für eine Konföderation in einem Referat wie folgt zusammen:

Wir schlagen vor, Schritt um Schritt Voraussetzungen für sachliche und normale Beziehungen zwischen den beiden deutschen Staaten zu schaffen. Wir befürworten zu diesem Zweck ein Abkommen der Vernunft und des guten Willens, das [...] etwa folgenden Inhalt haben könnte:

1. Respektierung der Existenz des anderen deutschen Staates und seiner politischen und gesellschaftlichen Ordnung. Feierlicher Verzicht auf Gewaltanwendung in jeder Form.
2. Respektierung der Grenzen des anderen deutschen Staates. Feierlicher Verzicht auf alle Versuche und Bestrebungen, diese Grenzen anzutasten oder zu verändern.
   Fixierung und Festigung auch der bestehenden deutschen Grenzen nach außen.
3. Feierlicher Verzicht auf die Erprobung, den Besitz, die Herstellung und den Erwerb von Kernwaffen sowie auf die Verfügungsgewalt über sie.
4. Rüstungsstopp in beiden deutschen Staaten, verbunden mit der Verpflichtung, die Ausgaben für militärische Zwecke nicht zu erhöhen. [...]
5. Gegenseitige Anerkennung der Reisepässe und der Staatsbürgerschaft der Bürger beider deutscher Staaten als Voraussetzung für eine Normalisierung des Reiseverkehrs ...
6. Herstellung normaler sportlicher und kultureller Beziehungen.

1) siehe Anm. 1. S. 53.

7. Abschluß eines Handelsvertrages zwischen den Regierungen beider deutscher Staaten mit dem Ziel, den Handel zwischen ihnen zu erweitern und zu entwickeln.

Soweit unsere Vorschläge. Wir sind selbstverständlich bereit, auch über westdeutsche Vorschläge, die den gleichen Zielen dienen, zu verhandeln.

Protokoll der Verhandlungen des 6. Parteitages der Sozialistischen Einheitspartei Deutschlands, Berlin 1963, S. 61f.

1. *Die SED löste sich mit diesem Vorschlag von der eigenen Verfassung vom 7. Oktober 1949 (siehe S. 30). Stellen Sie fest, was sich an den deutschlandpolitischen Vorstellungen der DDR seit 1949 verändert hatte!*
2. *Begründen Sie, warum der Gedanke der Konföderation bei der Bundesregierung kein positives Echo fand!*

„Wandel durch Annäherung" – ein Diskussionsbeitrag der SPD zum Deutschlandproblem

Der SPD-Politiker Egon Bahr hielt am 15. Juli 1963 in der Evangelischen Akademie Tutzing (Bayern) ein Referat zum Deutschlandproblem, das anschließend kontrovers diskutiert wurde und Jahre später für die Ostpolitik der sozialliberalen Regierung richtungsweisend werden sollte:

Die Voraussetzungen zur Wiedervereinigung sind nur mit der Sowjetunion zu schaffen. Sie sind nicht in Ost-Berlin zu bekommen, nicht gegen die Sowjetunion, nicht ohne sie. [...]

Die Wiedervereinigung ist ein außenpolitisches Problem. [...]

Das Vertrauen darauf, daß unsere Welt die bessere ist, die im friedlichen Sinn stärkere, die sich durchsetzen wird, macht den Versuch denkbar, sich selbst und die andere Seite zu öffnen und die bisherigen Befreiungsvorstellungen zurückzustellen. [...]

Die erste Folgerung, die sich aus einer Übertragung der Strategie des Friedens auf Deutschland ergibt, ist, daß die Politik des Alles oder Nichts ausscheidet. Entweder freie Wahlen oder gar nichts, entweder gesamtdeutsche Entscheidungsfreiheit oder ein hartes Nein, entweder Wahlen als erster Schritt oder Ablehnung, das alles ist nicht nur hoffnungslos und unwirklich, sondern in einer Strategie des Friedens auch sinnlos. Heute ist klar, daß die Wiedervereinigung nicht ein einmaliger Akt ist, der durch einen historischen Beschluß an einem historischen Tag auf einer historischen Konferenz ins Werk gesetzt wird, sondern ein Prozeß mit vielen Schritten und vielen Stationen. [...]

Wir haben gesagt, daß die Mauer ein Zeichen der Schwäche ist. Man könnte auch sagen, sie war ein Zeichen der Angst und des Selbsterhaltungstriebes des kommunistischen Regimes. Die Frage ist, ob es nicht Möglichkeiten gibt, diese durchaus berechtigten Sorgen dem Regime graduell soweit zu nehmen, daß auch die Auflockerung der Grenzen und der Mauer praktikabel wird, weil das Risiko erträglich ist. Das ist eine Politik, die man auf die Formel bringen könnte: Wandel durch Annäherung.

Bundesministerium für innerdeutsche Beziehungen (Hrsg.), Dokumente zur Deutschlandpolitik, IV. Reihe, Bd. 9/2, Frankfurt a. M. 1978, S. 572ff.

1. *Worin bestanden die neuen Aspekte der deutschlandpolitischen Konzeption der SPD „Wandel durch Annäherung"? Welche Teile der Rede werden Kontroversen ausgelöst haben?*
2. *Benennen Sie die Unterschiede zwischen den politischen Vorstellungen der SED und der SPD!*

Adenauers Rücktritt

Mit der Westintegration schuf *Konrad Adenauer* einen günstigen Boden für die Wirtschaftspolitik *Ludwig Erhards* und damit für stabile politische Verhältnisse in der Bundesrepublik. Nach über zehnjähriger Kanzlerschaft zeigte sich aber, daß Adenauer den Zenit seiner Popularität überschritten hatte. Bei den Wahlen zum 4. Deutschen Bundestag 1961 votierte die F.D.P. mit der Losung *„Mit der CDU/CSU – ohne Adenauer"*. Das Wahlergebnis führte dann doch noch zu einer Regierungskoalition von CDU/CSU und F.D.P. unter Adenauer, aber sein Rücktritt wurde in den Koalitionsverhandlungen vor Ablauf der Legislaturperiode festgelegt. Zögernd und widerstrebend verkündete Adenauer am 10. Oktober 1963 seinen Rücktritt. Sein Nachfolger wurde am 15. Oktober der bisherige Stellvertreter und Wirtschaftsminister Erhard.

Eine „Bilanz" zum Abschied

Am 15. Oktober 1963 wurde der erste Bundeskanzler im Deutschen Bundestag verabschiedet. Bundestagspräsident Eugen Gerstenmaier (CDU) würdigte das Wirken von Konrad Adenauer:

Auch heute haben sich hier nicht nur Freunde, Weggefährten und Bewunderer vereint, sondern auch Ihre Kritiker und Ihre politischen Gegner. Ich weiß, daß in diesem Haus noch manche Wunde schmerzt, die in den Jahren Ihrer Kanzlerschaft geschlagen wurde. Um so höher aber ist der Rang dieser Stunde, in welcher die oberste Vertretung des deutschen Volkes allein dazu zusammentritt, um dem ersten Bundeskanzler der Bundesrepublik Deutschland dafür zu danken, daß er, obwohl in hohem Alter, standhaft und kraftvoll 14 Jahre hindurch die Bürde des schwersten Amtes trug, das Deutschland zu vergeben hat.
(Beifall) [...]
Der große Gedanke der *europäischen Einigung*, für den Sie Ihr Bestes gaben, ist aus den ersten Stufen der Verwirklichung heraus, und obwohl um seine Vollendung noch schwer gerungen werden muß, hat er Europa ein neues Gesicht gegeben. [...]
(Beifall bei den Regierungsparteien und bei Abgeordneten der SPD.)
Nun, schön und gut, werden Ihre und meine Kritiker spätestens jetzt sagen. Aber eines, das Wichtigste hat eben auch Konrad Adenauer nicht geschafft, nämlich die *Wiedervereinigung* Deutschlands! Ich darf und will hier keinen Streit um die Rangordnung der Werte und Ziele eröffnen, welche die Politik Ihrer Regierung bestimmt haben. Aber vielleicht darf man bei einem ruhigen Rückblick auf die heißen Kämpfe, die Sie, Herr Bundeskanzler, hier jahrelang zu bestehen hatten, heute doch sagen, daß diese Kämpfe ja nicht deshalb geführt wurden, weil etwa die einen nur die Einigung Europas und die anderen nur die Wiedervereinigung Deutschlands wollten, sondern sie wurden darum geführt, weil für den von allen anerkannten und für alle gültigen Verfassungsauftrag unseres Grundgesetzes zwei sich gegenseitig ausschließende Alternativen verfochten wurden. Daß es bindender Verfassungsauftrag für jede Bundesregierung und jeden Bundestag ist – ich zitiere –, „die Einheit und Freiheit

Bonn, 4. September 1963. Charles de Gaulle *(links)* und Konrad Adenauer beim „Bad in der Menge". Der französische Staatspräsident besuchte die Bundeshauptstadt zu ersten Konsultationsgesprächen im Rahmen des deutsch-französischen Freundschaftsvertrages.

Deutschlands zu vollenden" und „als gleichberechtigtes Glied in einem vereinten Europa dem Frieden der Welt zu dienen", das steht außer Zweifel.
Wir aber mußten in diesen 14 Jahren immer nur die Erfahrung machen, daß der Eiserne Vorhang dichter und die Mauern höher wurden, die uns von den 17 Millionen trennen. Die Kontroverse darüber, ob es nicht doch einmal eine echte Chance gegeben hätte, Deutschlands Einheit unter tragbaren Bedingungen wiederzugewinnen, ist in einigen bitteren Nachtstunden hier im Bundestag entbrannt. Inzwischen hat auch diese Kontroverse vielleicht nicht ihren historischen, aber ihren politischen Gehalt nahezu verloren, so daß in dem Augenblick, in dem Sie, Herr Bundeskanzler, heute aus Ihrem Amte scheiden, fast allenthalben in den hier vertretenen Parteien Übereinstimmung darüber besteht, daß Deutschlands Wiedervereinigung nicht im Alleingang der Deutschen, sondern nur im Zusammenwirken mit der freien Welt herbeigeführt werden kann.
(Beifall bei den Regierungsparteien und bei Abgeordneten der SPD.) [...]
Am 15. September 1949 haben Sie sich hier von Ihrem Abgeordnetensitz erhoben, um den Platz des Bundeskanzlers der Bundesrepublik Deutschland einzunehmen. Heute verlassen Sie ihn wieder mit einer geschichtlichen Leistung, ungebeugt und in Ehren. Damals standen Sie auf und traten vor das Haus. Heute steht der Deutsche Bundestag vor Ihnen auf, Herr Bundeskanzler, *(die Abgeordneten erheben sich)* um für das deutsche Volk dankbar zu bekunden: Konrad Adenauer hat sich um das Vaterland verdient gemacht.
(Langanhaltender lebhafter Beifall im ganzen Hause.)

Verhandlungen des Deutschen Bundestages. 4. Wahlperiode. Stenographische Berichte, Bd. 53, S. 4161 ff.

1. *Fassen Sie die angeführten Leistungen Adenauers zusammen!*
2. *Welche Leistungen Adenauers wurden offensichtlich vom ganzen Parlament anerkannt?*

„Der Spalter“

Die Reaktion der SED auf den Rücktritt Adenauers war auf der ersten Seite der Parteizeitung NEUES DEUTSCHLAND zu lesen:

Der deutsche Imperialismus sollte, gestützt auf NATO-Bajonette, stark genug werden, um im Bunde mit den USA die DDR und Polen zu überrollen. Als diese Gedanken entwickelt wurden, besaßen die USA das Atombombenmonopol. Mit dieser Kraft, meinte Adenauer, müsse jeder Erpressungsversuch erfolgreich sein. [...]
Die Lage änderte sich, Adenauers politische Konzeption änderte sich nicht. [...]
Der Zustand, aus dem die Illusionen Adenauers entspringen konnten, schwand dahin. Adenauer aber blieb bei den Illusionen, die nun ohne jede Grundlage frei in der Luft schwebten. Adenauer wandelte mit seinem Freund Dulles[1]) unentwegt am Abgrund des Krieges. Doch die zweite Phase seiner Deutschlandpolitik, die zu einer Eroberung der DDR führen sollte, konnte nur noch Mißerfolge und Niederlagen bringen. Am 13. August 1961 stand die Revanchepolitik plötzlich vor einer Mauer. Das neue Kräfteverhältnis zeigte sich in Deutschland. [...]
Am Ende von Adenauers Regierungszeit steht fest: Er vermochte zwar Deutschland zu spalten, aber der deutsche Imperialismus besitzt nicht die Kraft, jemals wieder ganz Deutschland unter seine Herrschaft zu bringen. [...]
Woran ist die Deutschlandpolitik Adenauers gescheitert? Nicht an dieser oder jener Dummheit im einzelnen. [...] Sie ist daran gescheitert, daß die Pläne Adenauers dem wirklichen Kräfteverhältnis nicht entsprechen. Sie ist gescheitert an der Deutschen Demokratischen Republik. [...]
Die DDR ist der Granitblock, an dem der deutsche Imperialismus scheiterte. [...]
Darum ist die DDR für das ganze deutsche Volk ein Schutz vor militaristischen Abenteuern und ihren schrecklichen Folgen. [...]
Bundespräsident Gerstenmaier erklärte, daß die Grundentscheidungen Adenauers von allen im Bundestag vertretenen Parteien anerkannt werden. Solange das der Fall ist, kann der Rücktritt des Urhebers und ersten Repräsentanten der gescheiterten Politik Westdeutschland nicht viel weiterbringen. Notwendig ist eine neue, eine realistische Politik: eine Politik der friedlichen Koexistenz[2]) zwischen den beiden deutschen Staaten.

NEUES DEUTSCHLAND, 15. Oktober 1963

1. *Unterscheiden Sie zwischen realistischen und propagandistischen Einschätzungen in dem Artikel!*
2. *Welche Wertung erfuhr die „Ära Adenauer“?*

1) John Foster Dulles (1888–1959), amerikanischer Außenminister
2) siehe Glossar: *Friedliche Koexistenz*

Kulturpolitik als Mittel der Abgrenzung und Disziplinierung in der DDR

Neben den jahrelangen offiziell gezeigten Bemühungen der DDR um eine Annäherung der beiden deutschen Staaten, trieb die SED zugleich die Politik der Abgrenzung von der Bundesrepublik gezielt voran. Die Abgrenzungspolitik sollte die Eigenständigkeit der DDR unterstreichen und das tatsächliche Vorhandensein eines zweiten deutschen Staates – der beharrlich von seinen westlichen Nachbarn ignoriert wurde – demonstrieren. Abgrenzung fand auf vielen Gebieten des Lebens in der DDR statt, so auch bei der kulturellen Entwicklung. Die sozialistische Kultur sollte im Gegensatz zur Kultur der Bundesrepublik eine DDR-Spezifik aufzeigen: Literatur, Film, Musik und Malerei hatten eine moralische Veränderung des Menschen im Geiste des Sozialismus zu bewirken. Diese aufdringliche erzieherische Komponente wurde mit allen Mitteln – von der großzügigen Unterstützung bis zum Publikations- bzw. Auftrittsverbot und der Ausbürgerung – verfolgt und engte die Schaffensmöglichkeiten der Künstler ein.

Die „Provokation" eines Dichters

Der aus Dresden stammende Dichter Volker Braun provozierte mit dem 1965 veröffentlichten Gedicht „Jazz" das offizielle Kulturverständnis der SED gleich zweifach: Nicht nur, daß er sich gegen die Vereinnahmung der Künstler durch die Partei wandte, sondern auch das Thema war verpönt. Der Jazz galt offiziell seit den 50er Jahren als „ein Kanal, durch den das barbarisierende Gift des Amerikanismus eindringt und die Gehirne der Werktätigen zu betäuben droht":

Jazz

Das ist das Geheimnis des Jazz:
Der Baß bricht dem erstarrten Orchester aus.
Das Schlagzeug zertrommelt die geistlosen Lieder.
Das Klavier seziert den Kadaver Gehorsam.
Das Saxophon zersprengt die Fessel Partitur:
Bebt, Gelenke: wir spielen ein neues Thema aus
Wozu ich fähig bin und wessen ich bedarf: ich selbst zu sein –
Hier will ich es sein: ich singe mich selbst
[...]
Jeder spielt sein Bestes aus zum gemeinsamen Thema.
Das ist die Musik der Zukunft: Jeder ist ein Schöpfer.
Du hast das Recht, du zu sein, und ich bin ich:
Und mit keinem verbinden wir uns, der nicht er selbst ist
Unverwechselbar er im Lieben, im Haß

Volker Braun, Provokationen für mich, Halle/Saale 1965, S. 18

1. *Lüften Sie das „Geheimnis des Jazz"!*
2. *Wo liegt nach Meinung des Dichters die Zukunft – nicht nur in der Musik?*
3. *Warum war die Betonung des Ichs in einer sozialistischen Gesellschaft unerwünscht?*

Das „Kahlschlag“-Plenum

Einen tiefen Einschnitt in die Kulturpolitik der DDR brachte das 11. Plenum des ZK der SED im Dezember 1965. Der zaghaften Liberalisierung der kulturellen Entwicklung nach dem Mauerbau wurde ein jähes Ende gesetzt. So kam die gesamte Jahresproduktion des DEFA-Spielfilmstudios auf die Liste der verbotenen Werke; Stefan Heym, Wolf Biermann, Heiner Müller u. a. prominente Künstler der DDR wurden scharf kritisiert. Die Wirkungen der Beschlüsse, die auf dieser Tagung gefaßt wurden, waren noch bis zum Ende der DDR spürbar. Dieses „Kahlschlag“-Plenum, wie es später genannt wurde, leitete eine geistige Verarmung der Kulturlandschaft ein.
Am 15. Dezember 1965 trug Erich Honecker dem Politbüro folgende Position vor:

Unsere DDR ist ein sauberer Staat. In ihr gibt es unverrückbare Maßstäbe der Ethik und Moral, für Anstand und gute Sitte. Unsere Partei tritt entschieden gegen die von den Imperialisten betriebene Propaganda der Unmoral auf, die das Ziel verfolgt, dem Sozialismus Schaden zuzufügen. Dabei befinden wir uns in voller Übereinstimmung mit der Bevölkerung der DDR und der überwiegenden Mehrheit der Menschen in Westdeutschland.
In den letzten Monaten gab es einige Vorfälle, die unsere besondere Aufmerksamkeit erforderten. Einzelne Jugendliche schlossen sich zu Gruppen zusammen und begingen kriminelle Handlungen; es gab Vergewaltigungen und Erscheinungen des Rowdytums. Es gibt mehrere Fälle ernster Disziplinverstöße beim Lernen und in der Arbeit. Studenten, die zum Ernteeinsatz waren, veranstalteten Saufgelage im Stile des westdeutschen reaktionären Korpsstudententums. Die Arbeitsmoral während des Einsatzes war bei einigen Gruppen von Studenten schlecht. Hier zeigt sich wiederum der negative Einfluß von Westfernsehen und Westrundfunk auf Teile unserer Bevölkerung.
Wir stimmen jenen zu, die feststellen, daß die Ursachen für diese Erscheinungen der Unmoral und einer dem Sozialismus fremden Lebensweise auch in einigen Filmen, Fernsehsendungen, Theaterstücken, literarischen Arbeiten und in Zeitschriften bei uns zu sehen sind. Es häuften sich in letzter Zeit auch in Sendungen des Fernsehfunks, in Filmen und Zeitschriften antihumanistische Darstellungen. Brutalitäten werden geschildert, das menschliche Handeln auf sexuelle Triebhaftigkeit reduziert. Den Erscheinungen der amerikanischen Unmoral und Dekadenz wird nicht offen entgegengetreten. Das gilt besonders für den Bereich der heiteren Muse und der Unterhaltung, für einzelne literarische Arbeiten und leider auch für viele Sendungen im „DT 64“[1]). [...]
Wollen wir die Arbeitsproduktivität und damit den Lebensstandard weiter erhöhen, woran doch alle Bürger der DDR interessiert sind, dann kann man nicht nihilistische, ausweglose und moralzersetzende Philosophien in Literatur, Film, Theater, Fernsehen und Zeitschriften verbreiten. Skeptizismus und steigender Lebensstandard beim umfassenden Aufbau des Sozialismus schließen einander aus. Und umgekehrt: Eine von unserer sozialistischen Weltanschauung ausgehende vielfältige, lebensnahe, realistische Kunst und Literatur sind gute Weggefährten und Wegbereiter für die arbeitenden Menschen in unserer Deutschen Demokratischen Republik.
Die aktive Rolle der Kunst und Literatur besteht gerade darin, die Überwindung der Widersprüche auf der Grundlage unserer sozialistischen Bedingungen im bewußten Handeln der Menschen durch die konstruktive Politik von Partei und Staat künstlerisch zu erfassen.

---

1) Anläßlich des Deutschlandtreffens 1964 (DT 64) gegründeter Rundfunksender für die Jugend.

Christa Wolf, die mit ihrem Roman „Der geteilte Himmel" (1962) in der DDR und der Bundesrepublik große Anerkennung fand, war Kandidatin des ZK der SED. Ihr Diskussionsbeitrag auf dem Plenum war eine Antwort auf die vorgetragenen Positionen.

Es ist wirklich kompliziert zu schreiben. Man darf nicht zulassen, daß das freie Verhältnis zum Stoff, das wir uns in den letzten Jahren durch einige Bücher, durch Diskussionen und durch bestimmte Fortschritte unserer Ästhetik erworben haben, wieder verlorengeht. Ich weiß nicht, ob es angebracht ist, hier über Psychologie zu sprechen. Aber es ist so, daß die Psychologie des Schreibens ein kompliziertes Ding ist und daß man vielleicht für eine gewisse Zeit, wenn auch nicht gut und nicht leicht, meinetwegen einen Betrieb leiten kann, vielleicht sogar ein halbes Kulturministerium, wenn man sich in einem tiefen Konflikt befindet, aber schreiben kann man dann nicht.
Auf der Bitterfelder Konferenz[1]) wurde gesagt, daß Kunst nicht möglich ist, ohne Wagnis. Die Kunst muß auch Fragen aufwerfen, die neu sind, die der Künstler zu sehen glaubt, auch solche, für die er noch nicht die Lösung sieht. Was für Fragen meine ich? Nicht in engem Sinne naturalistische, wirtschaftliche Probleme, sondern es geht um folgendes: Als ich aus Westdeutschland zurückkam, beschäftigte mich tief das Problem des Menschentyps, der sich in beiden deutschen Staaten in bestimmten Schichten der Bevölkerung, unter der Jugend, in bestimmten Berufen usw. ganz differenziert entwickelt. Das ist die typische Literaturfrage. Wir haben dabei sehr wenig Hilfe, weil unsere Soziologie und Psychologie uns wenig an Verallgemeinerung gibt. Wir müssen selbst auf diesem Gebiet studieren und experimentieren, und es wird nach wie vor passieren – es wird auch mir passieren oder schon passiert sein –, daß man etwas verallgemeinert, was nicht verallgemeinernswert ist. Das kann sein. Dazu möchte ich aber sagen, daß die Kunst sowieso von Sonderfällen ausgeht und daß Kunst nach wie vor nicht darauf verzichten kann, subjektiv zu sein, das heißt, die Handschrift, die Sprache, die Gedankenwelt des Künstlers wiederzugeben.
Ich möchte auch sagen, daß der Begriff des Typischen, der in der Diskussion mehrmals gebraucht wurde, auch seine sehr genaue Untersuchung verlangt, daß man nicht wieder zurückfällt auf den Begriff des Typischen, den wir schon mal hatten und der dazu geführt hat, daß die Kunst überhaupt nur noch Typen schafft. (*Margot Honecker:* Dagegen sind wir doch auch!)
Das weiß ich. Ich weiß aber auch ganz genau, Genossin Honecker, daß diese Gefahr nicht überwunden ist. Wir sind aufgefordert worden, solche Sachen zu sagen, und ich sage es. (*Zuruf:* Das hört sich bald an wie eine Verteidigungsrede.)
Ich verteidige nicht alles. Ich verteidige zum Beispiel nicht irgendwelche Sachen, die Leute gegen uns geschrieben haben und die gegen uns ausgenutzt werden können.

Elimar Schubbe (Hrsg.), Dokumente zur Kunst-, Literatur- und Kulturpolitik der SED, Stuttgart 1972, S. 1076ff, 1081 und 1098ff.

1. *Warum wandte die SED-Führung der kulturellen Entwicklung eine so große Aufmerksamkeit zu?*
2. *Welches Kulturverständnis lag der Rede von E. Honecker zugrunde?*
3. *Die Rede von Christa Wolf galt als brisant. Begründen Sie diese Einschätzung!*

1) Kulturkonferenz von 1964. Die 1. Bitterfelder Kulturkonferenz hatte im April 1959 stattgefunden (siehe Chronik). Die Kulturpolitik der Partei war darauf gerichtet, neue kulturelle Bedürfnisse in der Arbeiterschaft zu wecken und künstlerische Begabungen zu fördern.

Bemerkungen zur Kultur der 60er Jahre in der Bundesrepublik

In der Bundesrepublik hatten viele Schriftsteller kritisch auf die *„Wirtschaftswunderidyllik"* (Hermann Glaser) reagiert. Ihre Möglichkeit, auf die Gesellschaft einzuwirken, bestimmte letztlich der Markt. Das heißt nicht, daß die Politiker und führenden Repräsentanten gesellschaftlicher Gruppen (Kirchen, Gewerkschaften etc.) nicht versuchten, durch öffentliche Stellungnahmen Einfluß auf die Kunst und ihre Rezeption zu nehmen. Gesellschaftskritische Intellektuelle wurden von konservativen Politikern oft als kommunistische Sympathisanten abgestempelt. Ihnen wurde der diffamierende Vorwurf gemacht, gegen die „gesunde Volksmeinung" zu verstoßen. *Bertolt Brecht* galt deshalb in den 50er und 60er Jahren – vor allem in den Schulen – als unerwünschter Autor; gegen *Günter Grass'* Novelle *„Katz und Maus"* wurde wegen krankhafter Phantasie, perverser Sexualität, sittlicher Gefährdung der Jugend, Herabwürdigung der Katholischen Kirche und Gotteslästerung ein „Antrag auf Aufnahme in die Liste der jugendgefährdenden Schriften" gestellt, der nach langen Verhandlungen erst abgelehnt wurde.

Einige Schriftsteller thematisierten zunehmend aktuelle politische und gesellschaftliche Probleme und setzten sich für eine „neue Regierung" ein (z. B. in den Taschenbüchern: *„Die Alternative – oder brauchen wir eine neue Regierung", hrsg. von Martin Walser, 1961* und *„Plädoyer für eine neue Regierung", hrsg. von Hans Werner Richter, 1965*). Diese Literaten und Publizisten nahmen in diesem Zusammenhang zum Teil Themen vorweg, die später von der *Studentenbewegung* bzw. der *Außerparlamentarischen Opposition* (APO) aufgenommen wurden, wie die Kritik an der Konsumgesellschaft, der Presse, der Rüstung, den ***Notstandsgesetzen*** und an dem Vietnam-Krieg. Ab 1965 unterstützte eine Reihe dieser Autoren die SPD im Bundestagswahlkampf.

Parallel zu dieser intellektuellen Oppositionsbewegung entwickelte sich Anfang der 60er Jahre eine neue Jugendkultur. Sie wurde maßgeblich von der Musik *Bob Dylans* und der *Beatles,* einer 1963 in Liverpool gegründeten Band, beeinflußt. Ihre Musik, ihre Haartracht und Kleidung wurden zum Zeichen der Ablehnung der als bieder empfundenen Erwachsenenwelt. Diese reagierte irritiert und beharrte zumeist autoritär auf die Einhaltung der traditionellen Konventionen. Die mangelnde Bereitschaft (oder die Unfähigkeit) breiter Kreise, auf die Entwicklung mit Verständnis zu reagieren, führte letztlich zur raschen Ausbreitung der Jugendproteste am Ende der 60er Jahre.

Ein Schriftsteller rechnet ab

In einem 1965 veröffentlichten Aufsatz mit dem Titel „Klassenkampf" nahm der Schriftsteller Rolf Hochhuth Stellung zur Entwicklung der Bundesrepublik:

Auf achtundfünfzig Westdeutsche kam 1959 ein einziger vermögender. Zwar gab es 1953 eine halbe Million Privatpersonen mit einem versteuerbaren Vermögen von 41,4 Milliarden Mark. Innerhalb dieser Gruppe waren es aber wie-

derum nur zwei Prozent, denen die bedeutenden Vermögen gehören. Heute drehen höchstens noch zweitausendfünfhundert Bundesbürger (und ihre Zahl verringert sich schnell) kraft ihres Besitzes oder ihrer Kommandogewalt über die anonymen Kapitalgesellschaften die Lenkräder der Wirtschaft und damit der Regierung. [...]
Es genügt *eine* Zahl: siebzehn Jahre nach Beginn von Erhards vergoldetem Zeitalter besitzen sechsundsiebzig Prozent der Westdeutschen überhaupt kein Vermögen, das der Steuer auch nur gemeldet werden müßte [...]
Dieser Staat zahlt Kriegsverbrechern und Justizmördern, die das Verstecken eines vom Gas bedrohten Judenkindes mit der Guillotine bestraften, im Monat vierzehnhundert Mark, ja mehr. Acht-, neunmal soviel wie er den Eltern oder der verwitweten Mutter zweier Söhne gibt, die gefallen sind – und die *deshalb* nicht mehr sorgen können für ihre Alten im Dreck. [...]
Wie sehr unsere Gesetze das Recht verhöhnen: die krasse Unterscheidung zwischen Beamten und Angestellten bestätigt es wieder. Der Beamte, hört man, habe stets einen Teil seines Lohnes für die Pensionskasse abzweigen müssen. Der Angestellte nicht? Er wußte, wie schäbig seine Rente sein werde, zahlte deshalb private Lebensversicherungen. Herr Erhard wertete sie ab.

Klaus Wagenbach u. a. (Hrsg.), Vaterland, Muttersprache. Deutsche Schriftsteller und ihr Staat seit 1945. Ein Nachlesebuch für die Oberstufe, Berlin 1979, S. 226f.

Die Kanzlerschelte

Bundeskanzler Ludwig Erhard reagierte auf den Artikel von Rolf Hochhuths vor dem Wirtschaftstag der CDU/CSU in Düsseldorf am 9. Juli 1965:

Neuerdings ist es ja Mode, daß die Dichter unter die Sozialpolitiker und die Sozialkritiker gegangen sind. Wenn sie das tun, das ist natürlich ihr gutes demokratisches Recht, dann müssen sie sich aber auch gefallen lassen, so angesprochen zu werden, wie sie es verdienen, nämlich als Banausen und Nichtskönner, die über Dinge urteilen, von denen sie einfach nichts verstehen. Ich habe keine Lust, mich mit Herrn Hochhuth zu unterhalten über Wirtschafts- und Sozialpolitik, um das einmal ganz deutlich zu sagen und das Kind beim Namen zu nennen. Ich würde mir auch nicht anmaßen, Herrn Professor Heisenberg gute Lehren über Kernphysik zu erteilen. Ich meine, das ist alles dummes Zeug. Die sprechen von Dingen, von denen sie von Tuten und Blasen keine Ahnung haben. Sie begeben sich auf die Ebene, auf die parterreste Ebene eines kleinen Parteifunktionärs und wollen doch mit dem hohen Grad eines Dichters ernst genommen werden. Nein, so haben wir nicht gewettet. Da hört der Dichter auf, da fängt der ganz kleine Pinscher an.

DIE ZEIT vom 30. Juli 1965

1. *Benennen Sie den Konflikt zwischen dem Schriftsteller R. Hochhuth und dem Politiker L. Erhard!*
2. *Äußern Sie Ihre Meinung zur Verantwortung der Künstler im Staat!*
3. *Analysieren Sie die Stellung der Künstler in beiden deutschen Staaten!*

Studentenbewegung und Außerparlamentarische Opposition

Die *Studentenbewegung* und die sich daraus entwickelnde *Außerparlamentarische Opposition (APO)* wurden beeinflußt von der internationalen Protestbewegung, die Anfang der sechziger Jahre von den USA ausging und sich gegen Rassendiskriminierungen, gegen den Krieg in Vietnam und gegen diktatorische Staatsformen in der Welt sowie überhaupt gegen alle überkommenen Autoritäten im Elternhaus, in der Schule, der Universität und im Staat richtete. In der Bundesrepublik wurde sie nach 1966 besonders beeinflußt durch die Bildung der *Großen Koalition* von CDU/CSU und SPD. Die von Intellektuellen, Künstlern, Studenten und Gymnasiasten getragene Opposition, die sich auch gegen die unzureichende Aufarbeitung der nationalsozialistischen Vergangenheit richtete, suchte zum Teil bewußt Alternativen zur bestehenden Regierungspraxis. Die Sorge, daß der Staat mit Hilfe der ***Notstandsgesetze*** einen unakzeptablen und unkontrollierbaren Machtzuwachs erhalten könnte, führte kurz vor der Verabschiedung der Gesetze im Mai 1968 zu einer Verbindung der studentischen mit der gewerkschaftlichen Opposition. Die angestrebte Solidarisierung mit der Arbeiterschaft, wie sie zur selben Zeit in Frankreich ihren Ausdruck in einem Generalstreik fand, blieb aber aus.

Ihren ersten Höhepunkt erreichten die Proteste, als bei einer Demonstration gegen den Staatsbesuch des iranischen Schahs *Resa Pahlevi* und dessen Unrechtsregime am 2. Juni 1967 in West-Berlin der Student *Benno Ohnesorg* durch eine Polizeikugel getötet wurde. Als zehn Monate später der Studentenführer *Rudi Dutschke* durch ein Attentat schwer verletzt wurde, kam es zu bundesweiten Demonstrationen und gewalttätigen Aktionen: Hunderttausende nahmen in 27 Städten an Demonstrationen teil, in 50 Orten wurde der Verkehr behindert, 400 Verletzte und zwei Tote wurden beklagt.

„Wir haben Fehler gemacht"

Rede des Studenten Peter Schneider vor der Vollversammlung aller Fakultäten der Freien Universität am 5. Mai 1967 in Berlin:

Wir haben Fehler gemacht, wir legen ein volles Geständnis ab: Wir sind nachgiebig gewesen, wir sind anpassungsfähig gewesen, wir sind nicht radikal gewesen. [...]

Wir sind sachlich gewesen, wir sind gehorsam gewesen, wir sind wirklich unerträglich gewesen. [...]

Wir haben in aller Sachlichkeit über den Krieg in Vietnam informiert, obwohl wir erlebt haben, daß wir die unvorstellbarsten Einzelheiten über die amerikanische Politik in Vietnam zitieren können, ohne daß die Phantasie unserer Nachbarn in Gang gekommen wäre, aber daß wir nur einen Rasen betreten zu brauchen, dessen Betreten verboten ist, um ehrliches, allgemeines und nachhaltiges Grauen zu erregen. Wir haben vollkommen demokratisch gegen die Notstandsgesetze demonstriert, obwohl wir gesehen haben, daß wir sämtliche Ränge des Zivildienstes aufzählen können, ohne irgendeine Erinnerung wachzurufen, aber daß wir nur die polizeilich vorgeschriebene Marschrichtung zu ändern brauchen, um den Oberbürgermeister und die Bevölkerung aus den Betten zu holen. Wir haben ruhig und ordentlich eine Universitätsreform gefordert, obwohl wir herausgefunden haben, daß wir gegen die Universitätsverfassung reden können, soviel und solange wir wollen, ohne daß sich ein Aktendeckel hebt, aber daß wir nur gegen die baupolizeilichen Bestimmungen zu verstoßen brauchen, um den ganzen Universitätsaufbau ins Wanken zu bringen. Da sind wir auf den Gedanken gekommen, daß wir erst den Rasen zerstören müssen, bevor wir die Lügen über Vietnam zerstören können, daß wir erst die Marschrichtung ändern müssen, bevor wir etwas an den Notstandsgesetzen ändern können, daß wir erst die Hausordnung brechen müssen, bevor wir die Universitätsordnung brechen können. Da haben wir den Einfall gehabt, daß das Betretungsverbot des Rasens, das Änderungsverbot der Marschrichtung, das Veranstaltungsverbot der Baupolizei genau die Verbote sind, mit denen die Herrschenden dafür sorgen, daß die Empörung über die Verbrechen in Vietnam, über die Notstandspsychose, über die vergreiste Universitätsverfassung schön ruhig und wirkungslos bleibt. Da haben wir gemerkt, daß sich in solchen Verboten die kriminelle Gleichgültigkeit einer ganzen Nation austobt. Da haben wir es endlich gefressen, daß wir gegen den Magnifizenzwahn und akademische Sondergerichte, gegen Prüfungen, in denen man nur das Fürchten, gegen Seminare, in denen man nur das Nachschlagen lernt, gegen Ausbildungspläne, die uns systematisch verbilden, gegen Sachlichkeit, die nichts weiter als Müdigkeit bedeutet, gegen die Verketzerung der Emotion, aus der die Herrschenden das Recht ableiten, über die Folterungen in Vietnam mit der gleichen Ruhe wie über das Wetter reden zu dürfen, gegen demokratisches Verhalten, das dazu dient, die Demokratie nicht aufkommen zu lassen, gegen Ruhe und Ordnung, in der die Unterdrücker sich ausruhen, gegen verlogene Rationalität und wohlweisliche Gefühlsarmut, – daß wir gegen den ganzen alten Plunder am sachlichsten argumentieren, wenn wir aufhören zu argumentieren, und uns hier in den Hausflur auf den Fußboden setzen. Das wollen wir jetzt tun.

Irmgard Wilharm (Hrsg.), Deutsche Geschichte 1962–1983, Dokumente in zwei Bänden, Bd. 1, Frankfurt a. M. 1985, S. 171ff.

1. *Fassen Sie die Protestmotive zusammen!*
2. *Zählen Sie die „Fehler" der Studenten auf!*
3. *Worin sah P. Schneider eine Garantie für die erfolgreiche Durchsetzung der Forderungen der Außerparlamentarischen Opposition?*

Rudi Dutschke zum Thema Gewalt und über die Außerparlamentarische Opposition

Einer der wichtigsten Theoretiker und Sprecher der Außerparlamentarischen Opposition war der Soziologie-Student Rudi Dutschke.
In einem SPIEGEL-Interview nahm er zu den Zielen der Studenten und zum Gewaltproblem Stellung:

SPIEGEL: Sie sind für die Abschaffung des Parlamentarismus, so wie er in der Bundesrepublik heute existiert?
DUTSCHKE: Ja. Ich denke, daß wir uns nicht zu Unrecht als außerparlamentarische Opposition begreifen. [...]

Wenn wir sagen *außer*parlamentarisch, soll das heißen, daß wir ein System von direkter Demokratie anzielen – und zwar von Rätedemokratie, die es den Menschen erlaubt, ihre zeitweiligen Vertreter direkt zu wählen und abzuwählen, wie sie es auf der Grundlage eines gegen jedwede Form von Herrschaft kritischen Bewußtseins für erforderlich halten. Dann würde sich die Herrschaft von Menschen über Menschen auf das kleinstmögliche Maß reduzieren. [...]

SPIEGEL: Kommen wir auf diesen Kampf zu sprechen. Sie führen ihn mit Ihren Mitstudenten, indem Sie Professoren lächerlich machen, Sit-ins und Happenings mit roter Grütze veranstalten, Tomaten werfen ...

DUTSCHKE: ... Es kommt darauf an, irrationale Autoritäten auszuhöhlen ...

SPIEGEL: ... indem Sie gegen den Schah, gegen Notstandsgesetze oder auch für den Vietcong demonstrieren. Das sind, wenn man Ihr Endziel einer gesellschaftlichen Umwälzung in Betracht zieht, offenbar nur Vorgeplänkel?

DUTSCHKE: Demonstrationen und Proteste sind Vorstufen der Bewußtwerdung von Menschen. Wir müssen immer mehr Menschen bewußt machen, politisch mobilisieren, das heißt: in das antiautoritäre Lager – das jetzt erst aus nur ein paar tausend Studenten besteht – herüberziehen. Und wir müssen mehr tun als protestieren. Wir müssen zu direkten Aktionen übergehen. [...]

SPIEGEL: Ist das Werfen von Tomaten oder Rauchbomben auch eine Form der direkten Aktion?

DUTSCHKE: Tomaten und Rauchbomben sind ohnmächtige Mittel zum Zeichen des Protests, und nichts anderes. Niemand kann sich einbilden, dies sei ein Moment des wirksamen Protestes.

SPIEGEL: Sind Steine wirksamer?

DUTSCHKE: Eine systematische Provokation mit Steinen ist absurd. Steine als Mittel der Auseinandersetzung unterscheiden sich prinzipiell nicht von Tomaten. Tomaten sind ohnmächtig, Steine sind ohnmächtig. Sie können nur begriffen werden als Vorformen wirklicher Auseinandersetzungen. [...]

SPIEGEL: Ihre Reden wurden gelegentlich wegen solcher Wendungen als versteckte Aufforderungen zur Anwendung von Gewalt gedeutet. Predigen Sie Gewalt?

DUTSCHKE: Aufruf zur Gewalt, zu Mord und Totschlag in den Metropolen hochentwickelter Industrieländer – ich denke, das wäre falsch und geradezu konterrevolutionär. Denn in den Metropolen ist im Grunde kein Mensch mehr zu hassen. Die Regierenden an der Spitze – ein Kiesinger, Strauß oder was auch immer – sind bürokratische Charaktermasken, die ich ablehne und gegen die ich kämpfe, die ich aber nicht hassen kann wie einen Ky in Vietnam oder Duvalier in Haiti.

SPIEGEL: Diese Differenzierung – Gewalt dort, keine hier – erklärt sich für Sie ...

DUTSCHKE: ... aus dem prinzipiellen Unterschied im Stand der geschichtlichen Auseinandersetzung. In der Dritten Welt: Haß der Menschen gegen die Form der direkten Unterdrückung, repräsentiert durch Marionetten; darum Kampf gegen diese. Bei uns: Attentat auf unsere Regierungsmitglieder – das wäre absoluter Irrsinn; denn wer begreift nicht, daß bei uns heute jeglicher an

Berlin, 17. Februar 1968. Vietnam-Kongreß in der Technischen Universität. Am Rednerpult Rudi Dutschke.

der Spitze austauschbar ist. Die terroristische Gewalt gegen Menschen ist in den Metropolen nicht mehr notwendig.
SPIEGEL: Sie verneinen also Gewalt nicht grundsätzlich, sondern nur unter den obwaltenden Umständen?
DUTSCHKE: Ganz sicher wird niemand behaupten können, daß es überhaupt keine Gewalt innerhalb des Prozesses der Veränderung geben wird. Gewalt ist constituens[1]) der Herrschaft und damit auch von unserer Seite mit demonstrativer und provokatorischer Gegengewalt zu beantworten. Die Form bestimmt sich durch die Form der Auseinandersetzung. [...]
Wir können nun innerhalb dieser Auseinandersetzung nicht sagen: Greifen wir mal zu den Maschinengewehren und führen wir die letzte Schlacht.
SPIEGEL: Sondern?
DUTSCHKE: Sondern wir müssen ganz klar sehen, daß unsere Chance der Revolutionierung der bestehenden Ordnung nur darin besteht, daß wir immer größeren Minderheiten bewußt machen; daß das antiautoritäre Lager immer größer wird und damit beginnt, sich selbst zu organisieren, eigene Formen des Zusammenlebens findet – in Berlin eine Gegen-Universität etwa, oder Kommunen oder was auch immer. Gleichzeitig muß das Bestehende unterhöhlt und Neues herausgebildet werden.

DER SPIEGEL, Nr. 29 vom 10. Juli 1967

1. *Welche Probleme der Außerparlamentarischen Opposition nennt R. Dutschke!*
2. *Wie äußerst sich R. Dutschke zur Anwendung von Gewalt?*

1) bestimmender Faktor

Eine SED-Reaktion auf eine Westberliner Vietnam-Demonstration

Auf die Demonstration vom 18. Februar 1968 reagierte das Zentralorgan der SED mit folgendem Artikel:

Das Gekläff aus dem Schöneberger Frontstadtdickicht, die sich überschlagenden Rathausstimmen in den Springer-Blättern [...], das alles lieferte am Montagvormittag den letzten Beweis, daß die 20 000 am Sonntag den Nerv dieser USA-Komplizenschaft getroffen haben.
Der Schreck über die bisher machtvollste Massenaktion der außerparlamentarischen Kräfte in Westberlin geistert durch die Frontstadtatmosphäre. [...] In disziplinierten 20er-Reihen marschierte sie [...] Seite an Seite: Arbeiter neben Studenten, Kommunisten neben Sozialdemokraten, Intellektuelle, Christen, Gewerkschafter, Professoren, Realisten und Schwärmer. [...] Hier kündigte sich eine weitgezogene Front der Einheit im Kampf gegen Imperialismus und für Demokratie an.

NEUES DEUTSCHLAND vom 19. Februar 1968

Von welchem Wunschdenken war der Pressebericht geprägt?

Der Bundesjustizminister meldet sich zu Wort

Die Reaktionen vieler westdeutscher Politiker auf die Osterunruhen von 1968 waren geprägt von Härte und Unverständnis. Eine Ausnahme bildete der damalige Justizminister Gustav W. Heinemann (SPD). Am 14. April hielt er eine kurze Ansprache über alle Rundfunk- und Fernsehanstalten:

Wer mit dem Zeigefinger allgemeiner Vorwürfe auf den oder die vermeintlichen Anstifter oder Drahtzieher zeigt, sollte daran denken, daß in der Hand mit dem ausgestreckten Zeigefinger zugleich drei andere Finger auf ihn selbst zurückweisen. Damit will ich sagen, daß wir alle uns zu fragen haben, was wir selber in der Vergangenheit dazu beigetragen haben könnten, daß Antikommunismus sich bis zum Mordanschlag steigerte und daß Demonstranten sich in Gewalttaten der Verwüstung bis zur Brandstiftung verloren haben. [...]
Zu den Grundrechten gehört auch das Recht zu demonstrieren, um öffentliche Meinung zu mobilisieren. Auch die junge Generation hat einen Anspruch darauf, mit ihren Wünschen und Vorschlägen gehört und ernst genommen zu werden. Gewalttat aber ist gemeines Unrecht und eine Dummheit obendrein. Es ist eine alte Erfahrung, daß Ausschreitungen und Gewalttaten genau die gegenteilige öffentliche Meinung schaffen, als ihre Urheber wünschen. Das sollten – meine ich – gerade auch politisch bewegte Studenten begreifen und darum zur Selbstbeherrschung zurückfinden.
Unser Grundgesetz ist ein großes Angebot. Zum erstenmal in unserer Geschichte will es in einem freiheitlich-demokratischen und sozialen Rechtsstaat der Würde des Menschen volle Geltung verschaffen. In ihm ist Platz für eine Vielfalt der Meinungen, die es in offener Diskussion zu klären gilt.

Gustav W. Heinemann, Es gibt schwierige Vaterländer ... Reden und Aufsätze 1919–1969, hrsg. von H. Lindemann, Frankfurt a. M. 1977, S. 334ff.

1. *Welche Funktion hatte diese Rede?*
2. *Nennen Sie die Teile der Rede, die besonders die jungen Zuhörer aufhorchen ließen!*

Der „Machtwechsel“ in Bonn

Die Regierung der *Großen Koalition* war auf wichtigen Gebieten erfolgreich gewesen, vor allem konnte die Rezession schnell überwunden werden. Sie hatte auch nicht zu der befürchteten Aushebelung des parlamentarischen Systems geführt. Von beiden Koalitionsparteien ließ die SPD mehr Reformvorstellungen erkennen als die CDU. Die Schwerpunkte des Reformkurses lagen auf den Gebieten der Wirtschafts-, Finanz-, Bildungs- und Wissenschaftspolitik.

In ihrer Deutschlandpolitik war die *Große Koalition* zu kleinen Schritten bereit gewesen. Bundeskanzler *Kurt Georg Kiesinger* (CDU) hatte in seiner Regierungserklärung zur Deutschlandfrage betont, Kontakte zum „anderen Teil Deutschlands“ aufnehmen zu wollen, um zu einem geregelten Nebeneinander zu gelangen. Daraufhin kam es im Mai 1967 zu einem Briefwechsel zwischen den Regierungschefs beider Staaten. Dieser führte zwar zu keinem Ergebnis, doch erstmalig war ein Brief der DDR-Regierung in Bonn zur Kenntnis genommen worden: Die früheren Briefe wurden ungeöffnet zurückgeschickt.

Bei der Wahl zum 6. Deutschen Bundestag 1969 konnten die CDU/CSU nach wie vor den größten Stimmenanteil aufweisen – 46,1 %. Die SPD gewann 42,7 % der Stimmen und koalierte mit der F.D.P., die mit 5,8 % der Stimmen gerade noch in den Bundestag gekommen war (siehe auch das Schaubild im Anhang, S.163). Damit wurde die CDU/CSU nach 20 Jahren in die Opposition gedrängt. Die F.D.P. war dabei das „Zünglein an der Waage“ geworden. Am 21. Oktober 1969 wurde *Willy Brandt* zum Bundeskanzler gewählt. Mit seinem Regierungsantritt begann, wie ein Kommentator in der *FRANKFURTER ALLGEMEINEN ZEITUNG* am 22. Oktober 1969 schrieb, „eine Phase, ... die weniger auf Wiederherstellung als auf Veränderung gerichtet“ war.

Bonn, 21. Oktober 1969. Sondermeldung nach der Wahl Willy Brandts zum Bundeskanzler

„Wir wollen mehr Demokratie wagen."

Am 28. Oktober 1969 gab Willy Brandt folgende Regierungserklärung ab:

Wir wollen mehr Demokratie wagen. Wir werden unsere Arbeitsweise öffnen und dem kritischen Bedürfnis nach Informationen Genüge tun. Wir werden darauf hinwirken, daß nicht nur durch Anhörungen im Bundestag, *(Abg. Dr. Barzel (CDU): Anhörungen?)* sondern auch durch ständige Fühlungsnahme mit den repräsentativen Gruppen unseres Volkes und durch eine umfassende Unterrichtung über die Regierungspolitik jeder Bürger die Möglichkeit erhält, an der Reform von Staat und Gesellschaft mitzuwirken. *(Abg. Dr. Barzel: Die Regierung will uns gnädigst anhören?! – Abg. Wehner (SPD): Beruhigen Sie sich! Das heißt neudeutsch „Hearing", nichts anderes! – Abg. Dr. Barzel: Dann soll er es doch richtig sagen!)*

Wir wenden uns an die im Frieden nachgewachsenen Generationen, die nicht mit den Hypotheken der Älteren belastet sind und belastet werden dürfen; jene jungen Menschen, die uns beim Wort nehmen wollen – und sollen. Diese jungen Menschen müssen aber verstehen, daß auch sie gegenüber Staat und Gesellschaft Verpflichtungen haben.

Wir werden dem Hohen Hause ein Gesetz unterbreiten, wodurch das aktive Wahlalter von 21 auf 18, das passive von 25 auf 21 Jahre herabgesetzt wird. *(Beifall bei den Regierungsparteien.)* Wir werden auch die Volljährigkeitsgrenze überprüfen. Mitbestimmung, Mitverantwortung in den verschiedenen Bereichen unserer Gesellschaft wird eine bewegende Kraft der kommenden Jahre sein. Wir können nicht die perfekte Demokratie schaffen. Wir wollen eine Gesellschaft, die mehr Freiheit bietet und mehr Mitverantwortung fordert. [...]

20 Jahre nach Gründung der Bundesrepublik Deutschland und der DDR müssen wir ein weiteres Auseinanderleben der deutschen Nation verhindern, also versuchen, über ein geregeltes Nebeneinander zu einem Miteinander zu kommen. Dies ist nicht nur ein deutsches Interesse, denn es hat seine Bedeutung auch für den Frieden in Europa und für das Ost-West-Verhältnis. Unsere und unserer Freunde Einstellung zu den internationalen Beziehungen der DDR hängt nicht zuletzt von der Haltung Ost-Berlins selbst ab. Im übrigen wollen wir unseren Landsleuten die Vorteile des internationalen Handels und Kulturaustausches nicht schmälern. [...]

Die Bundesregierung setzt die im Dezember 1966 durch Bundeskanzler Kiesinger und seine Regierung eingeleitete Politik fort und bietet dem Ministerrat der DDR erneut Verhandlungen beiderseits ohne Diskriminierung auf der Ebene der Regierungen an, die zu vertraglich vereinbarter Zusammenarbeit führen sollen. Eine völkerrechtliche Anerkennung der DDR durch die Bundesregierung kann nicht in Betracht kommen. Auch wenn zwei Staaten in Deutschland existieren, sind sie doch füreinander nicht Ausland; ihre Beziehungen zueinander können nur von besonderer Art sein. *(Beifall bei den Regierungsparteien; – Unruhe bei der CDU/CSU.)* [...]

Meine Damen und Herren, in unserer Bundesrepublik stehen wir vor der Notwendigkeit umfassender Reformen. Die Durchführung der notwendigen Reformen und ein weiteres Steigen des Wohlstandes sind nur möglich bei wachsender Wirtschaft und gesunden Finanzen. [...]

Meine Damen und Herren, Bildung und Ausbildung, Wissenschaft und Forschung stehen an der Spitze der Reformen, die es bei uns vorzunehmen gilt.

[...] Das Ziel ist die Erziehung eines kritischen, urteilsfähigen Bürgers, der imstande ist, durch einen permanenten Lernprozeß die Bedingungen seiner sozialen Existenz zu erkennen und sich ihnen entsprechend zu verhalten. Die Schule der Nation ist die Schule. *(Lebhafter Beifall bei der SPD und Beifall bei der F.D.P. – Lachen bei der CDU/CSU).*

Wir brauchen das 10. Schuljahr, und wir brauchen einen möglichst hohen Anteil von Menschen in unserer Gesellschaft, der eine differenzierte Schulausbildung bis zum 18. Lebensjahr erhält. [...]

Meine Damen und Herren, die Bundesregierung ist mit vielen draußen im Lande und sicher auch mit vielen in diesem Hause der Überzeugung, daß dem *Schutz der Natur,* von *Erholungsgebieten,* auch dem *Schutz der Tiere,* mehr Aufmerksamkeit geschenkt werden muß. *(Beifall bei den Regierungsparteien und bei Abgeordneten der CDU/CSU. – Zurufe von der CDU/CSU.)* [...]

Für die gesellschaftspolitischen Reformen und die moderne Gestaltung unseres demokratischen Industriestaates will und braucht jede Bundesregierung eine starke *Mitwirkung der Frauen. (Beifall bei der SPD.)* Die *Frauenquote* wird beschleunigt fortgeführt. Die notwendigen Konsequenzen werden gezogen werden, um den Frauen mehr als bisher zu helfen, ihre gleichberechtigte Rolle in Familie, Beruf, Politik und Gesellschaft zu erfüllen.

Die Regierung kann in der Demokratie nur erfolgreich wirken, wenn sie getragen wird vom demokratischen Engagement der Bürger. Wir haben so wenig Bedarf an blinder Zustimmung, wie unser Volk Bedarf hat an gespreizter Würde und hoheitsvoller Distanz. *(Lebhafter Beifall bei den Regierungsparteien.)* Wir suchen keine Bewunderer; wir brauchen Menschen, die kritisch mitdenken, mitentscheiden und mitverantworten. *(Beifall bei den Regierungsparteien.)* Das Selbstbewußtsein dieser Regierung wird sich als Toleranz zu erkennen geben. *(Lachen bei der CDU/CSU.)* Sie wird daher auch jene Solidarität zu schätzen wissen, die sich in Kritik äußert. Wir sind keine Erwählten; wir sind Gewählte. *(Lebhafter Beifall bei den Regierungsparteien.)* Deshalb suchen wir das Gespräch mit allen, die sich um diese Demokratie mühen.

Meine Damen und Herren, in den letzten Jahren haben manche in diesem Land befürchtet, die zweite deutsche Demokratie werde den Weg der ersten gehen. Ich habe dies nie gedacht. Ich glaube dies heute weniger denn je. Nein: Wir stehen nicht am Ende unserer Demokratie, wir fangen erst richtig an. *(Abg. Dr. Barzel: Aber Herr Brandt! – Weitere Zurufe von der CDU/CSU.)* Wir wollen ein Volk der guten Nachbarn sein und werden, im Inneren und nach außen.

(Anhaltender lebhafter Beifall bei den Regierungsparteien. – Abg. Dr. Barzel: Das ist ein starkes Stück, Herr Bundeskanzler! Ein starkes Stück! Unglaublich! Unerhört!)

Verhandlungen des Deutschen Bundestages, 6. Wahlperiode. Stenographische Berichte, Bd. 71, S. 20ff.

1. *Erklären Sie, weshalb bestimmte Reformvorschläge zu der Zeit eine besondere gesellschaftliche Aufgabe hatten!*
2. *Nennen Sie Gründe dafür, weshalb Brandt die geplante Ostpolitik als eine Fortsetzung der 1966 eingeleiteten Politik darstellte!*
3. *Welche Äußerung Brandts war für die DDR von besonderem Gewicht und ein Zeichen der neuen Ostpolitik?*
4. *Nennen Sie die Gründe dafür, weshalb der Oppositionsführer Rainer C. Barzel so empört auf die Schlußpassage der Rede reagierte!*

Ein Kommentar aus der DDR

Die Reaktion der SED auf die Regierungserklärung Willy Brandts ließ nicht auf sich warten:

Was die Beziehungen der westdeutschen Bundesrepublik zur DDR betrifft, so will Brandt – wie er erklärte – „die im Dezember 1966 durch Bundeskanzler Kiesinger und seine Regierung eingeleitete Politik" fortsetzen. Auch wenn zwei deutsche Staaten existieren, so könne „eine völkerrechtliche Anerkennung der DDR durch die Bundesregierung nicht in Betracht kommen", so betonte Brandt. Desweiteren sprach er sich dafür aus, „über ein geregeltes Nebeneinander zu einem Miteinander zu kommen", wobei er offensichtlich vergaß, daß die Regierung der Großen Koalition in Übereinstimmung mit NATO-Anweisungen dies bisher verhinderte.
In der Regierungserklärung des neuen Bundeskanzlers blieben solche außenpolitischen Fragen, wie die offizielle Anerkennung der europäischen Grenzen einschließlich der Grenze zwischen der DDR und der westdeutschen Bundesrepublik, die Aufgabe der Alleinvertretungsanmaßung und die Liquidierung der Hallstein-Doktrin[1]) unerwähnt.

NEUES DEUTSCHLAND vom 29. Oktober 1969

1. *Erfassen Sie die Meinungsverschiedenheiten zwischen den sozialliberalen Regierungsparteien und der SED!*
2. *Beurteilen Sie die Argumentation der SED!*

Deutsch-deutsches Treffen in Erfurt

Willi Stoph hatte *Kurt Georg Kiesinger* bereits 1967 zu Gesprächen in den Amtssitz der Regierung der DDR eingeladen. Aber erst drei Jahre später, am 19. März 1970, trafen sich zum erstenmal seit dem Bestehen der beiden deutschen Staaten die Regierungschefs *Willy Brandt* und *Willi Stoph.* Der Ort der Begegnung war Erfurt. Die Regierungssitze Ost-Berlin sowie Bonn wurden als Tagungsorte bewußt umgangen, da die Bundesregierung kein Zeichen der offiziellen Anerkennung geben wollte. Bei dem Treffen tauschten beide Regierungschefs ihre Standpunkte über mögliche Schritte zur Normalisierung der Beziehungen aus.
Ein zweites Treffen fand am 21. Mai 1979 in Kassel statt.
Die Tage in Erfurt und Kassel waren emotionsgeladen. In Erfurt wurde Willy Brandt begeistert empfangen. Zahlreiche Menschen hatten sich eingefunden und zeigten ihre Freude und Erwartungen. In Kassel wurden Stoph und Brandt von Neonazis attackiert. Die DDR-Fahne vor dem Hotel wurde abgerissen und das Auto der beiden Staatschefs tätlich angegriffen.
Allein die Tatsache, daß sich beide zu Gesprächen an einen Tisch setzten, belebte die Hoffnung vieler Menschen auf Annäherung der beiden Staaten.

1) siehe Chronik, 22. 9. 1955, S. 36

Grundsatzerklärungen der beiden Verhandlungspartner

Aus der Grundsatzerklärung des Vorsitzenden des Ministerrates der DDR, Willi Stoph, vom 19. März 1970:

Es ist müßig, die Verweigerung der völkerrechtlichen Beziehungen mit der Formel tarnen zu wollen, wir seien doch „alle Deutsche". [...] Heute existieren die sozialistische Deutsche Demokratische Republik und die monopolkapitalistische Bundesrepublik, zwei voneinander unabhängige Staaten. Ihre Bürger leben und arbeiten unter völlig gegensätzlichen Bedingungen. Die Bürger der DDR mehren mit ihrer Arbeit den eigenen Wohlstand und den der sozialistischen Gesellschaft. In der Bundesrepublik dagegen profitiert eine kleine Schicht von Millionären aus der Arbeit des werktätigen Volkes. Es sind die gleichen Monopolkreise, die an der Rüstung verdienen und mit ihrem expansiven Machtstreben den Frieden bedrohen. [...]
Sie selbst, Herr Bundeskanzler, haben geäußert, daß es zwischen den gegensätzlichen gesellschaftlichen Systemen in der DDR und der BRD „keine Mischung, keinen faulen Kompromiß" geben könne. In der Tat – die beiden souveränen Staaten DDR und BRD lassen sich nicht vereinigen, weil gegensätzliche Gesellschaftsordnungen nicht vereinigt werden können. Ich würde es begrüßen, wenn diese – wie es scheint – übereinstimmende Einschätzung auch Grundlage für eine realistische Politik, für eine Politik der Vernunft zur Herstellung gleichberechtigter völkerrechtlicher Beziehungen zwischen der DDR und der BRD werden würde.
Natürlich – wer wollte das verschweigen – sind wir als Sozialisten am Sieg des Sozialismus in allen Ländern und auch in der Bundesrepublik interessiert, was eine spätere Vereinigung auf der Grundlage von Demokratie und Sozialismus möglich machen würde.

Aus der Grundsatzerklärung des Bundeskanzlers, Willy Brandt, vom 19. März 1970:

Sie haben nun konkret an zwei Stellen gefragt, ob ich zu Verhandlungen bereit sei. Ich habe gesagt: Wir sind bereit, festzustellen, ob die Zeit gekommen ist – ich hoffe, sie ist gekommen – zu Verhandlungen, und ich füge jetzt bewußt hinzu, über alles, was dazu die eine oder die andere Seite auf den Tisch gelegt hat oder noch im Laufe unserer Gespräche auf den Tisch legen wird. Ich habe von den Verfassungen unserer beiden Staaten gesprochen, die in der Perspektive auf ein einheitliches Deutschland konzipiert sind. Dies gilt auch für die Verträge, die die Bundesrepublik Deutschland ebenso wie die DDR abgeschlossen hat. In unserem Vertrag mit den Drei Westmächten ist ebenso wie in Ihrem Freundschaftsvertrag mit der Sowjetunion die staatliche Einheit als Möglichkeit enthalten. [...]
Schon aus diesen Gründen bin ich der Überzeugung, daß sowohl der Begriff völkerrechtliche Anerkennung als auch der Begriff der Nichteinmischung in die inneren Angelegenheiten nicht das trifft, worum es bei der Herstellung gleichberechtigter Beziehungen zwischen der Bundesrepublik Deutschland und der DDR geht. Vielmehr wird jeder der beiden Staaten die gleichen Verpflichtungen zu übernehmen haben, das zu respektieren, was in der Kompetenz jeder der beiden Regierungen auf ihrem Territorium geregelt ist. Dazu gehört dann auch, daß diffamierende Angriffe gegen die Bundesrepublik Deutschland und ihre führenden Persönlichkeiten unterbleiben. Auch dies ist

ein Teil der Nichtdiskriminierung zwischen unseren Staaten. Die Grundsätze der Nichtdiskriminierung und Gleichberechtigung dürfen nicht unser Ziel berühren, dem eigentlichen Souverän, dem deutschen Volk, eines Tages zur Geltung zu verhelfen.

Ernst Deuerlein (Hrsg.), DDR 1945–1970. Geschichte und Bestandsaufnahme, München ³1971, S. 320ff.

1. Welche Absichten ließ W. Stoph in seiner Grundsatzerklärung erkennen? Vergleichen Sie seine Worte mit den Vorschlägen Ulbrichts von 1963 (siehe S. 76f.)!
2. Aus welchen Gründen lehnte W. Brandt die Verwendung der Begriffe „völkerrechtliche Anerkennung" und „Nichteinmischung in die inneren Angelegenheiten" (der DDR) für das deutsch-deutsche Verhältnis ab?
3. Die Erklärungen von W. Stoph und W. Brandt lassen die festgefahrenen Positionen erkennen. Stellen Sie sie gegenüber!

Willy Brandt erinnert sich

Der Vorsitzende des Ministerrates beeindruckte mich nicht sonderlich. Was am Verhandlungstisch gesagt, in der Regel vorgelesen wurde, war den Aufwand nicht wert. Stoph gab sich, als sei er von einheitssozialistischer Unfehlbarkeit durchdrungen. Die Mauer nannte er doch tatsächlich einen „Akt der Menschlichkeit" [...] Worin wir immerhin übereinstimmten und was zu einer allzu gängigen Formel kommender Jahre werden sollte, „daß von deutschem Boden kein Krieg mehr ausgehen darf". Auch darin stimmten wir überein, daß wir Dolmetscher nicht brauchten [...].
Willi Stoph tat, als interessiere ihn nichts anderes als die völkerrechtliche Anerkennung; über Beziehungen besonderer Art brauche man gar nicht weiter nachzudenken. So ließ sich abblocken, zumindest abschieben, was wir vordringlich zu erörtern wünschten: menschliche Erleichterungen. Andererseits verbarg er nicht, wie stark das Interesse an einer gedeihlichen Entwicklung des Handels war; auch auf die EWG – unter vier Augen – zu sprechen zu kommen, scheute er sich nicht.

Willy Brandt, Erinnerungen, Berlin 1990, S. 226ff.

Der SPIEGEL vom 23. März 1970 kommentierte das Treffen mit folgenden Worten: „Und doch begann am Donnerstag, dem 19. März 1970, in der thüringischen Bezirkshauptstadt Erfurt deutsche Realpolitik." Begründen Sie diese Aussage mit Hilfe des Auszugs aus den Erinnerungen Brandts!

Konsequenzen für die Politik der DDR

Die Außenpolitische Kommission der SED-Führung resümierte zwischen den Treffen von Erfurt und Kassel in einer geschlossenen Sitzung am 2. April 1970 über die Folgen der neuen Politik:

1. Das Treffen in Erfurt war nützlich. Es ist ein Teilerfolg der DDR. Das zeigte sich vor allem in folgendem:
a) Das Treffen in Erfurt bestätigte die Richtigkeit der Friedenspolitik der DDR, wie sie insbesondere vom 12. Plenum des ZK der SED (Dezember 1969) begründet worden ist. Das Treffen kam auf Initiative der Regierung der DDR zustande. [...] Zum ersten Mal nach 20 Jahren Bonner Politik im Zeichen der Alleinvertretungsanmaßung war ein westdeutscher Bundeskanzler gezwungen, sich mit dem Vorsitzenden des Ministerrates der DDR auf gleichberechtigter Ebene zu treffen und mit ihm offizielle Gespräche zu führen. Die Stärkung der DDR, ihre prinzipienfeste und elastische Haltung war ausschlaggebend dafür, daß Brandt die Einladung zu dem Treffen annehmen mußte.

b) Das Treffen in Erfurt hat die Realität der DDR und der Bundesrepublik als souveräne, voneinander unabhängige Staaten mit gegensätzlicher Gesellschaftsordnung vor aller Welt bestätigt. Der Prozeß der Demontage der Politik der Alleinvertretungsanmaßung und Hallstein-Doktrin[1]) wurde in Erfurt deutlicher denn je. Die Alleinvertretungsanmaßung und Hallstein-Doktrin sind jedoch nicht beseitigt. [...]

3. Das Treffen in Erfurt war weiterhin nützlich, weil es zusammenhängend die neue Taktik der Regierung Brandt/Scheel zeigte. Das Erfurter Treffen bestätigte die Einschätzung, daß die Brandt-Regierung und die SPD-Führung die Interessen und Ziele des westdeutschen Monopolkapitals vertreten. [...]

Die Losung von den „besonderen innerdeutschen Beziehungen" ist die neueste Variante zur Fortsetzung der Alleinvertretungsanmaßung. Das Völkerrecht soll ausgeklammert bleiben. Alle Vorschläge Brandts laufen auf „innerdeutsche Sonderbeziehungen" hinaus, darunter auch der Vorschlag über ein Gewaltverzichtsabkommen zwischen der DDR und der BRD ohne Garantie der Grenzen. Brandt lehnte die Anerkennung der souveränen Gleichheit der DDR ausdrücklich ab. In Erfurt durch die Frage vom Genossen Stoph in die Enge getrieben, erklärte er zum ersten Mal offiziell, daß Völkerrecht und Nichteinmischung auf die Beziehungen der BRD zur DDR nicht anwendbar seien. In Erfurt forderte Brandt offen zur Verletzung und zum Abbau der Staatsgrenzen zwischen DDR und BRD auf. [...]

C. Auswertung für die Politik der DDR [...]

1. Für die DDR erwachsen aus dieser Strategie der Brandt/Scheel-Regierung folgende Vorteile:

a) Die Möglichkeiten für das weitere Anwachsen der Anerkennungsbewegung der DDR werden größer in der internationalen Arena, da die Bonner Regierung von zwei Staaten spricht und das Treffen in Erfurt als Treffen der Regierungschefs zweier souveräner Staaten verlief. Es gilt, maximal die Widersprüche in der Politik der Bonner Regierung auszunutzen. [...]

c) Es besteht die Möglichkeit (12. Plenum), daß langsam und in langen Fristen bei Fortbestand der Brandt/Scheel-Regierung der Einfluß der DDR auf die westdeutsche Arbeiterklasse und die anderen demokratischen Kräfte des Landes anwachsen wird. Gegenwärtig jedoch wird die Massenbasis der Brandt/Scheel-Regierung stärker.

2. Für die DDR ergeben sich aus der Politik der Brandt-Regierung folgende Nachteile:

a) Es wächst die Gefahr des Eindringens des Nationalismus in die DDR.

b) Es besteht die Gefahr, daß die Illusion über den Charakter des westdeutschen Imperialismus anwachsen und sein Charakter als Hauptstörenfried innerhalb Europas verdeckt wird.

c) Es besteht die Gefahr, daß in taktischen Fragen eine Differenzierung zwischen einzelnen sozialistischen Ländern erreicht wird. Auf die Dauer werden die Vorteile die Nachteile überwiegen.

Zentrales Parteiarchiv NL 182/1305

1. *Ermitteln Sie, in welchen Punkten die SED-Führung ihre Deutschlandpolitik bestätigt fand!*
2. *Erörtern Sie die Einschätzung, daß „auf die Dauer ... die Vorteile die Nachteile überwiegen" werden!*

[1]) siehe S. 36

Der Terrorismus bedroht die Bundesrepublik

Seit dem Ende der sechziger Jahre breitete sich der politisch motivierte Terrorismus weltweit aus. Mit Mord, Totschlag, Erpressung, Flugzeugentführung, Brandstiftung und Sprengstoffanschlägen versuchten Terroristen, Aufmerksamkeit für ihre Ziele zu erreichen und Regierungen zu destabilisieren.
In der Bundesrepublik fielen die Anfänge des Terrorismus in die Zeit der Studentenproteste. Die Brandanschläge auf zwei Kaufhäuser in Frankfurt am Main waren 1968 die ersten spektakulären terroristischen Anschläge. Hinter dieser widersinnigen Tat stand die Absicht, die Menschen aufzurütteln. Kaufhausbesucher sollten das Grauen eines brennenden Hauses am eigenen Leib erfahren, wie es die Menschen in Vietnam in dieser Zeit täglich erleiden mußten.
Es bildete sich eine Handvoll extremistischer und anarchistischer Gruppen, darunter auch die *Rote-Armee-Fraktion* (RAF: „Rote Armee" sollte die bewaffnete Organisation der Arbeiterklasse signalisieren, „Fraktion" besagen, daß es sich nur um einen Teil derselben handelt).
Die Führung dieser Gruppe übernahmen zunächst die Germanistikstudentin *Gudrun Ensslin* und der berufslose *Andreas Baader*. Beide waren an den Kaufhausbrandstiftungen beteiligt gewesen. Hinzu kam die Journalistin *Ulrike Meinhof*. Sie hatte die Kaufhausbrandstiftungen in Zeitungsartikeln politisch gerechtfertigt und sich 1970 an der gewaltsamen Befreiung Baaders aus der Untersuchungshaft beteiligt.
Zwischen 1970 und 1972 sicherte sich die RAF – gestützt auf ein Netz von Helfern im In- und Ausland – durch Banküberfälle das „notwendige Kapital" und versuchte durch Brandanschläge auf amerikanische Militäreinrichtungen und Polizeigebäude auf sich aufmerksam zu machen. Im Juni 1972 konnte die „erste Generation" der Terroristen verhaftet werden. Während die ersten Terroristenprozesse anliefen, versuchte zwischen 1972 und 1977 die „zweite Generation" der RAF durch Entführungen von Personen aus Politik, Industrie und Wirtschaft, die inhaftierten Terroristen freizupressen. 1977 erreichten die Anschläge mit der Ermordung des Generalbundesanwalts *Siegfried Buback* (7.4.) sowie der Entführung des Arbeitgeberpräsidenten *Hanns Martin Schleyer* (5.9.) und – mit der Beteiligung palästinensischer Luftpiraten – einer Lufthansa-Maschine mit 91 Insassen (13.10.) einen brutalen Höhepunkt. Der Versuch, damit die Freilassung der elf RAF-Häftlinge zu erpressen, mißlang. Ein Sonderkommando des Bundesgrenzschutzes konnte die Geiseln am 18. Oktober auf dem Flughafen von Mogadischu (Somalia) befreien. Am selben Tag verübten drei führende RAF-Mitglieder in ihren Zellen Selbstmord.
Der Terrorismus, der nicht auf „linke" Täter beschränkt blieb, sondern auch von „rechten" Kreisen praktiziert wurde, erzeugte in der Bundesrepublik eine innenpolitisch gespannte Atmosphäre. Zwischen 1971 und 1978 wurde eine Reihe von Gesetzesreformen, die die Optimierung der Fahndungsmöglichkeiten und härtere Bestrafung der Terroristen zum Ziel hatten, eingeleitet.

Ein Teil der RAF-Mitglieder, der der Gewalt abgeschworen hatte, war nach 1980 mit Hilfe des ***Ministeriums für Staatssicherheit*** (MfS) in der DDR untergetaucht. Dieser Verstoß gegen internationale Vereinbarungen zur Bekämpfung des Terrorismus sowie die Hilfestellung des Ministeriums für Anschläge aus dem Bereich des internationalen Terrorismus gegen westdeutsche und amerikanische Ziele, wurde erst nach dem Zusammenbruch der DDR im Jahre 1990 bekannt.

Die Gefahr des Terrorismus von „links" und „rechts" besteht noch. 1980 starben durch einen Anschlag eines Rechtsextremisten auf dem Münchener Oktoberfest 14 Menschen. Seit Mitte der achtziger Jahre handelt die „dritte RAF-Generation". Auch sie verfolgt ihr Ziel – die Bekämpfung bestehender Herrschaftsverhältnisse – durch Morde an prominenten Repräsentanten aus Wirtschaft und Politik. Bis 1990 wurden allein von der RAF 38 Menschen bei den Terroranschlägen getötet und über 100 verletzt.

„Die Rote Armee aufbauen"

Die gewaltsame Befreiung Andreas Baaders vom 14. Mai 1970, bei der ein Angestellter schwer verletzt wurde, fand auch in den radikalen Kreisen Kritik. Auf jeden Fall blieb die erwartete Solidarisierung mit den Tätern aus. Daher wandten sich die Täter in dem anarchistischen Untergrundblatt „Agit 883" am 5. Juni 1970 mit folgendem Aufruf an die ihnen nahestehenden Kreise:

Genossen von 883 – es hat keinen Zweck, den falschen Leuten das Richtige erklären zu wollen. Das haben wir lange genug gemacht. Die Baader-Befreiungs-Aktion haben wir nicht den intellektuellen Schwätzern, den Hosenscheißern, den Allesbesser-Wissern zu erklären, sondern den potentiell revolutionären Teilen des Volkes. Das heißt denen, die die Tat sofort begreifen können, weil sie selbst Gefangene sind. Die auf das Geschwätz der „Linken" nichts geben können, weil es ohne Folgen und Taten geblieben ist. Die es satt haben!
[...]
Denen habt ihr die Aktion zu vermitteln, die für die Ausbeutung, die sie erleiden, keine Entschädigung bekommen durch Lebensstandard, Konsum, Bausparvertrag, Kleinkredite, Mittelklassewagen. Die sich den ganzen Kram nicht leisten können, die da nicht dran hängen. Die alle Zukunftsversprechen ihrer Erzieher und Lehrer und Hausverwalter und Fürsorger und Vorarbeiter und Meister und Gewerkschaftsfunktionäre und Bezirksbürgermeister als Lügen entlarvt haben und nur noch Angst vor der Polizei haben. Denen – und nicht den kleinbürgerlichen Intellektuellen – habt ihr zu sagen, daß jetzt Schluß ist, daß es jetzt los geht, daß die Befreiung Baaders nur der Anfang ist! Daß ein Ende der Bullenherrschaft abzusehen ist! Denen habt ihr zu sagen, daß wir die Rote Armee aufbauen, das ist ihre Armee. [...]
Denen habt ihrs klar zu machen, die von der Ausbeutung der Dritten Welt, vom persischen Öl, Boliviens Bananen, Südafrikas Gold – nichts abkriegen, die keinen Grund haben, sich mit den Ausbeutern zu identifizieren. Die können das kapieren, daß das, was hier jetzt losgeht, in Vietnam, Palästina, Guatemala, in Oakland und Watts, in Kuba und China, in Angola und New York schon losgegangen ist. Die kapieren das, wenn ihr es ihnen erklärt, daß die Baader-Befreiungs-Aktion keine vereinzelte Aktion ist, nie war, nur die erste dieser Art in der BRD ist. Verdammt.

Sitzt nicht auf dem hausdurchsuchten Sofa herum und zählt eure Lieben, wie kleinkarierte Krämerseelen. Baut den richtigen Verteilerapparat auf, laßt die Hosenscheißer liegen, die Rotkohlfresser, die Sozialarbeiter, die sich doch nur anbiedern, dies Lumenpack. Kriegt raus, wo die Heime sind und die kinderreichen Familien und das Subproletariat und die proletarischen Frauen, die nur darauf warten, den Richtigen in die Fresse zu schlagen. Die werden die Führung übernehmen. Und laßt euch nicht schnappen und lernt von denen, wie man sich nicht schnappen läßt – die verstehen mehr davon als ihr.
Die Klassenkämpfe entfalten. Das Proletariat organisieren. Mit dem bewaffneten Widerstand beginnen!
DIE ROTE ARMEE AUFBAUEN!

Reinhard Rauball, Die Baader-Meinhof-Gruppe, Berlin 1973 (Aktuelle Dokumente, hrsg. von I. von Münch), S. 83ff.

1. *Welche Bevölkerungsschichten glaubte die RAF für ihren Kampf mobilisieren zu können? Beachten Sie bei der Textanalyse die Sprache des Aufrufs!*
2. *Vergleichen Sie Ziele und Methoden der RAF mit den Zielen und Methoden der Außerparlamentarischen Opposition, wie sie Rudi Dutschke formulierte (siehe S. 87ff.)!*

Terrorismus und revolutionäre Bewegung

Der offiziellen Meinung der sozialistischen Staaten, so auch der DDR, zum Terrorismus entsprach folgende Äußerung des sowjetischen Juristen Igor Karpez:

Versuche, die revolutionäre Bewegung als terroristisch hinzustellen und den Terrorismus sogar mit der marxistischen Lehre in Verbindung zu bringen, sind schon dagewesen. Schon Lenin wies nachdrücklich darauf hin, daß der Terrorismus mit der revolutionären Bewegung unvereinbar ist. Nur ein notorischer Fälscher kann Lenins grundsätzliche Werturteile ignorieren. [...] Jeder Versuch, den Terrorismus mit der Arbeiterbewegung und jetzt auch mit der nationalen Freiheitsbewegung zu verschmelzen, ist nichts anderes als ein Ausdruck dafür, daß die Kreise alarmiert sind, denen es eine Gewohnheit ist, Gewalt zu üben und sich gewaltsam in die Angelegenheiten anderer Staaten einzumischen. Die humanistische marxistisch-leninistische Lehre lehnt Terrormethoden grundsätzlich ab. [...] Den wirklichen Terrorismus könnte man heute in zwei Richtungen einteilen. Der rechte vom faschistischen Typus wohnt eigentlich dem imperialistischen System selbst inne. Der andere ist der linke Terrorismus. Er behindert die nationale Freiheits- und die revolutionäre Bewegung. Ebenso wie der Terrorismus von rechts sind die ultralinken Ausschreitungen Wasser auf die Mühle der imperialistischen Reaktion. [...] Man kann mit gutem Grund sagen, daß sich der ultralinke und der rechte Terrorismus berühren und daß beide im Dienste der Reaktion stehen.

Der internationale Terrorismus: Ideologien, Verfechter, Finanziers. Gespräch mit Prof. Dr. jur. Igor Karpez, Vizevorsitzender der Internationalen Vereinigung Demokratischer Juristen, in: NEUE ZEIT, Moskau, H. 8, 1981, S. 18f.

Vergleichen Sie diese Proklamation mit dem Handeln der SED-Führung (siehe Vorbemerkungen auf S. 99)!

Der „Machtwechsel" in Ost-Berlin

Die *Ära Ulbricht* ging 1971 zu Ende. Seit 1950 stand *Walter Ulbricht* an der Spitze der SED. Von 1960 bis 1973 war er Vorsitzender des Staatsrates. Elf Jahre leitete er auch den Nationalen Verteidigungsrat. Er war im eigenen Land ein ungeliebter Politiker: Ausstrahlungskraft und persönliche Verbundenheit mit dem Volk fehlten ihm. Sein Name stand für nichtfunktionierende Planwirtschaft, Niederhaltung jeglicher Opposition und Zwangsmaßnahmen, aber auch für Aufbaustimmung und wachsendes Selbstwertgefühl der DDR-Bürger.

Die Rücktrittserklärung Walter Ulbrichts

Auf der 16. Tagung des Zentralkomitees der SED im Mai 1971 trat Walter Ulbricht von seiner Parteifunktion zurück.
Dieser Schritt wurde nicht als Sensation empfunden. In der Bevölkerung war man der Meinung, ein Generationswechsel sei überfällig. Viele schauten voll Hoffnung auf den neuen Ersten Sekretär, Erich Honecker. Obwohl Ulbricht noch das höchste Staatsamt blieb, wurde er bald in den Hintergrund gedrängt. 1973 starb er.

Aus der Rücktrittserklärung:
Nach reiflicher Überlegung habe ich mich entschlossen, das Zentralkomitee auf seiner heutigen Sitzung zu bitten, mich von der Funktion des Ersten Sekretäres des Zentralkomitees der SED zu entbinden. Die Jahre fordern ihr Recht und gestatten es mir nicht länger, eine solch anstrengende Tätigkeit wie die des Ersten Sekretärs des Zentralkomitees auszuüben. Ich erachte daher die Zeit für gekommen, diese Funktion in jüngere Hände zu geben und schlage vor, Genossen Erich Honecker zum Ersten Sekretär des Zentralkomitees zu wählen. [...] Mein Entschluß ist mir, ehrlich gesagt, nicht leichtgefallen, nachdem ich diese Funktion seit zwei Jahrzehnten innehatte. Aber leider ist gegen die Jahre noch kein Kraut gewachsen.

16. Tagung des ZK der SED, 3. Mai 1971, Berlin 1971, S. 3

Ost-Berlin, um 1970. Walter Ulbricht und Erich Honecker *(rechts)* auf einem Empfang.

Hintergründe des Rücktritts oder: Wie souverän war die DDR?

Mutmaßungen über die tatsächlichen Ursachen, die Walter Ulbricht zum Rücktritt veranlaßten, gingen in verschiedene Richtungen. Zum einen sah man in der fehlerhaften wirtschaftlichen Entwicklung den innenpolitischen Grund, zum anderen war man der Meinung, Ulbricht sei abgelöst worden, weil er sich zu massiv gegen die neue Ostpolitik der Bonner Regierung gestellt habe.
Zwanzig Jahre nach dem Rücktritt wurde das Protokoll einer Unterredung zwischen dem sowjetischen Parteichef Leonid I. Breshnew und Erich Honecker am 28. Juli 1970 veröffentlicht, das eine andere Interpretation erlaubt. Breshnew äußerte:

Die Dinge sind schon jetzt nicht mehr eure eigene Angelegenheit. Die DDR ist für uns, für die sozialistischen Bruderländer ein wichtiger Posten. [...] Bis vor kurzem war die DDR für uns etwas, was man nicht erschüttern kann. Jetzt aber taucht eine Gefahr auf. Nicht lange und der Gegner, Brandt, wird dies erkennen und für sich ausnutzen. Wir können uns nicht gleichgültig gegenüber einer solchen Entwicklung verhalten. [...]
Auf irgendwelche Schritte von Walter, die die Einheit des PB[1]), die Einheit der SED betreffen, werden wir von uns aus entsprechend reagieren. [...] Ich sage dir ganz offen, es wird ihm auch nicht möglich sein, an uns vorbei zu regieren. [...] Erich, ich sage dir offen, vergiß das nie: Die DDR kann ohne uns, ohne die SU[2]), ihre Macht und Stärke – nicht existieren. Ohne uns gibt es keine DDR.
Die Existenz der DDR entspricht unseren Interessen, den Interessen aller sozialistischen Staaten. Sie ist das Ergebnis unseres Sieges gegenüber Hitlerdeutschland. Deutschland gibt es nicht mehr, das ist gut so. Es gibt die sozialistische DDR und die imperialistische Bundesrepublik. [...]
Sprechen wir offen als Kommunisten. Walter hat Verdienste. Man kann sie nicht einfach auf die Seite schieben. Aber er ist alt [...]. Selbst der Gegner rechnet damit, daß du die Parteiarbeit leitest und Walter als Vorsitzender des Staatsrates wirkt. [...] So wollen wir verfahren. Er wird auf uns hören. [...] Er wird auf mich hören, denn meine Meinung ist unsere Meinung. Wir sind in der DDR und bleiben dort. [...] Wir möchten keine Überraschungen erleben. Auch nicht auf Grund der Lage in anderen sozialistischen Ländern. Du bist uns dafür verantwortlich. Dies bleibt alles unter uns. [...]
Wir haben in bezug auf Brandt, die westdeutsche Sozialdemokratie, keine falschen Vorstellungen. Illusionen sind nicht am Platze. Weder Brandt noch Strauß werden den Sozialismus in Westdeutschland einführen. [...]
Was will Walter mit der Möglichkeit, durch nichts zu beweisende Möglichkeit, der Zusammenarbeit mit der westdeutschen Sozialdemokratie, was versteht [er] unter der Forderung, der Brandt-Regierung zu helfen. [...] Es gibt und es kann keinen, es darf zu keinem Prozeß der Annäherung zwischen der BRD und der DDR kommen. [...]
Sprechen es wir doch offen aus, aus Erfurt und Kassel kam nichts Günstiges raus. Brandt hat in bezug auf die DDR andere Ziele als wir.

Peter Przybylski, Tatort Politbüro, Die Akte Honecker, Berlin 1991, S. 280f.

1. *Was erfahren Sie über die Souveränität der DDR?*
2. *Wie schätzte Breshnew die westdeutsche Sozialdemokratie ein?*
3. *Interpretieren Sie vor diesem Hintergrund die Rücktrittserklärung von W. Ulbricht!*

1) PB: Politbüro
2) SU: Sowjetunion

Grundlegende Veränderungen der deutsch-deutschen Beziehungen

Das Viermächte-Abkommen über Berlin

Bundeskanzler *Willy Brandt* hatte 1969 den Anspruch vorgetragen, das Verhältnis zur DDR grundsätzlich neu zu regeln, und in der DDR nutzte *Erich Honecker* die Chance, seine Politik von der seines Vorgängers Ulbricht abzusetzen.
Im Zuge der allgemeinen Entspannungspolitik zwischen Ost und West begannen im März 1970 zwischen den vier Siegermächten des Zweiten Weltkrieges Verhandlungen über eine Berlin-Regelung. Zur gleichen Zeit verhandelten Vertreter der Bundesrepublik in Moskau und Warschau über die Normalisierung ihrer Beziehungen zur Sowjetunion und zu Polen. Sie machten die Annahme dieser Verträge durch den Bundestag (Ratifizierung) von einer zufriedenstellenden Regelung Berlin betreffender Fragen abhängig. Nach 150 Verhandlungsstunden konnten am 3. September 1971 die Botschafter der USA, Großbritanniens, Frankreichs und der UdSSR im Gebäude des ehemaligen Alliierten Kontrollrates in West-Berlin das Vierseitige Abkommen unterzeichnen. Das Abkommen war ein Kompromiß zwischen den Beteiligten. Es entspannte die nach wie vor unsichere Lage in und um Berlin.

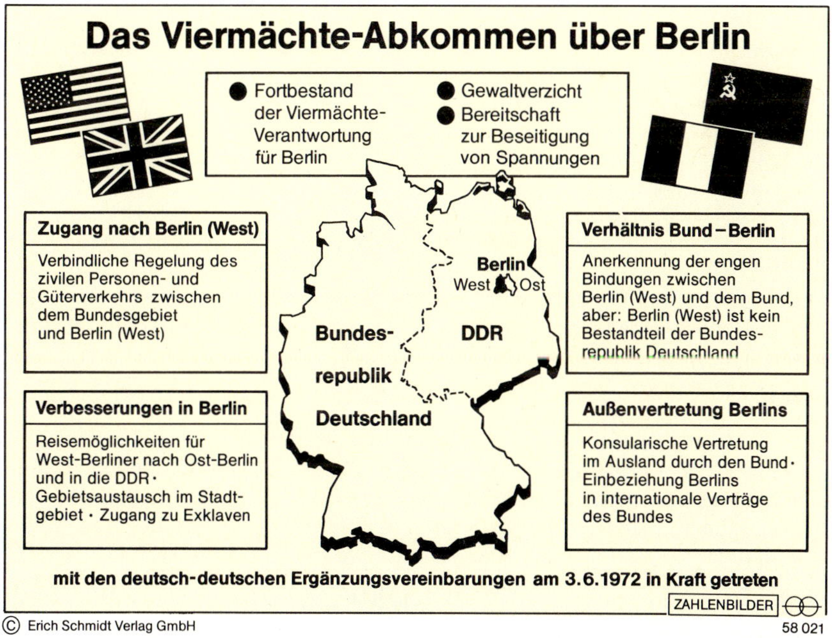

Der Grundlagenvertrag zwischen der Bundesrepublik und der DDR

Am 21. Dezember 1972 wurde in Ost-Berlin der „Vertrag über die Grundlagen der Beziehungen zwischen der Bundesrepublik Deutschland und der Deutschen Demokratischen Republik" (Grundlagenvertrag) abgeschlossen. Die offiziellen Verhandlungen darüber hatten die Staatssekretäre Egon Bahr für die Bundesrepublik und Michael Kohl für die DDR geführt. Die Verhandlungen fielen in eine Zeit des angespannten Wahlkampfes in der Bundesrepublik. Der folgende Wahlsieg der SPD war ein Votum für die Fortsetzung der Politik sozialer Reformen und europäischer Entspannung.
Der Vertrag wurde am 11. Mai 1973 im Deutschen Bundestag mit 268 (SPD, F.D.P. und 4 CDU) gegen 217 Stimmen der CDU/CSU gebilligt. Eine von Bayern angestrebte Verfassungsklage lehnte das Bundesverfassungsgericht ab.

Artikel 1

Die Bundesrepublik Deutschland und die Deutsche Demokratische Republik entwickeln normale gutnachbarliche Beziehungen zueinander auf der Grundlage der Gleichberechtigung.

Artikel 2

Die Bundesrepublik Deutschland und die Deutsche Demokratische Republik werden sich von den Zielen und Prinzipien leiten lassen, die in der Charta der Vereinten Nationen niedergelegt sind, insbesondere der souveränen Gleichheit aller Staaten, der Achtung der Unabhängigkeit, Selbständigkeit und territorialen Integrität, dem Selbstbestimmungsrecht, der Wahrung der Menschenrechte und der Nichtdiskriminierung.

Artikel 3

Entsprechend der Charta der Vereinten Nationen werden die Bundesrepublik Deutschland und die Deutsche Demokratische Republik ihre Streitfragen ausschließlich mit friedlichen Mitteln lösen und sich der Drohung mit Gewalt oder der Anwendung von Gewalt enthalten.
Sie bekräftigen die Unverletzlichkeit der zwischen ihnen bestehenden Grenze jetzt und in der Zukunft und verpflichten sich zur uneingeschränkten Achtung ihrer territorialen Integrität.

Artikel 4

Die Bundesrepublik Deutschland und die Deutsche Demokratische Republik gehen davon aus, daß keiner der beiden Staaten den anderen international vertreten oder in seinem Namen handeln kann. [...]

Artikel 6

Die Bundesrepublik Deutschland und die Deutsche Demokratische Republik gehen von dem Grundsatz aus, daß die Hoheitsgewalt jedes der beiden Staaten sich auf sein Staatsgebiet beschränkt. Sie respektieren die Unabhängigkeit und Selbständigkeit jedes der beiden Staaten in seinen inneren und äußeren Angelegenheiten.

Artikel 7

Die Bundesrepublik Deutschland und die Deutsche Demokratische Republik erklären ihre Bereitschaft, im Zuge der Normalisierung ihrer Beziehungen praktische und humanitäre Fragen zu regeln. [...]

„Gewiß nicht komfortabel, aber statt des Seils doch immerhin schon ein Brett!“ Karikatur von Eckart Munz, *STUTTGARTER NACHRICHTEN* vom 11. 11. 1972. *Wie stabil beurteilt der Karikaturist die neuen Grundlagen der innerdeutschen Beziehungen?*

Artikel 8

Die Bundesrepublik Deutschland und die Deutsche Demokratische Republik werden ständige Vertretungen austauschen. Sie werden am Sitz der jeweiligen Regierung errichtet.

Irmgard Wilharm (Hrsg.), Deutsche Geschichte 1962–1983. Dokumente in zwei Bänden, Frankfurt a. M. 1985, Bd. 2, S. 70ff.

Zusatzprotokoll zum Grundlagenvertrag

Dem Vertrag wurden Protokolle, Briefe und Dokumente beigefügt, die besondere Punkte näher erläuterten. Grundsätzlicher Art waren folgende „Erklärungen zu Protokoll“ vom 21. Dezember 1972:

Die Bundesrepublik Deutschland erklärt zu Protokoll:
„Staatsangehörigkeitsfragen sind durch den Vertrag nicht geregelt worden.“
Die Deutsche Demokratische Republik erklärt zu Protokoll:
„Die Deutsche Demokratische Republik geht davon aus, daß der Vertrag eine Regelung der Staatsangehörigkeitsfrage erleichtern wird.“

Irmgard Wilharm, a. a. O., S. 73

1. *Vergleichen Sie den Vertragstext mit den früher vorgelegten deutschlandpolitischen Konzepten der Bundesrepublik und der DDR (siehe S. 76f. u. 95f.)!*
2. *Im Artikel 4 verwarf die Bundesregierung einen außenpolitischen Grundsatz aus der „Ära Adenauer“. Analysieren Sie den Text daraufhin!*
3. *Mit der Einrichtung „ständiger Vertretungen“ (Artikel 8) wurde ein Kompromiß gefunden. Wie erfolgen ansonsten diplomatische Beziehungen zwischen souveränen Staaten?*
4. *Auf welche Unstimmigkeit weisen die „Erklärungen zu Protokoll“ hin? Vergleichen Sie dazu Art. 116 des Grundgesetzes (siehe S. 29)!*

Aus der Fernsehansprache von Bundeskanzler Willy Brandt

Der Vertrag wird nicht, jedenfalls nicht über Nacht, die Last von uns Deutschen nehmen, die wir als ein Ergebnis des zweiten Weltkrieges und der Spal-

tung Europas tragen. Die Beseitigung von Mauer und Stacheldraht, die wünschenswerte Freizügigkeit, dies und manches andere bringt der Vertrag nicht. Um all dies werden wir uns weiter zu bemühen haben, hartnäckig und mit Geduld. [...]
Er soll die tiefen Gräben überwinden helfen zwischen den beiden deutschen Staaten und ihren Menschen, und so kann dieser Vertrag auch zu einem Brükkenschlag werden zwischen Europa und Europa.

DER TAGESSPIEGEL vom 22. Dezember 1972

Aus der Erklärung des Oppositionsführers Rainer C. Barzel (CDU)

Dieser Vertrag legitimiert ein Unrechtssystem und eine unmenschliche Grenze mit automatischen Tötungsanlagen. [...] Dieser Vertrag läßt unsere Landsleute in der DDR im Stich, hilft aber dem Regime dort, um die jahrelang vergeblich erstrebte internationale Anerkennung zu erreichen. So geht von deutschem Boden Unrecht aus, bestätigt von einer frei gewählten Regierung. Wir wollen das nicht mitmachen.

DER TAGESSPIEGEL vom 22. Dezember 1972

Bedenken Sie die Argumente von Regierung und Opposition! Wägen Sie Für und Wider zum damaligen Zeitpunkt gegeneinander ab!

Aus einem Bericht des „Neuen Deutschland“

Die Meldung über die Unterzeichnung des Grundlagenvertrages stand am 22. Dezember 1972 im NEUEN DEUTSCHLAND erst an zweiter Stelle. An erster Stelle war die Schlagzeile zu lesen „Festsitzung in Moskau anläßlich des 50. Jahrestages der Bildung der UdSSR“.
Die Würdigung des Grundlagenvertrages beschränkte sich auf eine sachliche Darstellung des Ablaufs der Unterzeichnung und der kommentarlosen Wiedergabe der Erklärungen von Egon Bahr und Michael Kohl. Auf Seite 8 war ein Bericht über die nachfolgende Pressekonferenz zu lesen:

Ausdrücklich bekräftigte DDR-Staatssekretär Kohl: „Der Vertrag wird in die Geschichte eingehen als ein Teilstück sich ergänzender Verträge, die in Moskau, Warschau und Berlin abgeschlossen wurden und die die Grundlagen dafür bilden, daß es in Europa zur Entspannung kommt.“ Bahr ergänzte: „Die Verwandtschaft der Verträge ist nicht zu leugnen.“ Auf die „außerordentliche Bedeutung“ des Vertrages für die europäische Sicherheit wies Dr. Kohl mit der Feststellung hin, daß die DDR und die BRD an der Nahtstelle zweier militärischer Bündnisse liegen.

NEUES DEUTSCHLAND vom 22. Dezember 1972

1. *Oft wurden die Leser des NEUEN DEUTSCHLAND veranlaßt, „zwischen den Zeilen“ zu lesen, da Äußerungen des Politbüros im Klartext politische Verstimmungen befördert hätten. Viele DDR-Bürger konnten „zwischen den Zeilen“ lesen – was lesen Sie dort?*
2. *Warum stand in der offiziellen DDR-Interpretation die internationale Bedeutung des Vertrages – Teil des Vertragswerkes zu sein – im Mittelpunkt und nicht die deutsch-deutsche Beziehung?*

Zwischen den außenpolitischen Erfolgen. Neue Probleme und Themen im Osten und Westen: 1973–1984

Das jahrzehntelange Bemühen der DDR-Staatsführung um internationale Anerkennung – bis Ende 1971 hatten erst 29 Staaten offizielle diplomatische Beziehungen zur DDR aufgenommen – war durch den deutsch-deutschen Grundlagenvertrag einen entscheidenden Schritt vorangekommen. Ausdruck dafür war u. a. auch die gleichzeitige Aufnahme beider deutscher Staaten in die ***Vereinten Nationen (UNO).***

Die für die Ost-West-Beziehungen in Europa wohl wichtigste Entwicklung begann mit der Eröffnung der ***Konferenz für Sicherheit und Zusammenarbeit in Europa (KSZE)*** am 3.Juli 1973 in Helsinki. Die Einberufung einer Europäischen Sicherheitskonferenz war bereits 1954 von dem sowjetischen Außenminister *Wjatscheslaw M. Molotow* und in der zweiten Hälfte der sechziger Jahre mehrfach von der Sowjetunion bzw. der ***Warschauer Vertragsorganisation*** gefordert worden. Die Konferenz war erst möglich geworden, nachdem die beiden Supermächte USA und Sowjetunion sich über Maßnahmen zur Begrenzung der strategischen Offensivwaffen geeinigt, die Sowjetunion die Teilnahme aller Mitglieder der ***Nordatlantischen Allianz (NATO)*** – also auch der USA und Kanadas – akzeptiert und die neue Ostpolitik der sozialliberalen Bundesregierung mit ihrem Verzicht auf Grenzrevisionen im Osten (*Warschauer Vertrag* sowie *Grundlagenvertrag*) die Voraussetzungen dafür geschaffen hatten.

In Helsinki wurde das deutsche Volk von zwei Außenministern vertreten – *Walter Scheel* (Bundesrepublik Deutschland) und *Otto Winzer* (DDR). Das Ergebnis der Entspannungsbemühungen war die *Schlußakte von Helsinki* 1975. Obwohl kein völkerrechtlich verbindlicher Vertrag, entwickelte sie aber aufgrund der Unterschriften der verantwortlichen Politiker eine hohe politische Wirkung. Sie enthält Vereinbarungen zu drei komplexen Themen (Körben): *Korb I* beinhaltet einen Prinzipienkatalog, der die Fragen der Sicherheit in Europa betrifft (z.B. Achtung der souveränen Gleichheit aller Staaten, Gewaltverbot, Unverletzbarkeit der Grenzen, Nichteinmischung in innere Angelegenheiten, Anerkennung der Menschenrechte und Grundfreiheiten, Gleichberechtigung und Selbstbestimmung[1]). *Korb II* sieht Richtlinien für eine Zusammenarbeit in den Bereichen Wirtschaft, Wissenschaft, Technik und Umweltschutz vor. *Korb III* zielt auf die Zusammenarbeit in humanitären und anderen Bereichen (z. B. Ausbau menschlicher Kontakte, Kultur- und Informationsaustausch, Familienzusammenführung, Begegnung der Jugend).

Die Schlußakte von Helsinki hatte damit nicht nur die Grundlage für eine systemübergreifende Zusammenarbeit der Staaten gelegt, sondern enthielt auch

---

1) In der Bundesrepublik konnte die Regierung darauf verweisen, daß die KSZE-Regelung das Selbstbestimmungsrecht der Deutschen nicht berührte, da lt. Schlußakte „alle Völker jederzeit das Recht [haben], ... ihren inneren und äußeren politischen Status ohne äußere Einmischung zu bestimmen".

Helsinki und die Folgen. *DEUTSCHES ALLGEMEINES SONNTAGSBLATT* vom 19. 11. 1975.

Kriterien, an denen sich die Regierungen messen lassen mußten. In Ostmitteleuropa beriefen sich bald Kritiker der bestehenden Verhältnisse auf „Helsinki“, wenn es darum ging, Menschenrechte einzuklagen.

Der Entspannungsprozeß wurde Ende der 70er Jahre jäh unterbrochen. Die anhaltende Aufrüstung im Osten, der Einmarsch sowjetischer Truppen in Afghanistan im Dezember 1979 und das Nachrüsten im Westen belebten erneut den Rüstungswettlauf. Der amerikanische Präsident *Ronald Reagan* entwickelte eine *Politik der Stärke und des Dialogs,* darüberhinaus führte er Handelsbeschränkungen gegenüber der Sowjetunion und deren Verbündeten ein. Die westlichen Verbündeten schlossen sich dieser Politik an. Für die sozialistischen Staaten bedeutete das eine enorme Überforderung der uneffektiven Planwirtschaft: In der DDR sprach man von der Strategie des Westens, den „Sozialismus totzurüsten“.

Trotz dieser neuen Phase des ***Kalten Krieges*** wurde das deutsch-deutsche Verhältnis – dies war das Verdienst der Regierungen in Bonn und Ost-Berlin – versachlicht: Diffamierungen waren nach den Verträgen nicht mehr zeitgemäß. Beide Staaten hatten vor allem Interesse an intensiven wirtschaftlichen Beziehungen. Die in der Mitte der 70er Jahre einsetzende Weltwirtschaftskrise, der immer größer werdende technologische und wirtschaftliche Abstand zwischen Ost und West und die katastrophale Finanzsituation des Staates erhöhten letztlich die Bereitschaft der DDR-Führung zur Zusammenarbeit mit

„Menschlicher Erleichterer:“ *NEUE PRESSE* vom 14. 10. 1980. *Hinweis:* Die Person auf dem Schlagbaum soll Erich Honecker darstellen. *Unter welcher Bedingung öffnete sich die Grenze?*

der Bundesrepublik. In dieser Situation zeigte man keine Berührungsängste, wenn Abkommen mit der Bundesrepublik die Deviseneinkünfte bzw. Kredite erhöhten. Dennoch blieben die Bundesrepublik und die DDR verläßliche Partner der zwei gegensätzlichen Machtblöcke.

1974 wurde *Willy Brandt* als Bundeskanzler von *Helmut Schmidt* abgelöst. Die Versuche der CDU/CSU, die sozialliberale Regierung bei den Wahlen von 1976 und 1980 abzulösen, scheiterten. Bei der Bewältigung der Wirtschafts- und Beschäftigungskrise zeigten sich nach 1980 aber gravierende Meinungsverschiedenheiten zwischen der SPD und F.D.P. Die Koalition zerbrach 1982 während der Legislaturperiode. Die F.D.P. hatte sich zu einem neuen Bündnis mit der CDU/CSU entschlossen. Durch ein ***Konstruktives Mißtrauensvotum*** gegen Helmut Schmidt wurde *Helmut Kohl* Bundeskanzler. Bei den vorgezogenen Bundestagswahlen von 1983 wurde die *Wende* von den Wählern bestätigt.

Nach dem Zerfall der *Außerparlamentarischen Opposition* waren in der Bundesrepublik zwischen 1969 und 1972 zahlreiche Bürgerinitiativen, die sich vor allem auf kommunaler und regionaler Ebene organisiert hatten, entstanden. Die Initiativen wandten sich gegen fehlende Kindergärten, lokale Umweltschädigungen und Straßenbauprojekte ebenso wie gegen den Bau von Kernkraftanlagen, Autobahnen oder den Ausbau von Flughäfen. Diese stark ökologisch orientierte Bewegung zeigte bald Auswirkungen. Alle etablierten Parteien bemühten sich nun intensiver um das Thema Umweltschutz; unabhängig davon entstand eine neue Partei: *DIE GRÜNEN.*

Die SED-Führung blieb bei starrer Ablehnung und Intoleranz, sobald neue Ideen und Bewegungen den Weg von West nach Ost nahmen. Friedens- und Umweltinitiativen waren ihrer Meinung nach nur in einem imperialistischen Staat notwendig, nicht in der DDR, wo Demokratie, Friedenspolitik und Ökologie per Gesetz gewährleistet wurden und keiner Verbesserung bedurften. Jede Kritik und jede Bewegung „von unten" wurden mit Skepsis beobachtet und als „Aktivität des Klassenfeindes" unterbunden. Ausdruck der politischen Stagnation in der DDR waren auch ihre Repräsentanten, die jahrzehntelang in ihren höchsten Ämtern verblieben und den krassen Widerspruch zwischen politischen Ansprüchen und der Wirklichkeit nicht beseitigen wollten. Um dem umfassenden Anspruch des Staates auf gesellschaftliche Aktivität soweit wie möglich zu entgehen, zogen sich immer mehr Menschen ins Private zurück. Eine kleinbürgerlich geprägte *Nischengesellschaft* entstand, die sich durch gegenseitige Hilfe und Unterstützung auszeichnete. Es entstanden aber auch in dieser Zeit des Rückzugs kleine informelle Gruppen, die sich aktiv und gegen den Widerstand der Staatsorgane für Frieden, Umwelt und Menschenrechte einsetzten. Sie nutzten für ihre Tätigkeit vor allem den Schutz der evangelischen Kirche, der noch etwa ein Drittel der Bevölkerung angehörte.

1973	1. 7.	Der zivile Ersatzdienst wird in der Bundesrepublik dem Wehrdienst per Gesetz gleichgestellt.
	3.–8. 7.	An der Eröffnungssitzung der ***Konferenz für Sicherheit und Zusammenarbeit in Europa*** (KSZE) in Helsinki nehmen die beiden deutschen Außenminister teil.
	18. 9.	Beide deutsche Staaten werden in die ***Vereinten Nationen*** (UNO) aufgenommen.
	3. 10.	Willi Stoph wird Vorsitzender des DDR-Staatsrates.
1974	1. 1.	Die DDR führt das Autokennzeichen „DDR“ statt „D“ ein.
	22. 3.	In der Bundesrepublik wird die Volljährigkeit von 21 Jahren auf 18 Jahre herabgesetzt.
	6. 5.	Bundeskanzler Willy Brandt erklärt seinen Rücktritt, nachdem sein persönlicher Referent, Günter Guillaume, am 25. 4. unter dem Verdacht der Spionage für die DDR festgenommen worden war.
	15. 5.	Walter Scheel (F.D.P.) wird zum Bundespräsidenten gewählt.
	27. 9.	Die Volkskammer beschließt Änderungen der DDR-Verfassung; der Begriff „deutsche Nation“ wird getilgt.
1975	1. 8.	In Genf und Helsinki wird nach zweijähriger Verhandlungsdauer die *KSZE-Schlußakte* unterzeichnet.
	7. 10.	Der Gründungstag der DDR wird erstmals als Nationalfeiertag begangen.
1976	23. 4.	In Ost-Berlin wird auf dem Marx-Engels-Platz der „Palast der Republik“ eingeweiht.
	16. 11.	Während einer West-Tournee wird der Liedermacher Wolf Biermann aus der DDR ausgebürgert.
	15. 12.	Helmut Schmidt wird erneut Bundeskanzler einer SPD/F.D.P. Koalition.
1977	27. 8.	Die DDR schiebt mehrere Regimekritiker nach Haftstrafen in die Bundesrepublik ab.
	18. 10.	Eine Spezialeinheit des Bundesgrenzschutzes stürmt in Mogadischu (Somalia) ein von Palästinensern entführtes Flugzeug der Lufthansa und befreit alle Geiseln.
1978	28. 8.–3. 9.	Sigmund Jähn (DDR) nimmt an einem sowjetischen Weltraumflug teil.
	1. 9.	In den Klassen 9 und 10 der Oberschulen der DDR wird der *Wehrunterricht* eingeführt.
	29. 11.	Das Verkehrsabkommen zwischen der Bundesrepublik und der DDR sieht eine Verbesserung der Autobahnverbindungen und Wasserwege vor.
1979	22.–27. 1.	Der amerikanische Film *„Holocaust“*, der das Schicksal jüdischer Menschen behandelt, wird im Deutschen Fernsehen ausgestrahlt. Er bewegt die Öffentlichkeit in beiden deutschen Staaten.

„Hinter den sieben Bergen". Gemälde von Wolfgang Mattheuer von 1973. Mattheuers Bilder sorgten auf den Kunstausstellungen der DDR regelmäßig für Diskussionen. Als scharfer Beobachter machte er auf den Zusammenhang von Individuum und Gesellschaft aufmerksam und zeigte Dissonanzen im Leben der DDR. Er malte gleichnishafte Gemälde, die das Denken befördern und den Blick auf das richten sollen, „was uns noch am lauten Jubeln hindert" (Mattheuer). Mattheuer sagte zu diesem Bild, er wolle die Sucht kritisieren, „immer dort sein zu wollen, wo man gerade nicht ist". *Es ist auch eine andere Interpretation im Zusammenhang mit den Ereignissen von 1973 möglich: Erinnert Sie die Frauengestalt an die „Marianne" in E. Delacroix' Revolutionsbild von 1830? Hier steht sie hinter den sieben Bergen, dort auf der Barrikade. Versuchen Sie eine Interpretation!*

	23. 5.	Karl Carstens (CDU) wird zum Bundespräsidenten gewählt.
	12. 12.	Der NATO-Rat beschließt in Brüssel die Stationierung von Mittelstreckenraketen in Mitteleuropa, die Gegenstand von Rüstungskontrollverhandlungen werden sollen ***(NATO-Doppelbeschluß).***
	13. 12.	Das Zentralkomitee der SED wendet sich gegen den NATO-Doppelbeschluß.
1980	13. 1.	Die *GRÜNEN* konstituieren sich bundesweit zu einer Partei.
	19. 7.	Die Bundesrepublik nimmt wegen des Einmarsches sowjetischer Truppen in Afghanistan nicht an den Olympischen Spielen in Moskau teil.
	5. 11.	Helmut Schmidt wird erneut Bundeskanzler einer SPD/F.D.P. Koalition.
1981	11. 6.	Richard von Weizsäcker (CDU) wird Regierender Bürgermeister von West-Berlin.
	11.–13. 12.	Bundeskanzler Helmut Schmidt trifft sich mit Erich Honecker zu Gesprächen am Werbellinsee (DDR).
1982	13. 2.	In Dresden findet am Jahrestag der Zerstörung Dresdens in der Kreuzkirche ein Friedensforum mit 5 000 Anhängern der Friedensbewegung statt.
	10. 6.	Anläßlich des NATO-Gipfeltreffens in Bonn kommt es zu einer Friedensdemonstration mit ca. 500 000 Teilnehmern.
	17. 9.	Die sozial-liberale Koalition zerbricht.
	1. 10.	Durch ein ***Konstruktives Mißtrauensvotum*** gegen Helmut Schmidt wird Helmut Kohl (CDU) Bundeskanzler.
1983	14. 2.	In Dresden demonstrieren auf einer von der SED organisierten Veranstaltung rund 100 000 Menschen für den Frieden.
	1.–4. 4.	Die Ostermärsche wenden sich gegen die Überrüstung in Ost und West.
	8. 6.	Mitglieder der Friedensbewegung der DDR werden in die Bundesrepublik abgeschoben.
	24. 7.	Der bayerische Ministerpräsident Franz Josef Strauß (CSU) besucht Erich Honecker.
	28. 9.	Die DDR beginnt mit dem Abbau von Selbstschußanlagen an der Grenze zur Bundesrepublik.
	22. 11.	Der Bundestag beschließt gegen die Stimmen der SPD und *GRÜNEN* mehrheitlich die Stationierung von Mittelstreckenraketen ***(NATO-Doppelbeschluß).***
	28. 11.	Ulf Merbold (Bundesrepublik) nimmt an einem amerikanischen Weltraumflug teil.
1984	5. 4.	Bayern verankert als erstes Bundesland den Umweltschutz in der Verfassung.
	23. 5.	Richard von Weizsäcker (CDU) wird zum Bundespräsidenten gewählt.

Deutsch-deutscher Sprachgebrauch

Zum täglichen Sprachgebrauch äußerte sich Günter Gaus, der von 1974 bis 1981 der Leiter der Ständigen Vertretung der Bundesrepublik in der Deutschen Demokratischen Republik war:

Der tägliche Sprachgebrauch verrät uns. Ältere einfache Leute sagen immer noch: „Beim Russen gibt es montags einen schönen alten Film“. Sie meinen damit die UFA-Filme vor Schnitzlers Schwarzem Kanal[1]) im DDR-Fernsehen. Hier ist in der Sprache die Erinnerung wachgeblieben an die ersten Nachkriegsjahre nach 1945, als es ein DDR-Fernsehen zwar noch nicht gab, wohl aber in prägender Brutalität zutage lag, was Deutschland sich zugefügt hatte: von den „Amis“ hier, von den „Russen“ dort beherrscht. Ältere einfache Leute geben in solchen Formulierungen („drüben beim Russen“) preis, daß sie sich unverändert – bitter könnte man sagen: mit der tiefen Einsicht des Volkes – als Objekt und nicht als Subjekt der Geschichte sehen. Das Subjekt ist der Herrschende, und das ist für diesmal seit mehr als dreißig Jahren drüben der Russe; dahinter tritt in dieser Schicht der westdeutschen Gesellschaft die Tatsache zurück, daß drüben deutsche Landsleute leben.
Billiger und flacher ist die unfreiwillige sprachliche Selbstbezichtigung allzuoft in den westdeutschen Medien. Nicht wissend, was sie verraten, bieten die Medien an und konsumieren wir in gleichgearteter Bewußtlosigkeit beispielsweise Sportberichte von internationalen Wettkämpfen, in denen mir nichts, dir nichts gemeldet wird, daß die DDR den Sieg errungen hat, und in denen dann fortgefahren wird mit dem Satz: „Die deutsche Mannschaft blieb ohne Erfolg.“ [...]
Wer ist denn gelaufen und gesprungen in der DDR-Mannschaft, wenn nicht Deutsche?

Günter Gaus, Texte zur deutschen Frage, Darmstadt 1981, S. 12f.

Was verrät der tägliche Sprachgebrauch? Überprüfen Sie Ihren eigenen nach Klischees!

Verfassungsänderungen in der DDR

Am 7. Oktober 1974 trat in der DDR das Gesetz über die Ergänzung und Änderung der Verfassung von 1968 in Kraft (siehe Chronik). Die wesentlichen Unterschiede zur vorhergehenden Verfassung bezogen sich zum einen auf eine konsequente Politik der Abgrenzung gegenüber der Bundesrepublik und zum anderen auf die verstärkte Integration in das sozialistische Lager.
Gleichzeitig war die DDR-Führung aber an ökonomischen Verbindungen mit der Bundesrepublik und der ***Europäischen Gemeinschaft*** interessiert. Deshalb wechselten „harte“ und „weiche“ Maßnahmen in der Politik der DDR gegenüber der Bundesrepublik ab. Manche Maßnahme zur Abgrenzung wurde von der Mehrheit der DDR-Bevölkerung kaum registriert, weil sie nicht in das tägliche Leben hineinwirkte. Zur Zeit der Verfassungsänderung erfolgten zahlreiche Umbenennungen von Organisationen und Institutionen, um das

1) Der Schwarze Kanal war eine politische Sendung von Karl-Eduard von Schnitzler, der Ausschnitte des „Westfernsehens“ – als dem „Schwarzen Kanal“ – mit Kommentaren im Ton des Kalten Krieges versah.

Wort „deutsch" aus dem Sprachgebrauch zu nehmen: Aus der *Deutschen Akademie der Wissenschaften* wurde die *Akademie der Wissenschaften der DDR*, aus dem *Deutschen Reisebüro* wurde das *Reisebüro der DDR*. Das Wort „deutsch" schien sich in den Buchstaben DDR verstecken zu müssen. Allerdings blieb der Name für die Zeitung der SED *NEUES DEUTSCHLAND* unangetastet, als ob er noch die Hoffnung auf ein geeintes sozialistisches Deutschland in sich barg.

Aus der Verfassung der DDR von 1968

Artikel 1

Die Deutsche Demokratische Republik ist ein sozialistischer Staat deutscher Nation. Sie ist die politische Organisation der Werktätigen in Stadt und Land, die gemeinsam unter Führung der Arbeiterklasse und ihrer marxistisch-leninistischen Partei den Sozialismus verwirklichen. [...]

Artikel 8

[...] (2) Die Herstellung und Pflege normaler Beziehungen und die Zusammenarbeit der beiden deutschen Staaten auf der Grundlage der Gleichberechtigung sind nationales Anliegen der Deutschen Demokratischen Republik. Die Deutsche Demokratische Republik und ihre Bürger erstreben [...] die schrittweise Annäherung der beiden deutschen Staaten bis zu ihrer Vereinigung auf der Grundlage der Demokratie und des Sozialismus.

Aus der Verfassung der DDR von 1974

Artikel 1

Die Deutsche Demokratische Republik ist ein sozialistischer Staat der Arbeiter und Bauern. Sie ist die politische Organisation der Werktätigen in Stadt und Land unter Führung der Arbeiterklasse und ihrer marxistisch-leninistischen Partei. [...]

Artikel 6

Die Deutsche Demokratische Republik ist für immer und unwiderruflich mit der Union der Sozialistischen Sowjetrepubliken verbündet. Das enge und brüderliche Bündnis mit ihr garantiert dem Volk der Deutschen Demokratischen Republik das weitere Voranschreiten auf dem Wege des Sozialismus und des Friedens. Die Deutsche Demokratische Republik ist untrennbarer Bestandteil der sozialistischen Staatengemeinschaft.

Verfassung der Deutschen Demokratischen Republik, Berlin 1974, S. 9 u. 12

1. *Vergleichen Sie den Text der Verfassung von 1968 mit den Artikeln 1 und 2 der Verfassung von 1949 (siehe S. 30)! Welche Veränderungen des Textes ließen auf ein anderes Staatsbewußtsein schließen?*
2. *In einem scheinbar fast gleichen Text des Artikel 1 von 1968 und 1974 sind zwei inhaltsschwere Veränderungen enthalten. Interpretieren Sie diese nach einer Textanalyse!*
3. *Welches Ziel verfolgte die DDR-Führung mit Artikel 6 der Verfassung von 1974?*
4. *Interpretieren Sie den Zusammenhang von Artikel 1 und 6 der Verfassung von 1974!*

Verstoß gegen anerkannte Menschenrechte in der DDR

Die Mitgliedschaft in den **Vereinten Nationen** *und die Unterzeichnung der KSZE-Schlußakte brachten der DDR nicht nur internationale Anerkennung, sondern auch Verpflichtungen. Wie in den anderen osteuropäischen Staaten beriefen sich bald auch in der DDR immer häufiger Menschen auf die von den Regierungen anerkannten Menchenrechtsvereinbarungen.*
Am 22. Juli 1979 stellte Familie Tschernoster aus Dresden einen Antrag auf Ausreise aus der DDR an den Staatsratsvorsitzenden Erich Honecker mit folgendem Inhalt:

Sehr geehrter Herr Honecker!
Unter Bezugnahme auf internationale Menschenrechte bitten wir um Ausreiseerlaubnis in die Bundesrepublik Deutschland.
Diesen Antrag stellen wir gleichzeitig namens unserer minderjährigen Tochter Sabine Tschernoster.
Vergangene und jüngste Vorkommnisse, die unsere Familie hart getroffen haben, sind die Ursache dafür, daß wir nicht mehr in der DDR leben möchten.
Außerdem sind wir nicht in der Lage, uns damit abzufinden, daß es uns nicht gestattet wird, unsere in der Bundesrepublik Deutschland lebenden Verwandten zu besuchen und die westlichen Länder zu bereisen – so wie es für alle Bürger nichtsozialistischer Staaten selbstverständlich ist, jedes von ihnen gewünschte Urlaubsziel zu erreichen.
Da dieser Antrag in Übereinstimmung auch von der DDR ratifizierter internationaler Konventionen und der UN-Charta[1]) gestellt wird, bitten wir um Ihre Zustimmung und baldigen Bescheid.

Sabine Tschernoster, die damals noch minderjährige Tochter, wurde daraufhin vom Studium exmatrikuliert. Das Ehepaar Tschernoster und die beiden Kinder Michael und Sabine wurden am 15. März 1983 verhaftet. Am 8. und 11. August 1983 wurde Richard Tschernoster zu einer Freiheitsstrafe von drei Jahren und acht Monaten, Renate Tschernoster zu zwei Jahren und acht Monaten, Michael zu einer Freiheitsstrafe von drei Jahren und Sabine zu zwei Jahren verurteilt. Die Verurteilung erfolgte gemäß den §§ 99 und 100 StGB der DDR wegen „landesverräterischer Nachrichtenübermittlung“ und „landesverräterischer Agententätigkeit“.

Internationale Gesellschaft für Menschenrechte – Deutsche Sektion e. V. – (Hrsg.), Menschenrechte in der DDR und Berlin (Ost), Frankfurt a. M. ^{3}1988, S. 106f.

Nennen Sie Gründe, weshalb die DDR-Führung die UN-Charta und KSZE-Schlußakte unterzeichnete, obwohl sie nicht bereit war, die Vereinbarungen zu Korb III einzuhalten!

„Nach dreißig Jahren DDR ...“ *FRANKFURTER ALLGEMEINE ZEITUNG* vom 27. 9. 1979.

1) Im Artikel 12 des Weltpakts für bürgerliche und politische Rechte der Vereinten Nationen heißt es: „Jedermann steht es frei, jedes Land einschließlich seines eigenen zu verlassen.“ Und: „Niemand darf willkürlich das Recht entzogen werden, in sein eigenes Land einzureisen.“

Die Friedensbewegung in West und Ost

Anfang der 80er Jahre hatten die UdSSR und die USA die Rüstungsspirale weit vorangetrieben. Das annähernd militärische Gleichgewicht zwischen den Supermächten diente mit all seinem Schrecken wohl zur Erhaltung des Friedens, doch die auf Westeuropa gerichteten neuen sowjetischen SS-20-Raketen und der ***NATO-Doppelbeschluß*** ließen bei vielen Menschen das Vertrauen in die Politik der etablierten Parteien auf beiden Seiten schmelzen, zumal aus amerikanischen Regierungskreisen Überlegungen bekannt wurden, die von der Führbarkeit und möglichen Begrenzung eines Atomkrieges auf Europa ausgingen.
In der Bundesrepublik Deutschland entwickelte sich erneut eine differenzierte, außerordentlich starke Friedensbewegung. Höhepunkte der Aktionen waren der *Krefelder Appell* (15./16. November 1980), Massendemonstrationen in Bonn mit 250000 Teilnehmern am 10. Oktober 1981 und mit ca. 500000 Teilnehmern am 10. Juni 1982, als der amerikanische Präsident *Ronald Reagan* die Bundesrepublik besuchte. Nach langer Pause begannen 1981 wieder die Ostermärsche (500000 Teilnehmer). Unmittelbar vor der Stationierung der amerikanischen Mittelstreckenraketen gelang es, in einer bundesweiten Aktionswoche im Oktober 1983 etwa 3 Millionen Menschen auf die Straße zu bringen.
Auch in der DDR entstand eine unabhängige Friedensbewegung. Sie und andere Bürgerbewegungen wurden von der SED-Führung beargwöhnt, behindert und letztlich bekämpft. Man sah in den Friedensgruppen eine Gefahr, die sich gegen die Politik der SED und Regierung der DDR richtete. Im Gegensatz zur Friedensbewegung in der Bundesrepublik hatte die in der DDR keine Öffentlichkeit. Sie mußte unter dem Schutz der evangelischen Kirche handeln, der die SED einen gewissen Freiraum zugestand. So fand am 13. Februar 1982 in der Dresdener Kreuzkirche das erste Friedensforum der Evangelischen Kirche der DDR statt. Mit dem Bibelzitat *„Schwerter zu Pflugscharen“* bekannten sich vor allem viele junge Menschen zum Pazifismus. Als das entsprechende Emblem bei immer mehr Jugendlichen an der Kleidung zu sehen war, griff die SED ein. Sie fürchtete eine Zersetzung der Wehrbereitschaft. Polizei auf den Straßen und Lehrer in den Schulen konfiszierten das pazifistische Zeichen. Dennoch konnte man nicht verhindern, daß Friedensforen und -gebete den Charakter von Massenveranstaltungen annahmen. In der Argumentation der SED war in der DDR eine Friedensbewegung „von unten“ überflüssig, da die Parteipolitik generell eine Friedenspolitik sei, die keiner Ergänzung und keines Drucks von unten bedürfe. Sozialismus und Frieden seien eine Einheit – lautete die Formel. Beispiele für den demonstrativen Protest gegen die „militärische Friedenssicherung“ in der DDR waren u. a. Aktionen junger Eltern gegen den Wehrunterricht, der Umtausch von Kriegsspielzeug, das die Kinder von zu Hause mitbrachten, die „Friedensminute“ zum Bußtag und die Initiative „Sozialer Friedensdienst“ als Wehrersatzdienst.

Der „Krefelder Appell“ an die Bundesregierung

Der folgende Aufruf geht auf den ehemaligen Bundeswehrgeneral Gert Bastian zurück; er wurde am 16. November 1980 erstmals veröffentlicht und stellte einen Minimalkonsens der unterschiedlichen Strömungen in der westdeutschen Friedensbewegung dar. Bis Mitte 1983 wurde er von rund 4 Millionen Menschen unterzeichnet:

Immer offensichtlicher erweist sich der Nachrüstungsbeschluß der NATO vom 12. Dezember 1979 als verhängnisvolle Fehlentscheidung. Die Erwartung, wonach Vereinbarungen zwischen den USA und der Sowjetunion zur Begrenzung der eurostrategischen Waffensysteme noch vor der Stationierung einer neuen Generation amerikanischer nuklearer Mittelstreckenwaffen in Westeuropa erreicht werden könnten, scheint sich nicht zu erfüllen. [...]

Ein selbstmörderischer Rüstungswettlauf könnte nicht im letzten Augenblick gestoppt werden; seine zunehmende Beschleunigung und offenbar konkreter werdende Vorstellungen von der scheinbaren Begrenzbarkeit eines Nuklearkrieges müßten in erster Linie die europäischen Völker einem untragbaren Risiko aussetzen.

Die Teilnehmer am Krefelder Gespräch vom 15. und 16. November 1980 appellieren daher gemeinsam an die Bundesregierung,

– die Zustimmung zur Stationierung von Pershing-II-Raketen und Marschflugkörpern in Mitteleuropa zurückzuziehen;

– im Bündnis künftig eine Haltung einzunehmen, die unser Land nicht länger dem Verdacht aussetzt, Wegbereiter eines neuen, vor allem die Europäer gefährdenden nuklearen Wettrüstens sein zu wollen.

Stuttgart–Neu-Ulm, 22. Oktober 1983. Aktion der westdeutschen Friedensbewegung. Kurz vor Beginn der Bundestagsdebatte über die Entscheidung zur Stationierung amerikanischer Mittelstreckenraketen, bildeten 220000 Menschen zwischen Stuttgart und Neu-Ulm eine 108 Kilometer lange Kette, um damit gegen die Nachrüstung zu demonstrieren.

In der Öffentlichkeit wächst die Sorge über die jüngste Entwicklung. Immer entscheidender werden die Möglichkeiten einer alternativen Sicherheitspolitik diskutiert. Solche Überlegungen sind von großer Bedeutung für den demokratischen Prozeß der Willensbildung und können dazu beitragen, daß unser Volk sich nicht plötzlich vollzogenen Tatsachen gegenübergestellt sieht.
Alle Mitbürgerinnen und Mitbürger werden deshalb aufgerufen, diesen Appell zu unterstützen, um durch unablässigen und wachsenden Druck der öffentlichen Meinung eine Sicherheitspolitik zu erzwingen, die

- eine Aufrüstung Mitteleuropas zur nuklearen Waffenplattform der USA nicht zuläßt;
- Abrüstung für wichtiger hält als Abschreckung;
- die Entwicklung des Bundeswehr an dieser Zielsetzung orientiert.

Irmgard Wilharm (Hrsg.), Deutsche Geschichte 1962–1983. Dokumente in zwei Bänden, Frankfurt a.M. 1985, S. 209ff.

Mit welcher Begründung wurde im Appell der NATO-Doppelbeschluß als verhängnisvolle Fehlentscheidung gekennzeichnet?

Der „Berliner Appell Frieden schaffen ohne Waffen"

Der „Berliner Appell" vom 25. Januar 1982 ist, wie Robert Havemann, der 1982 verstorbene Wortführer der sozialistischen Kritiker des SED-Staates, in einem Interview sagte, „in gewisser Weise ein Pendant zum Krefelder Appell der BRD". Der Aufruf stammt aus der Feder des evangelischen Pfarrers Rainer Eppelmann. Er wurde zunächst von 35 DDR-Bürgern unterzeichnet und im Westen veröffentlicht. Eine Unterschrift bedeutete in der DDR die bewußte Konfrontation mit den Staatsorganen und führte zu repressiven Maßnahmen – von der Überwachung durch die Staatssicherheit, dem Verlust des Arbeitsplatzes, der Relegierung von der Schule oder der Universität bis zur Ausbürgerung.

2
Wenn wir leben wollen, fort mit den Waffen! Und als erstes: Fort mit den Atomwaffen! Ganz Europa muß zur atomwaffenfreien Zone werden. Wir schlagen vor: Verhandlungen zwischen den Regierungen der beiden deutschen Staaten über die Entfernung aller Atomwaffen aus Deutschland.

3
Das geteilte Deutschland ist zur Aufmarschbasis der beiden großen Atommächte geworden. Wir schlagen vor, diese lebensgefährliche Konfrontation zu beenden. Die Siegermächte des 2. Weltkrieges müssen endlich die Friedensverträge mit den beiden deutschen Staaten schließen, wie es im Potsdamer Abkommen von 1945 beschlossen worden ist. Danach sollten die ehemaligen Alliierten ihre Besatzungstruppen aus Deutschland abziehen. [...]

4
Wir schlagen vor, in einer Atmosphäre der Toleranz und der Anerkennung des Rechts auf freie Meinungsäußerung die große Aussprache über die Fragen des Friedens zu führen, und jede spontane Bekundung des Friedenswillens in der Öffentlichkeit zu billigen und zu fördern. Wir wenden uns an die Öffentlichkeit und an unsere Regierung, über die folgenden Fragen zu beraten und zu entscheiden:
a) Sollten wir nicht auf die Produktion, den Verkauf und die Einfuhr von sogenanntem Kriegsspielzeug verzichten?

b) Sollten wir nicht anstelle des Wehrkundeunterrichts an unseren Schulen einen Unterricht über Fragen des Friedens einführen?
c) Sollten wir nicht anstelle des jetzigen Wehrersatzdienstes für Kriegsdienstverweigerer einen sozialen Friedensdienst zulassen?
d) Sollten wir nicht auf alle Demonstrationen militärischer Machtmittel in der Öffentlichkeit verzichten und unsere staatlichen Feiern statt dessen dazu benutzen, den Friedenswillen des Volkes kundzutun?
e) Sollten wir nicht auf die Übungen zur sogenannten Zivilverteidigung verzichten? Da es im Atomkrieg keine Möglichkeit einer sinnvollen Zivilverteidigung gibt, wird durch diese Übungen nur der Atomkrieg verharmlost. [...]

5
Frieden schaffen ohne Waffen – das bedeutet nicht nur: Sicherheit zu schaffen für unser eigenes Überleben. Es bedeutet auch das Ende der sinnlosen Verschwendung von Arbeitskraft und Reichtum unseres Volkes für die Produktion von Kriegswerkzeug und die Ausrüstung riesiger Armeen junger Menschen, die dadurch der produktiven Arbeit entzogen werden. Sollten wir nicht lieber den Hungernden in aller Welt helfen, statt fortzufahren, unseren Tod vorzubereiten? [...]
Das Gleichgewicht des Schreckens hat den Atomkrieg bisher nur dadurch verhindert, daß es ihn immer wieder auf morgen vertagt hat. Vor diesem herannahenden Morgen des Schreckens fürchten sich die Völker. Sie suchen nach neuen Wegen, dem Frieden eine bessere Grundlage zu geben. Auch der „Berliner Appell" ist ein Ausdruck dieses Suchens.

Wolfgang Büscher u. a. (Hrsg.), Friedensbewegung in der DDR. Texte 1978–1982, Hattingen 1982, S. 246ff.

1. *Welche Argumente nannte R. Eppelmann für einen Frieden ohne Waffen?*
2. *Welche Vorschläge wurden im Appell unterbreitet, den Frieden sicherer zu machen?*
3. *Warum bekämpfte die SED-Führung diese Vorschläge? Sie war auch bemüht, nicht von einer Friedensbewegung, sondern von „Friedensinitiativen" in der DDR zu sprechen. Was wollte man damit bezwecken?*
4. *Vergleichen Sie die beiden „Appelle" und bestimmen Sie die Gemeinsamkeiten!*
5. *Äußern Sie sich zur Wirksamkeit von Appellen und Aktionen (z. B. Menschenketten, siehe Foto, S. 117)!*

Zeichen der Friedensbewegung der DDR. Der Bibelspruch stammt aus dem Alten Testament, Micha 4, Vers 3, und lautet: „Er wird unter großen Völkern richten und viele Heiden strafen in fernen Landen. Sie werden ihre Schwerter zu Pflugscharen und ihre Spieße zu Sicheln machen. Es wird kein Volk wider das andere ein Schwert aufheben und werden nicht mehr kriegen lernen." *Erfassen Sie den Zusammenhang zwischen Emblem und Bibelspruch! Nehmen Sie Stellung zu der von dem Verteidigungsminister der DDR geäußerten Auffassung: „So gerne wir unsere Waffen dereinst verschrotten werden – noch braucht der Sozialismus, braucht der Frieden unsere Pflugschare und unsere Schwerter!"*

Das Umweltbewußtsein in Ost und West

Für beide Wirtschaftssysteme im geteilten Deutschland galt lange der ungebrochene Glaube, daß nur durch ein beständiges Wirtschaftswachstum sich der Wohlstand mehren und viele gesellschaftliche Probleme lösen ließen. Beide Staaten steigerten die Produktion um jeden Preis, auch um den Preis weitreichender Umweltzerstörungen.

Dabei hatte man in der DDR bereits 1968 den Umweltschutz in die Verfassung aufgenommen, seit 1970 gab es ein sozialistisches *Landeskulturgesetz* und seit 1972 ein *Ministerium für Umweltschutz und Wasserwirtschaft* (in der Bundesrepublik hatte man 1969 lediglich eine Abteilung Umweltschutz im Bundesministerium des Innern geschaffen; erst nach dem Reaktorunglück von Tschernobyl wurde im Juni 1986 ein selbständiges Umweltministerium eingerichtet). Nach Ansicht der Regierenden war unter diesen Voraussetzungen eine unabhängige Ökologiebewegung in der DDR nicht nötig. Ab 1980 versuchte der Staat mit der Gründung der *Gesellschaft für Natur und Umwelt* ein Sammelbecken für diejenigen Bürgerinnen und Bürger zu schaffen, die sich trotzdem für den Umweltschutz engagieren wollten. Zeitweise verfügte diese Gesellschaft über 60 000 Mitglieder. Unterstützt wurden die Aktivitäten dieser Organiation durch Verschönerungsaktionen in den Dörfern und Neubaugebieten, die von der ***Nationalen Front*** ins Leben gerufen wurden. Die Kenntnis über Umweltgefahren und bereits vorhandene Schäden behielt sich aber der Staat vor. Am 16. November 1982 erließ der DDR-Ministerrat eine *Anordnung zur Sicherung des Geheimschutzes auf dem Gebiet der Umweltdaten.* Die Geheimhaltung sämtlicher Belastungsdaten und -fakten war sicher das größte Hemmnis für die Ausbildung eines breiten Umweltbewußtseins.

In der Bundesrepublik entwickelten Ende der sechziger und Anfang der siebziger Jahre vor allem die *Bürgerinitiativen* ein breites Umweltbewußtsein (etwa 40–45 % der zwischen 15 000 und 50 000 Bürgerinitiativen setzten sich 1975/76 mit Umweltfragen auseinander). Gegen umweltschädigende und -gefährdende Projekte gingen sie mit rechtlichen Mitteln und Demonstrationen vor. Auch in den Medien fanden Umweltschutzthemen eine breite Aufmerksamkeit. Die sozialliberale Regierungskoalition leitete erste umweltpolitische Maßnahmen ein. 1971 wurde das erste Umweltprogramm einer Bundesregierung vorgelegt und im selben Jahr ein Gesetz zur Verminderung von Luftverunreinigungen durch Benzin verabschiedet. Kompetenzstreitigkeiten zwischen Bund und Ländern sowie Widerstand bei der Industrie ließen aber lange effektive Umweltschutzmaßnahmen nicht zu. Alle Parteien nahmen sich nun verstärkt des Themas an. 1983 zeigte der Einzug der *GRÜNEN* – die Partei hatte sich 1980 bundesweit organisiert – in den Deutschen Bundestag, daß die Umweltschutzbewegung sich auch parteipolitisch etabliert hatte.

Dieser demokratische Eingriff in die Politik war der ostdeutschen Umweltbewegung nicht möglich. Es war die evangelische Kirche, die half, das ökologische Bewußtsein zu verbreiten. Unter ihrem Dach konnten sich auch die Umweltschützer zusammenfinden. Gesprächskreise zur ökologischen Krisensituation wurden organisiert, Handzettel über das Waldsterben verbreitet, Baumpflanzaktionen durchgeführt und Pfarrgärten zu Experimentierfeldern für ökologischen Anbau gemacht. Umweltarbeit war politische Arbeit. Die Vorstellungen von einer verbesserten Lebensqualität bewegten sich auf dem Pfad der Reform der bestehenden Gesellschaft. Trotzdem blieb die Konfrontation mit staatlichen Stellen nicht aus.

Das Bundesprogramm der *GRÜNEN*

Seit Anfang der siebziger Jahre versuchten engagierte Umweltschützer, auf die politischen Parteien einzuwirken. 1977 traten erstmals grün-alternative Listen bei Kommunalwahlen an, 1978 bei Landtagswahlen und 1980, nach Gründung der Bundespartei DIE GRÜNEN, bei Bundestagswahlen. 1983 erhielt die Partei bei den Bundestagswahlen 2,167 Mill. Stimmen (1980: 0,569) und kam damit in den Bundestag (siehe auch das Schaubild im Anhang, S. 163). Ihre Abgeordneten trugen wesentlich dazu bei, daß sogenannte „Außenseiterthemen" wie Ökologie, Frieden und Frauenpolitik einen größeren Stellenwert in der parlamentarischen Auseinandersetzung erhielten.
Über Herkunft, Selbstverständnis und Ziele der Partei gibt das erste Bundesprogramm Auskunft, das auf dem Saarbrücker Bundesparteitag im März 1980 verabschiedet worden war:

I. Präambel (Entwurf)
Einleitung
Wir sind die Alternative zu den herkömmlichen Parteien. Hervorgegangen sind wir aus einem Zusammenschluß von grünen, bunten und alternativen Listen und Parteien. Wir fühlen uns verbunden mit all denen, die in der neuen demokratischen Bewegung mitarbeiten; den Lebens-, Natur- und Umweltschutzverbänden, den Bürgerinitiativen, der Arbeiterbewegung, christlichen Initiativen, der Friedens- und Menschenrechts-, der Frauen- und Dritte-Welt-Bewegung. Wir verstehen uns als ein Teil der grünen Bewegung in aller Welt.
Die in Bonn etablierten Parteien verhalten sich, als sei auf dem endlichen Planeten Erde eine unendliche industrielle Produktionssteigerung möglich. [...]
Die ökologische Weltkrise verschärft sich von Tag zu Tag: Die Rohstoffe verknappen sich, Giftskandal reiht sich an Giftskandal, Tiergattungen werden ausgerottet, Pflanzenarten sterben aus, Flüsse und Weltmeere verwandeln sich in Kloaken, der Mensch droht inmitten einer späten Industrie- und Konsumgesellschaft geistig und seelisch zu verkümmern, wir bürden den nachfolgenden Generationen eine unheimliche Erbschaft auf. [...]
Ein völliger Umbruch unseres kurzfristig orientierten wirtschaftlichen Zweckdenkens ist notwendig. [...]

Ökologisch

Ausgehend von den Naturgesetzen und insbesondere von der Erkenntnis, daß in einem begrenzten System kein unbegrenztes Wachstum möglich ist, heißt ökologische Politik, uns selbst und unsere Umwelt als Teil der Natur zu begreifen. [...]
Unsere Politik ist eine Politik der aktiven Partnerschaft mit der Natur und dem Menschen. Sie gelingt am besten in selbstbestimmten und selbstversorgenden überschaubaren Wirtschafts- und Verwaltungseinheiten. [...]

Sozial

Eine zukünftige soziale Politik muß zum Ziele haben, ein stabiles Sozialsystem zu errichten. „Sozial" hat vor allem eine ökonomische Komponente.
[...]
Unsere gesellschaftlichen Verhältnisse produzieren massenhaftes soziales und psychisches Elend. Besonders betroffen von dieser Situation sind ethnische, soziale, religiöse und sexuell diskriminierte Bevölkerungsteile. Das soziale System wird zunehmend unstabiler. Die Folgen sind steigende Kriminalität, erhöhte Selbstmordraten, Drogenkonsum und Alkoholismus.
Offensichtlich wird dieser gesellschaftliche Zustand auch durch die Tatsache, daß die Frauen in fast allen gesellschaftlichen Bereichen benachteiligt und unterdrückt werden.

Basisdemokratisch

Basisdemokratische Politik bedeutet verstärkte Verwirklichung dezentraler, direkter Demokratie. Wir gehen davon aus, daß der Entscheidung der Basis prinzipiell Vorrang eingeräumt werden muß. Überschaubare, dezentrale Basiseinheiten (Ortsebene, Kreisebene) erhalten weitgehende Autonomie und Selbstverwaltungsrechte zugestanden. Basisdemokratie bedarf jedoch einer zusammenfassenden Organisation und Koordination, wenn ökologische Politik in der öffentlichen Willensbildung gegen starke Widerstände durchgesetzt werden soll.
[...] Kerngedanke ist dabei die ständige Kontrolle aller Amts- und Mandatsinhaber und Institutionen durch die Basis (Öffentlichkeit, zeitliche Begrenzung) und die jederzeitige Ablösbarkeit, in Organisationen und Politik für alle durchschaubar zu machen und um der Loslösung einzelner von ihrer Basis entgegen zu wirken.

Irmgard Wilharm (Hrsg.), Deutsche Geschichte 1962–1983, Dokumente in zwei Bänden, Frankfurt a. M. 1985, Bd. 2, S. 226ff.

1. *Wie erklären Sie sich, daß die Partei der „Grünen" schon drei Jahre nach ihrer Gründung in den Bundestag einziehen konnte?*
2. *Welche Zustandsbeschreibung enthält das Bundesprogramm? Wägen Sie ab, ob sie noch aktuell ist?*
3. *Überlegen Sie, auf welche Schwierigkeiten basisdemokratische Politik in einer modernen Industriegesellschaft stößt!*

„Smog gibt es nicht – Gespräch im Rat der Stadt Halle zur Lage der Umwelt" – ein Bericht aus den „Umweltblättern"

In der DDR gab es seit dem Beginn der Umweltschutzbewegung eine enge Vernetzung mit der Friedens- und Menschenrechtsarbeit. Die Kopplung der Themen riefen staatliches Mißtrauen hervor. „Reine" Umweltinitiativen wurden anfangs belächelt, später aber sogar aufgegriffen, wie das Bäumepflanzen, das 1984 Ost-Berlin 100 000 neue Bäume einbrachte.
Im September 1986 wurde in den Kellerräumen der Ost-Berliner Zionsgemeinde die erste Umwelt-Bibliothek eröffnet, den Grundstock der Bibliothek bildeten Bücher aus der Bundesgeschäftsstelle der GRÜNEN in Bonn. Weitere Einrichtungen folgten in Wismar, Halle und Erfurt. Als eigene Publikation wurden die „Umweltblätter" herausgegeben. Im November 1987 untersuchten Mitarbeiter des **Ministeriums für Staatssicherheit** *die Räume der Bibliothek in Ost-Berlin und verhafteten führende Mitarbeiter. Diesen warf man vor, den Rahmen innerkirchlicher Arbeit überschritten zu ha-*

ben. Kirchliche Würdenträger verhinderten die Schließung der Bibliothek und erwirkten die Freilassung der Inhaftierten.
In der Ausgabe der „Umweltblätter“ vom 1. September 1987 wurde über eine Eingabe von 200 Einwohnern zur Umweltsituation der Stadt Halle und einem Gespräch im Rat der Stadt berichtet:

Zur allgemeinen Situation Halles wurde Beruhigendes gesagt. Die Elsteraue werde als Naherholungsgebiet ausgebaut und im Karbidbereich gebe es weitere starke Bemühungen. Die Verschmutzung der Saale sei u. a. wegen des Schlamms ein schwieriges und derzeit unlösbares Problem. Mit Hilfe einer biologischen Kläranlage sei es aber zu einer gewissen Besserung gekommen. Die Luftverschmutzung wurde nicht zuletzt auf die Tatsache zurückgeführt, daß an ca. 260 Tagen des Jahres Westwind wehe. Offenbar also kommen die Schadstoffe wieder mal aus dem feindlichen Ausland. Das Wort „Smog“ wurde von den Herren vermieden. „Man müßte“, hieß es, „erst einmal darüber reden, was Smog ist.“
Wiebike[1]) gab allerdings zu, daß am 4. und 7. Februar des Jahres in der Stadt eine „massive Schadstoffbelastung“ zu verzeichnen war. Die Initiatoren der Eingabe betonen demgegenüber, daß es wesentlich mehr Smogtage gab. Sie kennzeichnen ein Grundproblem aller umweltbewußten Einwohner des Landes und aller Umweltgruppen, wenn sie schreiben:
„Wir haben keine Möglichkeiten der Kontrolle, keine Werte.“ [...]
Beim Thema „Aufklärung der Öffentlichkeit“ wurden die Herren wieder platt: Im System des demokratischen Zentralismus könne man den Zeitungen nicht vorschreiben, was sie zu berichten hätten. Im übrigen sei öffentliche Diskussion gut – es gebe aber in Halle ein Menge kompetenter Leute, die sich mit Umweltschutz beschäftigen; allein in Buna und Leuna seien dafür 40 Personen beschäftigt. Über Projekte zur Alternativenergienutzung in der Stadt wußten die Regierenden nichts (die mit Solaranlagen ausgestattete Sonnensiedlung ist also endgültig vergessen und beerdigt!). [...]
Die Trinkwasserqualität in Halle fanden die Verantwortlichen gut. Es werde aus „halbgutem“ Südstadtwasser und „ganzgutem“ Rappbode-Wasser gemixt, damit alle Bürger Halles „gleichgutes“ Wasser haben. Im Süden der Stadt rieche das Wasser zwar nicht besonders und schmecke nicht so gut, sei aber völlig in Ordnung [...]. Babynahrung müsse im übrigen sowieso mit Selters etc. zubereitet werden [...].
Dem Einwurf der Initiatoren der Eingabe, daß der Geheimhaltungsgrundsatz für Umweltdaten keine Möglichkeiten gebe, das Mißtrauen der Bevölkerung gegenüber den Regierenden abzubauen, diesem Einwurf wußten die Herren nichts zu entgegnen. Dafür betonten die Stadtverordneten, wie überaus gnädig es von ihnen sei, sich mit den Initiatoren der Eingabe zu unterhalten, obwohl diese bei Lichte besehen – wegen illegaler Unterschriftensammlung – Verfassungsverletzer seien.

Wolfgang Rüddenklau, Störenfried, ddr-opposition 1986–1989, Amsterdam–Berlin 1992, S. 162ff.

1. *Kennzeichnen Sie das Verhältnis zwischen den Stadträten und Einwohnervertretern!*
2. *Erörtern Sie, ob dieses „Umweltblatt“ auch ein Grund für die Durchsuchung der Bibliothek gewesen sein könnte!*

1) der für Umweltschutz und Wasserwirtschaft zuständige Stadtrat

Die „Wende" in Bonn

Die Reformpolitik der sozialliberalen Regierungskoalition geriet Anfang der achtziger Jahre durch die zunehmende Arbeitslosigkeit und einen Konjunktureinbruch (siehe Schaubild im Anhang, S. 165) in eine Krise. Die bei den Wahlen von 1980 gegen den Kanzlerkandidaten der CDU/CSU, *Franz Josef Strauß,* eindrucksvoll bestätigte Zusammenarbeit wurde immer schwieriger. Innerhalb der F.D.P. forderte der Parteivorsitzende *Hans-Dietrich Genscher* eine „Wende" und sein Parteikollege, Wirtschaftsminister *Otto Graf Lambsdorff,* entwickelte ein *„Konzept zur Überwindung der Wirtschafts- und Beschäftigungskrise",* das die Rücknahme bzw. Rückstellung vieler Reformen verlangte. Die durch die innenpolitische Auseinandersetzung um den ***NATO-Doppelbeschluß*** geschwächte SPD (*Helmut Schmidts* Position war in der SPD umstritten) wollte diesen Kurswechsel nicht vorbehaltlos mitmachen. Als der Bundeskanzler die Entlassung des Wirtschaftsministers erwog, schieden die vier F.D.P.-Minister am 17. September 1982 demonstrativ aus dem Kabinett. Es folgten schwere Auseinandersetzungen in der F.D.P. über die Frage, ob man – wie vor der Wahl von 1980 den Wählern angekündigt – an der Koalition mit der SPD bis zu Neuwahlen festhalten oder bereits vorher ein neues Bündnis mit der CDU/CSU eingehen könne. Der Parteivorsitzende Genscher setzte sich mit seinem Wunsch nach einer sofortigen „Wende" durch. Die F.D.P. schloß eine Koalitionsvereinbarung mit der CDU/CSU. Man einigte sich darauf, dem Bundeskanzler im Bundestag das Vertrauen zu entziehen.

Am 1. Oktober 1982 wählten die Abgeordneten des Deutschen Bundestages durch ein ***Konstruktives Mißtrauensvotum*** den Parteivorsitzenden der CDU, *Helmut Kohl,* zum 6. Bundeskanzler der Bundesrepublik. Bei den vorgezogenen Bundestagswahlen zum 10. Deutschen Bundestag im März 1983 wurde die neue Regierungskoalition aus CDU/CSU und F.D.P. von den Wählern bestätigt.

Der F.D.P.-Vorsitzende fordert eine „Wende"

Der F.D.P.-Vorsitzende und Bundesaußenminister Hans-Dietrich Genscher richtete am 20. August 1981 folgenden Brief an die Mitglieder der Führungsgremien und Mandatsträger der Partei:

Liebe Parteifreunde,

die Konsolidierung des Bundeshaushalts, die Förderung von Investitionen und die Schaffung von Arbeitsplätzen werden die öffentliche Diskussion auch in den kommenden Wochen beherrschen.

Unser Land steht am Scheideweg. Gesellschaftspolitisch stehen wir in einer Bewährungsprobe der Marktwirtschaft. Unsere Marktwirtschaft muß gerade in einer sich strukturell verändernden Weltwirtschaft – Ölpreis-Entwicklung und Prozeß weltweiter Arbeitsteilung sind nur zwei Aspekte – die erforderliche Flexibilität und Anpassungsfähigkeit unter Beweis stellen. Diese Bewährungsprobe kann nur mit marktwirtschaftlichen Mitteln bestanden werden. Die Anerkennung und Förderung von Leistung, Innovation/Investition und Wettbewerb sind dabei unverzichtbar. Vor allem aber muß die Folgerichtigkeit und durch die auf die staatliche Ausgabenpolitik sich strukturell auswirkende Entscheidung das Vertrauen der Investoren gefestigt werden. [...] Ganz allgemein ist es erforderlich, die Einsicht zu stärken, daß keine Leistung von Staat und Gesellschaft gewährt werden kann, die nicht vorher oder hinterher von der Allgemeinheit, also von jedem einzelnen von uns, aufgebracht werden müßte. Es gilt, eine Anspruchsmentalität zu brechen, die nicht deshalb entstand, weil die heute lebende und arbeitende Generation weniger leistungsbereit wäre als ihre Vorgänger, sondern weil manches Gesetz geradezu zur „Inanspruchnahme" auffordert, um nicht zu sagen „verleitet". Eine Wende ist notwendig.

FREIE DEMOKRATISCHE KORRESPONDENZ. Pressedienst der Freien Demokratischen Partei, Bonn, Ausgabe 130 vom 20. August 1981, S. 4

1. *Nennen Sie die Funktion, die dieses Schreiben hatte!*
2. *Welche Gründe nannte H.-D. Genscher für die „Wende", und welche möglichen parteipolitischen Motive standen hinter seinen Aussagen?*

Das „Konzept zur Überwindung der Wirtschafts- und Beschäftigungskrise"

Der Streit über die künftige Politik der sozialliberalen Koalition wurde während der Beratungen des Bundeshaushaltes durch ein vom Bundesminister für Wirtschaft, Otto Graf Lambsdorff, im September 1982 veröffentlichtes „Konzept für eine Politik zur Überwindung der Wachstumsschwäche und zur Bekämpfung der Arbeitslosigkeit" vertieft. In dem Papier führte der F.D.P.-Politiker u. a. aus:

A. Wachstums- und beschäftigungsorientierte Haushaltspolitik

Ansatzpunkte für konkrete haushaltspolitische Maßnahmen

1. *Zusätzliche wachstums- und beschäftigungsfördernde Ausgaben (möglichst ohne Folgekosten) im Bundesbereich für etwa drei Jahre [...] für z. B.*
   - Verstärkung von Infrastrukturmaßnahmen im Umweltschutz (z. B. Gewässerschutz)
   - Wiederaufstockung der Mittel für die Gemeinschaftsaufgabe „Regionale Wirtschaftsförderung" sowie „Agrarstruktur und Küstenschutz"
   - Verstärkung der Mittel für Existenzgründung [...]
2. *Weitere Einschränkungen konsumtiver bzw. eindeutig nicht wachstums- und beschäftigungsfördernder Ausgaben [...]*

a) Öffentlicher Dienst

– (hätte auch Auswirkung für die Haushalte von Ländern und Gemeinden)
Im Voraus festgelegte Begrenzung des Anstiegs der *Beamtenbesoldung* z. B. 3 Jahre. [...]

c) Arbeitsförderungsgesetz

– *Verringerung der Leistungen:*
Verringerung des Leistungssatzes für Arbeitslosengeld am Anfang der Bezugsdauer (z. B. erste drei Monate nur 50 % des letzten Nettoeinkommens, evtl. Mehrstufenregelung)
oder
Generelle Senkung des Arbeitslosengeldes für Alleinstehende (ohne Unterhaltsverpflichtung) [...]

oder/und
Einführung von Karenztagen[1]) bei der Zahlung von Arbeitslosengeld [...]
- Begrenzung des Arbeitslosenbezuges auf *maximal* 1 Jahr, auch bei Krankheit [...].

d) Mutterschaftsurlaubsgeld [...]
- Ersatzlose Streichung, mindestens aber mehrjährige Aussetzung.

e) BAFöG[2]) (Einsparung auch für die Länder wegen 35%-Beteiligung)
- Streichung der *Schüler*-BAFöG (rd. 1 Mrd. DM)
- Umstellung des BAFöG für *Studenten* auf (Voll-)Darlehen mit einer neugefaßten, verwaltungseffizienten Härteklausel [...].

[...]

D. Politik zur Förderung von Marktwirtschaft, Wettbewerb und wirtschaftlicher Selbständigkeit

Die Leistungs- und Innovationsfähigkeit der Wirtschaft wird entscheidend bestimmt durch die Funktionsfähigkeit des Wettbewerbs und die Vielfalt der unternehmerischen Initiativen. Insbesondere die kleinen und mittleren Unternehmen sind infolge ihrer Kreativität, ihres unternehmerischen Wagemutes und ihrer Anpassungsfähigkeit unverzichtbare Träger des wirtschaftlichen und gesellschaftlichen Fortschritts. Deswegen muß der Förderung der wirtschaftlichen Selbständigkeit und der Bereitstellung von Risikokapital in den nächsten Jahren besondere Aufmerksamkeit gelten.

Leitlinien:

- Abbau von unnötiger Reglementierung und Bürokratie in allen Bereichen der Wirtschaft und stärkere Verlagerung bisher öffentlich angebotener Leistungen auf den privaten Bereich [...].
- Verstärkte materielle und immaterielle Förderung der wirtschaftlichen Selbständigkeit, insbesondere der gewerblichen Existenzgründung.
- Neuorientierung der Vermögenspolitik durch relativ stärkere Förderung der Beteiligung am Produktivkapital.

[...]

Es kann im wirtschaftlichen und sozialen Bereich derzeit keine wichtigere Aufgabe geben, als die Arbeitslosigkeit zu bekämpfen, durch neues Wirtschaftswachstum wieder mehr Beschäftigung und auch eine allmähliche Lösung der öffentlichen Finanzierungsprobleme zu ermöglichen und damit schließlich die Bürger am wirtschaftlichen und gesellschaftlichen Fortschritt teilnehmen zu lassen.

NEUE BONNER DEPESCHE 9/82, S. 3ff.

1. *Benennen Sie die marktwirtschaftlichen Mittel, mit denen die „Wende" vollzogen werden sollte!*
2. *Bestimmen Sie aus dem „Lambsdorff-Papier", welche Vorschläge unterbreitet wurden für*
   a) Einsparung in öffentlichen Feldern,
   b) Förderung der Marktwirtschaft?
3. *Welche Bevölkerungskreise sollten einen Beitrag zur Lösung der Probleme leisten?*

---
1) Sperrfristen
2) Bundesausbildungsförderungsgesetz

Die Reaktion des Bundeskanzlers

Der Bundeskanzler Helmut Schmidt führte zu dem Lambsdorff-Papier in der Sitzung der Sozialdemokratischen Bundestagsfraktion vom 14. September 1982 u. a. folgendes aus:

Ich will von mir aus dazu sagen: Der analytische Teil dieses Papiers, die Analyse der wirtschaftlichen Lage der Bundesrepublik Deutschland ist *unvollständig, sehr einseitig und enttäuschend.* Schon die Analyse wird dem selbstgestellten Anspruch, ein Konzept zur Bekämpfung der Arbeitslosigkeit zu liefern, nicht gerecht. Weitgehend wird die außenwirtschaftliche Einbettung unserer Volkswirtschaft ausgeklammert, ausgeklammert wird die Auswirkung des weltweit hohen Zinsniveaus, ausgeklammert die wechselkurspolitischen, die währungspolitischen, die geldpolitischen Aspekte (geldpolitisch hier im Sinne der inneren Geldpolitik gemeint), das Problem der internationalen Geld- und Kapitalmärkte usw. Zahlungsschwierigkeiten von Brasilien, von Argentinien, von Mexico, von Polen, der DDR, vieler anderer Länder, vieler Länder der Dritten Welt, die alle auf uns zurückwirken, werden ausgeklammert. [...]

Die Analyse selbst hat wohl auch lediglich den Zweck, den Aufhänger für eine Reihe von Schritten oder Maßnahmen zur Gesetzesänderung zu liefern [...].

Unter den Forderungen, die dort vorgetragen werden, sind

1. einige, die durchaus sinnvoll erscheinen, die sich zum Teil auch mit Vorschlägen decken, die wir vortragen;
2. sodann eine Reihe von Vorschlägen, die diskussionswürdig und jedenfalls diskussionsbedürftig sind;
3. eine Gruppe von Vorschlägen, die ohne Rücksicht auf das soziale Klima der Bundesrepublik die sozial schwachen Bürger, die Gewerkschaften und die Arbeitnehmer provozieren müssen und die für uns inakzeptabel sind.

Bemerkenswert ist dabei, *daß der soziale Konsensus,* der bisher von beiden Koalitionsparteien als ein Pfeiler, als eine Säule der politischen Stabilität und der wirtschaftlichen Leistungsfähigkeit unserer Gesellschaft angesehen worden ist, *mit keinem Wort erwähnt wird. Das Papier macht auch keinerlei Versuch, die Lasten der Anpassung sozial gerecht oder ausgewogen zu verteilen.* [...]

Das Papier als Ganzes steht *in eklatantem Widerspruch zur bisherigen gemeinsamen Wirtschafts-, Finanz- und Sozialpolitik der sozial-liberalen Koalition.*

[...] Erstaunlich bleibt [...], daß Graf Lambsdorff, der dem Bundeskabinett seit 1977 als Wirtschaftsminister angehört, diesen Forderungskatalog nach fünf Jahren seiner Zugehörigkeit zum Bundeskabinett erstmalig vorlegt.

Bis zu diesem Zeitpunkt hat er die Wirtschafts- und Haushalts-, die Finanz- und Sozialpolitik der sozial-liberalen Koalition beständig mitgetragen. Er ist im Kabinett nicht überstimmt worden. Und alle Beschlüsse, die ins Ökonomische einschlagen und die Graf Lambsdorff jetzt kritisiert, sind *immer auf der Grundlage von wirtschaftlichen Prognosen gefaßt worden, die Graf Lambsdorff selber dem Kabinett vorgelegt hat.* Nach meiner Überzeugung kann das Papier in seiner Gesamtheit von einem Sozialdemokraten nicht mitgetragen werden; es ist auch *keine Grundlage für Verhandlungen.*

Informationen der Sozialdemokratischen Bundestagsfraktion vom 14. September 1982, S. 4f.

1. *Ordnen Sie einige Vorschläge aus dem Lambsdorff-Papier den von H. Schmidt genannten Gruppen zu!*
2. *Nennen Sie die Punkte, die zwischen Bundeskanzler und Wirtschaftsminister kontrovers sind!*

Bonn, 13. Oktober 1982. Helmut Schmidt verläßt nach der Regierungserklärung Helmut Kohls den Plenarsaal des Bundestages.

Die Ziele und Grundsätze der neuen CDU/CSU und F.D.P. Regierung

Am 13. Oktober stellte der neue Bundeskanzler, Helmut Kohl, in seiner ersten Regierungserklärung im Bundestag ein „Dringlichkeitsprogramm" vor und legte die Prinzipien der neuen „Koalition der Mitte" dar:

Meine sehr verehrten Damen und Herren! Die **Koalition der Mitte,** *(Lachen bei der SPD)* zu der sich CDU, CSU und F.D.P. zusammengeschlossen haben, beginnt ihre Arbeit in der schwersten Wirtschaftskrise seit Bestehen der Bundesrepublik Deutschland. *(Beifall bei der CDU/CSU)* Diese Krise hat das Vertrauen vieler Menschen, vieler Mitbürger in die Handlungsfähigkeit unseres Staates erschüttert. *(Zuruf von der SPD)*
Diese neue Regierung ist notwendig geworden, weil sich die alte, die bisherige Regierung als unfähig erwies, gemeinsam die Arbeitslosigkeit zu bekämpfen, das Netz sozialer Sicherheit zu gewährleisten und die zerrütteten Staatsfinanzen wieder in Ordnung zu bringen. *(Beifall bei der CDU/CSU)* [...]
Unser **Dringlichkeitsprogramm** konzentriert sich auf vier Schwerpunkte: Erstens. Wir wollen neue Arbeitsplätze schaffen. Zweitens. Wir wollen das soziale Netz sichern. Drittens. Wir wollen eine menschliche Ausländerpolitik verwirklichen. Viertens. Wir wollen die Grundlagen der deutschen Außen- und Sicherheitspolitik erneuern. [...]
Wir wollen vor allem Arbeitsplätze schaffen und erhalten, indem wir zuerst die privaten und die öffentlichen Investitionen anregen. Dazu braucht die Wirtschaft eine Zukunftsperspektive, die frei ist von unnötigen Belastungen, Verunsicherungen und bürokratischen Auflagen durch den Staat.

In den **öffentlichen Haushalten** müssen die Gewichte stärker von der konsumtiven zu mehr zukunftsorientierter Verwendung verlagert werden. Dies gilt sowohl für die Ausgaben- wie für die Einnahmenseite. [...]

Die erste deutsche Demokratie ist von den Extremen von links und rechts zerstört worden. Die zweite deutsche Demokratie ist aus der politischen Mitte unseres Volkes aufgebaut worden, und sie wird – davon bin ich zutiefst überzeugt – aus dieser Mitte auch die Kraft zur Erneuerung finden. *(Beifall bei der CDU/CSU und der F.D.P.)* Unsere Zuversicht gründet auf dem, was wir leisten können. Woran wir glauben, dazu stehen wir.

Erstens. Wir glauben an die Würde des Menschen, seine Einzigartigkeit und seine Freiheit. Dies verbindet uns alle.

Zweitens. Wir sind davon überzeugt, daß freie Initiative und Leistung für den einzelnen wie für das Ganze besser sind als staatliche Lenkung und Bevormundung. Wir vertrauen auf den Bürger, der seine Zukunft in seine Hände nimmt. *(Beifall bei der CDU/CSU und der F.D.P.)*

Drittens. Wir wissen, daß Leistung, das schöpferische Schaffen der Menschen, einen sozialen Sinn hat und auch soziale Verpflichtung ist. Wer Leistung verweigert, obwohl er leisten könnte, handelt unsozial. Er beutet seinen Nächsten aus. *(Beifall bei der CDU/CSU und der F.D.P.)*

Viertens. Wir halten es für gerecht, den Zusammenhang zwischen Leistung und Gegenleistung wieder stärker herauszustellen. Wer diesen Zusammenhang leugnet, macht unser Volk ärmer und gefährdet die Grundlagen sozialer Sicherheit. *(Zuruf von der CDU/CSU: Sehr wahr!)*

Fünftens. Wir treten dafür ein, daß der Schwache und Notleidende einen Anspruch auf solidarische Hilfe aller hat. Aber wir wissen, daß die Menschen mehr brauchen als Geld und Betreuung.

Sechstens. Wir vertrauen auf den Willen zur Gemeinsamkeit in unserem Volk. Wir wissen, daß es Partnerschaft und Solidarität über alle Gruppen und soziale Grenzen hinweg gibt.

Siebtens. Wir glauben daran, daß es vornehmste Pflicht freier Bürger ist, keine Anstrengung zu unterlassen, um die Freiheit zu verteidigen und anderen die Hoffnung auf Freiheit zu erhalten. Unverändert gilt, womit Konrad Adenauer am 20. September 1949 seine erste Regierungserklärung vor dem Deutschen Bundestag beendete. Er sagte: „Wir hoffen – das ist unser Ziel –, daß es uns mit Gottes Hilfe gelingen wird, das deutsche Volk aufwärts zu führen und beizutragen zum Frieden in Europa und in der Welt." *(Anhaltender lebhafter Beifall bei der CDU/CSU und der F.D.P. – Die Abgeordneten der CDU/CSU erheben sich)*

Verhandlungen des Deutschen Bundestages. 9. Wahlperiode. Stenographische Berichte, Bd. 122, S. 7213ff.

1. *Erklären Sie den Begriff „Koalition der Mitte"! An wen richtete sich H. Kohl mit diesem Begriff?*
2. *Überprüfen Sie die Übereinstimmung zwischen der Regierungserklärung und dem „Lambsdorff-Papier"!*
3. *Vergleichen Sie diese Regierungserklärung mit der von Willy Brandt von 1969 (siehe S. 92f.)!*

Eine Stellungnahme zur „Wende“ aus der DDR

Die DDR-Zeitungen waren in diesen Tagen angefüllt mit mehrseitigen Berichten über eine Nahostreise Erich Honeckers. Zwei Tage nach der Regierungserklärung von Helmut Kohl veröffentlichte die BERLINER ZEITUNG einen Korrespondentenbericht des NEUEN DEUTSCHLANDS aus Bonn. Eigenständige Analysen waren in den Tageszeitungen nicht zu lesen:

Bundeskanzler Kohl sprach von einer „Politik für den Frieden in Europa und weltweit“, von einer Politik des „Friedens in Freiheit“. Man könne sich auf die Berechenbarkeit seiner Politik verlassen. An Bekenntnissen zum Frieden hat es in der Rede also nicht gefehlt, obwohl sie angesichts seiner weiteren Ausführungen eine bestimmte Skepsis hervorriefen, zumal er dabei Formeln benutzte, die aus der Zeit des kalten Krieges stammen. [...]
Der Bundeskanzler der BRD nahm in seiner Regierungserklärung auch Stellung zu den Beziehungen zwischen der BRD und der DDR. Die DDR könne sich darauf verlassen, daß seine Regierung zu übernommenen Verpflichtungen stehe. Sie stehe zu den Verträgen. Bedenkenlos redete er aber zugleich von der „deutschen Einheit“, von der „Offenheit der deutschen Frage“. [...]
Auch sprach Herr Kohl fortwährend von „allen Deutschen“, wenn er die Bürger der DDR und die Bürger der BRD meinte. Das alles haben wir schon zur Genüge gehabt. Aber nach dem Treffen am Werbellinsee war von einem Bundeskanzler[1]) gesagt worden: Bürger der Deutschen Demokratischen Republik und Bürger der Bundesrepublik Deutschland. Das ist jetzt offenbar in der Versenkung verschwunden. Wir waren also schon einmal weiter. Bleibt die Frage: Was soll jetzt das Zurück? [...]
Dem auswärtigen Beobachter liegt es gewiß fern, sich in die inneren Angelegenheiten der BRD einzumischen, aber die Ausführungen von Bundeskanzler Kohl zu den Fragen der Wirtschafts-, Finanz- und Sozialpolitik lassen keinen Zweifel daran, daß alles darauf hinausläuft, die Lasten der Krise rigoros auf die Schultern der Werktätigen abzuwälzen, zugleich den Unternehmern neue Gewinnchancen zu geben und den Rüstungsetat nicht nur nicht zu kürzen, sondern noch zu steigern. Kohl bezeichnete die Regierung von CDU/CSU und F.D.P. als „Koalition der Mitte“. Der eingeschlagene Kurs geht jedoch eindeutig nach rechts, wofür alle Aussagen im innenpolitischen Teil der Regierungserklärung eine deutliche Sprache sprechen.
Verbesserungen der wirtschaftlichen Situation stünden nicht in Aussicht, die Arbeitslosigkeit werde weiter wachsen, und es sei „ein schwieriger Balanceakt zu bewältigen“.
Das von Kohl verkündete Register von Maßnahmen des Sozialabbaus zeigt, daß hinter den Worten von einer „Atempause in der Sozialpolitik“ ein langfristig angelegtes Programm der sozialen Demontage und der Rotstiftpolitik steckt. Es folgt, wenn auch nicht sofort in allen Teilen, dem von Wirtschaftsminister Lambsdorff verfaßten Papier, das von den Gewerkschaften als Kriegserklärung an die Arbeiter bezeichnet worden ist.

BERLINER ZEITUNG vom 15. Oktober 1982

1. *Welche Bewertung erfuhren die Kanzlerworte zur Außenpolitik und zum deutsch-deutschen Ver-*
2. *Wie beurteilt der „auswärtige Beobachter“ die neue Innenpolitik der Koalition? Vergleichen Sie dieses Urteil mit der Reaktion von H. Schmidt auf das Lambsdorff-Papier sowie mit der Regierungserklärung von H. Kohl!*

---

1) Helmut Schmidt (siehe Chronik, S. 112)

Harte Währung gegen Menschlichkeit – der Milliardenkredit

Die DDR, die neben der Sowjetunion in der Bundesrepublik den engsten Wirtschaftspartner hatte, zeigte 1982 ernste ökonomische Krisensymptome. Diese wurden durch die latente Funktionsschwäche und Starrheit der Planwirtschaft sowie die Einbindung in den ***Rat für Gegenseitige Wirtschaftshilfe*** verstärkt. Die Wirtschaft befand sich in einer dramatischen Situation. Die Importe wurden radikal gedrosselt – insbesondere Konsumgüter; ein Großteil der einheimischen Produktion wurde exportiert – oft unter Wert. Engpässe bei der Versorgung der Bevölkerung waren an der Tagesordnung und schufen Unzufriedenheit und Verärgerung.
In dieser Situation suchte die SED-Führung Kontakt zu einem ihrer erklärten Gegner – *Franz Josef Strauß*. Er zählte zu den eigenwilligsten und einflußreichsten Politikern der Bundesrepublik.
1983 traf er sich mehrmals mit dem DDR-Staatssekretär *Alexander Schalck-Golodkowski* auf einem Parkplatz der Transitstrecke[1]) zu inoffiziellen Verhandlungen über einen Milliardenkredit für die DDR-Wirtschaft.

Franz Josef Strauß erinnert sich

In seinen Erinnerungen stellte Franz Josef Strauß das Zustandekommen des Milliardenkredits folgendermaßen dar:

Im übrigen habe er, Schalck-Golodkowski, eine Botschaft Honeckers für mich. Er langte in seine Mappe, er zog einen etwa elfseitigen Brief heraus und begann zu lesen: „Sehr geehrter Herr Ministerpräsident [...]“ Der Inhalt gliederte sich in drei Abschnitte:
1. Die wirtschaftliche Lage der DDR,
2. die Notwendigkeit, ohne harte Einschränkungen des Lebensstandards der Bevölkerung die akuten Probleme zu lösen,
3. die Möglichkeit zu einer Lösung.

Die Wirtschaft der DDR sei nach wie vor in einer guten Entwicklung, so die übliche Beschönigungsphrase, aber man habe zuviel investiert und zuviel importiert, komme jetzt bei der Zahlungsbilanz in erhebliche Schwierigkeiten. Deshalb suche man einen Ausweg, wobei eine Einschränkung des Lebensstandards der Bevölkerung nicht in Frage käme. Er, Honecker, so hieß es in dem Brief weiter, könne um Hilfe beim COMECON[2]), also praktisch bei Moskau, nachsuchen, aber eine Alternative wäre auch Hilfe vom Westen, mit dem er ja wirtschaftlich immer stärker zusammenarbeiten wolle. Fazit des Schreibens: Wenn ich ihm helfen würde, in Bonn die Barriere zu durchbrechen, die solchen Wünschen bisher entgegengestanden habe, dann wäre ihm der Weg nach Westen lieber.
Es folgte eine Liste der Gegenleistungen: Beseitigung der Selbstschußanlagen vom kommenden Herbst – 1983 – an, Änderung in Art und Ton der Grenzab-

1) Autobahnen auf dem Gebiet der DDR, die die Bundesrepublik mit Berlin-West verbanden.
2) *Rat für Gegenseitige Wirtschaftshilfe*, siehe Glossar

fertigungen, wesentlich erleichterte Familienzusammenführungen, Verbesserung im Reiseverkehr und weitere Punkte. Zum Schluß mit großer Dringlichkeit die Bitte um strengste Vertraulichkeit; sollte etwas von diesem Brief und dem darin enthaltenen Angebot an die Öffentlichkeit gelangen, bevor der Ministerrat der DDR darüber beraten und beschlossen habe, dann seien alle Zusagen gegenstandslos. Die Mahnung war keine Drohung, sondern eine klare Geschäftsbedingung.
Nachdem Schalck-Golodkowski den Brief Honeckers vorgelesen hatte, bot er mir an, ihn auch selbst zu lesen – einmal, zweimal, dreimal, so oft ich wolle. Aushändigen könne er mir diesen Brief allerdings nicht, auch keine Kopie. Das sein kein Mißtrauen gegen mich, aber wenn ich in Bonn mit diesem Brief operieren würde, was ich ja tun müßte, wenn ich ihn hätte, stünde es ein paar Tage später im „Stern" oder im „Spiegel".

Franz Josef Strauß, Die Erinnerungen, Berlin 1989, S. 473

Alexander Schalck-Golodkowski äußert sich

In einem Gespräch mit der Wochenzeitung DIE ZEIT äußerte sich 1991 der ehemalige DDR-Staatssekretär Alexander Schalck-Golodkowski zu dem Milliardenkredit:

ZEIT: Einer Ihrer größten Erfolge war der Milliardenkredit aus der Bundesrepublik, den Sie der DDR 1983 im Zusammenspiel mit Franz Josef Strauß verschafft haben. Welche Bedeutung hatte der Kredit für die DDR?

Schalck: Mit einer Milliarde Mark konnte man die DDR damals nicht retten. Von strategischer Bedeutung war allerdings die Signalwirkung für die internationale Bankenwelt: Die Bundesregierung zeigte sich bereit – aus Gründen, die sie sich sicher gut überlegt hatte und die sich mit unseren Motiven bestimmt nicht deckten –, ein wirtschaftliches Chaos in der DDR zu verhindern. Nicht unerwähnt bleiben soll, daß Franz Josef Strauß mit seinem politischen Engagement für diesen Kredit den Abbau der Minenfelder, der Selbstschußanlagen und die Freilassung und Übersiedlung von weit über tausend DDR-Bürgern erreichte.

ZEIT: Wann hatte es die ersten Anzeichen gegeben, daß die Zahlungsbilanzsituation der DDR kritisch wurde?

Schalck: Schon 1981.[1]) [...]

ZEIT: Und dann kam der Milliardenkredit aus der Bundesrepublik. War dessen Signalwirkung denn existenzentscheidend?

Schalck: Auf der finanziellen Ebene wurde damit der Kreditboykott gebrochen. Interessanter und wichtiger sind aber aus heutiger Sicht die politischen Implikationen[2]). Der Bundesregierung war bekannt: entweder Bonn hilft der DDR, diese komplizierte Zeit zu überwinden, oder es gibt eine Abschottung der DDR zur Bundesrepublik einschließlich West-Berlin und eine noch engere Anlehnung an die Sowjetunion und die sozialistische Staatengemeinschaft. Das war die Botschaft. Damals lebte Breshnew noch. Heute wird einem klar, daß die Bundesregierung damals im Grunde die Breshnew-Doktrin[3]) unterlau-

1) Die Nettoverschuldung der DDR betrug 1981 im westlichen Ausland über 10 Milliarden Dollar.
2) Verflechtungen
3) siehe Glossar

fen hat. Die haben ganz genau gewußt, was sie taten. Das war eine ganz entscheidende Zeit, wo auch vorsichtig die ersten Weichen gestellt wurden in Richtung auf das Ergebnis, das wir heute vor uns haben: die deutsche Einheit. Alle Spekulationen, Fehldeutungen, auch Gemeinheiten gegenüber den handelnden Politikern von damals muß man heute wohl zurücknehmen.

DIE ZEIT vom 11. Januar 1991

1. *Welches Interesse hatte E. Honecker an Kontakten mit F. J. Strauß, der in der DDR-Propaganda jahrelang als „Kriegshetzer" verteufelt wurde?*
2. *Welche Gründe hatte F. J. Strauß für die Verhandlungen?*
3. *Wer zog Nutzen aus dem Geschäft – der Kreditgeber oder der Kreditnehmer?*
4. *Wann begann nach der Meinung von A. Schalck-Golodkowski der Untergang der DDR?*

Die Entwicklung des deutsch-deutschen Warenverkehrs 1952–1985

Jahr	Lieferungen der DDR	Bezüge d. DDR*
1952	220,3	178,5
1955	587,9	562,6
1960	1 122,5	959,5
1965	1 260,4	1 206,1
1970	1 996,0	2 415,5
1975	3 342,3	3 921,6
1980	5 579,6	5 293,2
1985	7 635,8	7 901,0

* in Millionen Verrechnungseinheiten = DM

Die rechtliche Grundlage des deutsch-deutschen Handels bildete das 1951 abgeschlossene *„Abkommen über den Handel zwischen den Währungsgebieten der Deutschen Mark und den Währungsgebieten der Deutschen Mark der Deutschen Notenbank"* in der Fassung vom 16. August 1960. Von der DDR wurde dieser Handel als Außenhandel betrachtet, dagegen legte die Bundesrepublik Wert auf einen Sonderstatus (die Waren aus der DDR wurden z. B. nicht verzollt). Die Lieferungen wurden nicht bar bezahlt, sondern über Konten bei der Deutschen Bundesbank und der Staatsbank der DDR verrechnet. Die Verrechnung erfolgte in sogenannten Verrechnungseinheiten, die einer DM entsprachen.

Herbert Raisch, DDR im Wandel, Stuttgart 1990, S. 83

Beschreiben Sie die Entwicklung des Handels! Berücksichtigen Sie dabei das politische Verhältnis zwischen den beiden Staaten im Laufe der Jahre!

Die Wende im Osten. Das letzte Kapitel der getrennten Geschichte: 1985–1990

Die innenpolitischen Ziele, die die CDU/CSU und F.D.P. Regierungskoalition 1982 in Bonn aufgestellt hatte, konnten nicht alle erreicht werden. Vor dem Hintergrund einer gut verlaufenden Weltwirtschaft steigerte die deutsche Wirtschaft zwar ihr Wachstum, doch das sozialpolitische Hauptproblem, die hohe Arbeitslosigkeit, blieb bestehen (siehe Schaubilder im Anhang, S. 165). Obwohl bis 1990 etwa 2 Millionen neue Arbeitsplätze geschaffen wurden, blieb die Zahl der Arbeitslosen bei rund 2 Millionen. Auch der Bundeshaushalt stieg weiter an, die Staatsschulden konnten nur vorübergehend gesenkt werden.

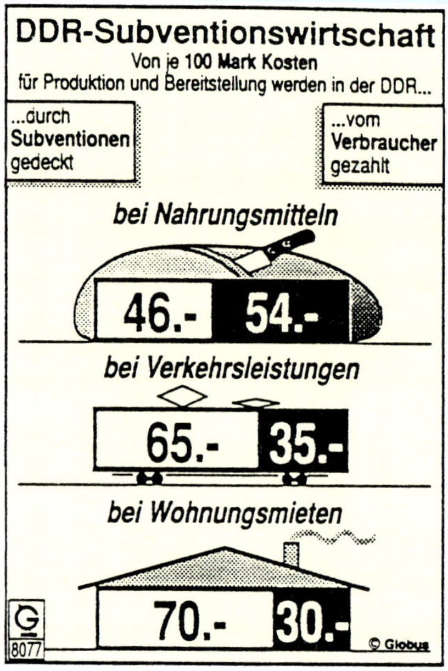

Die Preise in der DDR hatten nichts mit den Kosten für die Herstellung oder die Bereitstellung von Gütern und Leistungen zu tun. Sie waren ein sozialpolitisches Instrument des Staates. Die Angaben in dem Schaubild stammen von 1989.

In der DDR wurden die ökonomischen Probleme Anfang der 80er Jahre immer größer. Die Versorgung der Bevölkerung mit Importen und industriellen Konsumgütern (Autos, Waschmaschinen und Stereoanlagen) wurde schwieriger bzw. war mit langen Wartezeiten verbunden. Die Subventionen der öffentlichen Verkehrsmittel, der Mieten und Grundnahrungsmittel, die etwa 40 % des Staatshaushaltes ausmachten, blieben unangetastet. Sie befriedigten die Bürger aber nicht mehr, zumal es Privilegien für diejenigen gab, die Westgeld hatten bzw. über „Tauschwerte" verfügten.

Politische Veränderungen schienen ausgeschlossen. Diese Politik wurde völlig unverständlich, nachdem 1985 *Michail S. Gorbatschow* begonnen hatte, die sozialistischen Verhältnisse in der Sowjetunion zu reformieren. Seine Politik der ***Perestroika***, seine weitreichenden Abrüstungsvorschläge und seine Bereitschaft, „Abweichungen vom sozialistischen Weg" nicht mit Gewalt zu unterdrücken (z. B. in Polen), erzeugten bei den Bürgerrechtsgruppen in der DDR Hoffnungen auf sozialistische Verhältnisse mit menschlichem Antlitz. In Verkennung der innen- und außenpolitischen Lage lockerte die SED-Führung ihre enge Bindung zur Sowjetunion und versuchte, einen starren *„Sozialismus in den Farben der DDR"* zu verfechten.

Das Ausmaß der Unzufriedenheit in der Bevölkerung zeigte sich im 40. Gründungsjahr der DDR deutlicher als je zuvor. Nach den ersten Reformanzeichen in Ungarn und Polen flohen Tausende DDR-Bürger in die Botschaften der Bundesrepublik in Budapest, Warschau und Prag, um dort eine Ausreise in die Bundesrepublik zu erreichen. Als dann Ungarn im September 1989 die Grenzen für die Fluchtwilligen öffnete, nutzten Zehntausende diesen Weg, um in den Westen zu gelangen.
In dieser Situation begannen nun auch die bestehenden Oppositionsgruppen, sich öffentlich zu organisieren und zu artikulieren. Gegen den Druck der Staatsmacht entstand eine mutige Bürgerbewegung, die eine landesweite friedliche Demonstrationswelle für Reformen in Gang setzte und die Bürger aufforderte, im Lande zu bleiben. Nach der Massendemonstration vom 9. Oktober 1989 in Leipzig war der Widerstand der DDR-Regierung gebrochen. Am 18. Oktober 1989 mußte Erich Honecker zurücktreten. Am 7. November, drei Tage nach der größten Demonstration in der Geschichte der DDR in Ost-Berlin, folgte die SED-Regierung, am 8. das gesamte SED-Politbüro.
Die Entwicklung in der DDR konnte die Anzahl derer, die das Land verließen, nicht stoppen. Die Öffnung der Mauer am 9. November 1989 sollte dann wohl das eindeutigste Reformzeichen der neuen SED-Regierung sein. Sie wurde zur Zäsur der ganzen Entwicklung. Die grundlegenden Unterschiede der Lebensverhältnisse zwischen Ost und West wurden noch deutlicher als zuvor empfunden. Die eingeleiteten Änderungen in der DDR reichten nicht mehr aus, um die Bevölkerung zu beruhigen.
Die Demonstrationen setzten sich fort, zumal erst jetzt das Ausmaß der katastrophalen wirtschaftlichen und ökologischen Situation sowie die Korruptionen der Regierenden und der Umfang der Aktivitäten des **Ministeriums für Staatssicherheit** bekannt wurden. Trotz der Öffnung der Grenzen und der Reformversprechungen zogen immer noch viele DDR-Bürger endgültig in den Westen. 1989 gingen 343 854 Übersiedler in die Bundesrepublik, 1988 waren es lediglich 39 832 gewesen (siehe auch das Schaubild im Anhang, S. 166).
Mit der Öffnung der Grenzen war auch die „deutsche Frage" wieder aktuell geworden. Erstmals waren am 13. November in Leipzig Deutschland-Fahnen zu sehen und die Parole *„Deutschland, einig Vaterland!"* zu hören. Auf den folgenden Massenkundgebungen – die dann bald im Zeichen des von den westdeutschen Parteien mitgeführten Wahlkampfes standen – wurde aus dem Slogan *„Wir sind das Volk!"* der Ruf *„Wir sind ein Volk!"*
Die am 18. März 1990 erste frei gewählte Volkskammer der DDR befaßte sich dann – gemäß Regierungsprogramm – in erster Linie mit dem Plan, die „Einheit Deutschlands in einem ungeteilten friedlichen Europa" herzustellen. Über Form und Zeitplan wurde heftig gestritten.
Die erste grundlegende Entscheidung auf dem Weg zur deutschen Einigung fiel dann mit der Schaffung der Währungs-, Wirtschafts- und Sozialunion; der folgende Einigungsvertrag regelte den rechtlichen Rahmen der Vereinigung.
Auf internationaler Ebene liefen Gespräche zwischen den Außenministern der vier Siegermächte (UdSSR, USA, Großbritannien und Frankreich) und zwei

deutschen Vertretern über die äußeren Aspekte der Herstellung der deutschen Einheit *(Zwei-plus-vier-Gespräche)*. Sie sollten die Probleme und Einschränkungen der inneren und äußeren Souveränität Deutschlands beseitigen, die seit der Potsdamer Konferenz bzw. trotz der Deutschlandverträge bestehen geblieben waren. Das Einverständnis der Sowjetunion mit der Zugehörigkeit eines vereinigten Deutschlands zur ***Nordatlantischen Allianz*** brachte den Durchbruch bei diesen Verhandlungen und ermöglichten die Unterzeichnung des Souveränitätsvertrages *(Zwei-plus-vier-Vertrag)* am 12. September 1990.
Die Auflösung der DDR war ein Teil der Auflösung des sozialistischen Weltsystems. Die Ursachen dafür gehen weit in die Geschichte zurück, als in Sowjetrußland zum erstenmal der Versuch unternommen wurde, einen sozialistischen Staat aufzubauen. Das Ergebnis zeugte von der Untauglichkeit der Mittel: Allmacht einer Partei, Fehlen demokratischer Praxis und Unwirtschaftlichkeit. Die Bürger der DDR, die in einer „friedlichen Revolution" und mit parlamentarischen Mitteln dazu beigetragen hatten, ihren Staat aufzulösen, taten es mit der Hoffnung, in dem geeinten Deutschland das bessere Deutschland zu finden.

1985	4. 2.	In der Bundesrepublik erreicht die Arbeitslosenzahl mit 2,61 Millionen den höchsten Stand seit 1948.
	8. 5.	Bundespräsident Richard v. Weizsäcker hält eine weltweit beachtete Rede anläßlich des 40. Jahrestages der Beendigung des Zweiten Weltkrieges.
	16. 11.	Auf der Glienicker Brücke bei Potsdam findet der größte Agentenaustausch nach 1945 statt.
1986	16. 1.	Im Bundestag scheitern die Anträge von SPD und *GRÜNEN*, den Umweltschutz in das Grundgesetz aufzunehmen.
	23. 4.	Eisenhüttenstadt (DDR) und Saarlouis (Bundesrepublik) schließen die erste deutsch-deutsche Städtepartnerschaft. Bis September 1989 folgen 55 weitere Partnerschaften.
	6. 5.	Zwischen den beiden deutschen Staaten wird ein Kulturabkommen geschlossen, um das zwölf Jahre verhandelt wurde.
	3. 6.	In der Bundesrepublik wird ein Umweltministerium eingerichtet. Dies ist eine Reaktion auf die Reaktorkatastrophe in Tschernobyl (26. 4.).
1987	11. 3.	Helmut Kohl wird als Bundeskanzler bestätigt.
	12. 6.	Ronald Reagan besucht West-Berlin zur 750-Jahr-Feier der Stadt und fordert den sowjetischen Präsidenten M. S. Gorbatschow auf, die Mauer in Berlin niederzureißen.
	17. 7.	Die DDR schafft die Todesstrafe ab.

	27. 8.	SED und SPD veröffentlichen ein gemeinsames Dokument, in dem sie ihre ideologischen Gegensätze herausarbeiten und zugleich eine Konzeption für eine langfristige Zusammenarbeit entwerfen (*„Der Streit der Ideologien und die gemeinsame Sicherheit"*).
	7.–11. 9.	Erich Honecker besucht als erster Partei- und Staatschef der DDR die Bundesrepublik.
1988	17. 1.	Bei der jährlich in Ost-Berlin stattfindenden Demonstration zu den Gräbern von Karl Liebknecht und Rosa Luxemburg, den Gründern der KPD, werden über 100 Menschen verhaftet, weil sie auf Transparenten die *„Freiheit der Andersdenkenden"* (R. Luxemburg) fordern.
	25. 5.	Die Sowjetunion beginnt in der DDR mit dem Abbau von Mittelstreckenraketen.
	15. 8.	Die DDR nimmt zur ***Europäischen Gemeinschaft*** diplomatische Beziehungen auf.
	18. 11.	Die deutsche Ausgabe der sowjetischen Zeitschrift *Sputnik*, deren Veröffentlichungen sogenannter „Tabu-Themen" (Hitler-Stalin-Pakt etc.) in der DDR starke Resonanz fanden, wird aus der DDR-Postverteilungsliste gestrichen und damit quasi verboten.
1989	7. 5.	Bei den Kommunalwahlen in der DDR werden als Ergebnis 98,85 % der Stimmen für die Einheitslisten bekanntgegeben. Oppositionelle stellen Wahlfälschungen fest und machen sie bekannt.
	Mai–Sept.	Nach dem Abbau der Grenzbefestigungen an der ungarisch-österreichischen Grenze (2. 5.) flüchten Tausende DDR-Bürger über Ungarn, Österreich in die Bundesrepublik. Viele suchen nun Zuflucht in den bundesdeutschen Botschaften in Budapest, Prag und Warschau. Bis Ende September kommen ca. 25 000 DDR-Bürger in den Westen.
	11. 9.	Ungarn genehmigt ohne Absprache mit Ost-Berlin die Ausreise aller DDR-Flüchtlinge in den Westen.
	12. 9.	Die Bürgerbewegung *Demokratie Jetzt* veröffentlicht ihren Gründungsaufruf.
	19. 9.	Die oppositionelle Gruppe *Neues Forum* beantragt die Zulassung als Vereinigung. Am 20. 9. wird der Antrag mit der Begründung abgelehnt, die Gruppe sei „staatsfeindlich".
	2. 10.	In Leipzig demonstrieren auf einer „Montags-Demo"[1]) rund 20 000 Menschen für Reformen. Die Staatssicherheit nimmt viele Demonstranten fest.
	2. 10.	Die Bürgerbewegung *Demokratischer Aufbruch* veröffentlicht ihren Gründungsaufruf.

1) Seit September fanden in vielen Städten regelmäßig montags Demonstrationen für eine demokratische Erneuerung statt.

	6./7. 10.	Die Partei- und Staatsführung der DDR feiert den 40. Jahrestag der DDR. Der sowjetische Partei- und Regierungschef Michail S. Gorbatschow mahnt Reformen an: *„Wer zu spät kommt, den bestraft das Leben!"*
	7. 10.	In Schwante bei Potsdam wird eine Sozialdemokratische Partei in der DDR (SDP) gegründet.
	9. 10.	In Leipzig findet die „Montags-Demo" mit ca. 70 000 Teilnehmern statt. Das befürchtete Eingreifen der militärischen Kräfte bleibt aus.
	18. 10.	Erich Honecker muß „aus gesundheitlichen Gründen" zurücktreten und wird von Egon Krenz (SED) abgelöst.
	4. 11.	Auf dem Alexanderplatz in Ost-Berlin demonstrieren etwa 1 Million Menschen für Reformen in der DDR.
	7. 11.	Die DDR-Regierung tritt geschlossen zurück.
	8. 11.	Das gesamte Politbüro der SED tritt zurück. Das *Neue Forum* wird als politische Vereinigung zugelassen.
	9. 11.	Gegen 19.00 Uhr wird in verklausulierter Form die Öffnung der Mauer bekanntgegeben. Kurz darauf strömen Tausende von Ost- nach West-Berlin und hinüber in die Bundesrepublik. Eine Kontrolle an den Grenzen ist aufgrund des Andrangs nicht mehr durchzuführen.
	13. 11.	Hans Modrow (SED) wird von der Volkskammer zum Vorsitzenden des DDR-Ministerrates gewählt. In Leipzig ist erstmals auf einer Demonstration die Parole *„Deutschland, einig Vaterland"* zu hören.
	28. 11.	Namhafte Persönlichkeiten der DDR veröffentlichen den Appell *„Für unser Land"*. Sie wollen die Eigenständigkeit des Landes erhalten wissen.
	28. 11.	Bundeskanzler Helmut Kohl legt im Bundestag einen *Zehn-Punkte-Plan* zur Deutschlandpolitik vor.
	1. 12.	Die Volkskammer streicht den Führungsanspruch der SED aus der Verfassung.
	7. 12.	Vertreter aus Oppositionsgruppen und Parteien treffen sich erstmals am *Runden Tisch*. Zwölf Parteien und politische Gruppierungen sind daran beteiligt. Die stundenlangen Beratungen werden im Fernsehen live übertragen.
	22. 12.	Das Brandenburger Tor in Berlin wird für den Personenverkehr geöffnet, der Mindestumtausch und die Visapflicht werden am 24. 12. aufgehoben.
1990	7./15. 1.	In Leipzig und anderen Städten demonstrieren Hunderttausende für die Wiedervereinigung und gegen die SED.
	4. 2.	Die SED nimmt den Namen *Partei des Demokratischen Sozialismus* (PDS) an. Ihr Vorsitzender ist Gregor Gysi.
	12. 3.	Der *Runde Tisch* lehnt die Übernahme des Grundgesetzes der Bundesrepublik für die DDR ab.

18. 3. Bei den ersten freien Wahlen zur Volkskammer erringt die konservative *Allianz für Deutschland* mit 48,15 % einen überwältigenden Sieg. Ministerpräsident wird Lothar de Maizière (CDU).

5. 5. In Bonn beginnen die *Zwei-plus-vier-Gespräche* der Außenminister der vier Siegermächte und der beiden deutschen Staaten über die äußeren Aspekte der deutschen Einheit. Es folgen weitere Konferenzen in Ost-Berlin (22. 6.) und Paris (17. 7.).

6. 5. Die Kommunalwahlen in der DDR gewinnt die CDU mit 34,37 %.

1. 7. Die DDR gibt die Hoheit über die Finanz- und Geldpolitik an die Bundesrepublik ab: Der *Staatsvertrag zwischen der Bundesrepublik und der DDR über die Währungs-, Wirtschafts- und Sozialunion* tritt in Kraft. Die DM wird alleiniges Zahlungsmittel.

15./16. 7. Während eines Besuches von Helmut Kohl in der Sowjetunion erklärt Präsident Michail S. Gorbatschow überraschend, daß ein vereintes Deutschland „frei und selbst entscheiden" kann, welchen Bündnissen es angehört. Damit ist ein Verbleiben eines geeinten Deutschland in der **Nordatlantischen Allianz** möglich.

22. 7. Die DDR-Volkskammer beschließt mit Wirkung zum 14. 10. 1990 die Wiedereinführung der mit der Verwaltungsreform 1952 abgeschafften Länder (vgl. S. 35 u. 160).

22. 8. Die Volkskammer beschließt in der Nacht zum 23. mehrheitlich den Beitritt der DDR nach Artikel 23 des Grundgesetzes zur Bundesrepublik am 3. 10. 1990.

31. 8. Der *Einigungsvertrag* wird in Ost-Berlin zwischen Bundesinnenminister Wolfgang Schäuble und DDR-Staatssekretär Günther Krause unterzeichnet.

12. 9. In Moskau wird der *Vertrag über die abschließende Regelung in bezug auf Deutschland* von den Außenministern der vier Siegermächte und der Bundesrepublik sowie dem DDR-Ministerpräsidenten Lothar de Maizière unterzeichnet. Mit dem Vertrag erhält das vereinte Deutschland die volle innere und äußere Souveränität.

20. 9. Die Volkskammer der DDR und der Deutsche Bundestag (21. 9.) verabschieden den *Einigungsvertrag*. Die PDS und Bündnis 90/*GRÜNE* lehnen den Vertrag ab.

3. 10. Die DDR tritt dem Geltungsbereich des Grundgesetzes bei. Die Bundesrepublik verfügt über die volle Souveränität. Der 3. Oktober wird zum gesetzlichen Feiertag, dem *Tag der Deutschen Einheit*, erklärt. Berlin wird neue Hauptstadt der Bundesrepublik Deutschland.

Bonn, 7. September 1987. Bundeskanzler Helmut Kohl empfängt den DDR-Staatsratsvorsitzenden Erich Honecker *(rechts)*. Die Bundeswehrkapelle spielt beide Nationalhymnen. *Für die Bundesregierung war die Visite E. Honeckers in Bonn ein „Arbeitsbesuch" und kein „Staatsbesuch". Erklären Sie den Unterschied!*

Honeckers Staatsbesuch in der Bundesrepublik: deutsch-deutsche Realität

Im Dezember 1981 hatte Bundeskanzler Helmut Schmidt die DDR besucht. Vom 7. bis 11. September 1987 erfolgte der Gegenbesuch des Generalsekretärs der SED und Vorsitzenden des Staatsrates der DDR, Erich Honecker, in der Bundesrepublik. Die Zwischenzeit von nahezu 6 Jahren war von Höhen und Tiefen in den deutsch-deutschen Beziehungen gekennzeichnet. Kontinuierlich wurden die Einladungen erneuert, Besuchstermine genannt und doch immer wieder seitens der DDR verschoben. Dafür wurden entweder schwierige internationale Situationen verantwortlich gemacht oder eine von der DDR als äußerst unwürdig empfundene Diskussion in der Bundesrepublik über die Rahmenbedingungen des Besuches unmittelbar im Vorfeld eines bereits fest verabredeten Termins (1984). Strittig war, ob E. Honecker wie jedes andere Staatsoberhaupt mit Staatsflagge und Nationalhymne empfangen werden sollte. Als Honecker 1987 in die Bundesrepublik reiste, wurde er mit allen diplomatischen Gepflogenheiten begrüßt, die für den Empfang eines Staatsoberhauptes gelten.
Bundeskanzler Helmut Kohl hielt bei einem Abendessen zu Ehren des DDR-Staatsratsvorsitzenden Erich Honecker am 7. September 1987 in Bonn folgende Rede:

Die Menschen in Deutschland wissen, daß hier zwei Staaten bestehen, die viele praktische Frage miteinander regeln müssen. [...] Das Bewußtsein für die Einheit der Nation ist wach wie eh und je, und ungebrochen ist der Wille, sie zu bewahren. [...] Unser Zusammentreffen in Bonn ist aber weder Schlußstrich noch Neubeginn. Es ist ein Schritt auf dem Weg einer schon lange währenden Entwicklung. Sie ist gekennzeichnet durch das Bemühen um ein geregeltes Miteinander. [...]
An den unterschiedlichen Auffassungen der beiden Staaten zu grundsätzlichen Fragen, darunter zur nationalen Frage, kann und wird dieser Besuch nichts ändern. Für die Bundesregierung wiederhole ich: Die Präambel unseres Grundgesetzes steht nicht zur Disposition, weil sie unserer Überzeugung ent-

spricht. Sie will das vereinte Europa, und sie fordert das gesamtdeutsche Volk auf, in freier Selbstbestimmung die Einheit und Freiheit Deutschlands zu vollenden.

Erich Honecker *antwortete darauf:*

Die Entwicklung unserer Beziehungen, der Beziehungen zwischen der Deutschen Demokratischen Republik und der Bundesrepublik Deutschland, dessen sind wir uns bewußt, ist von den Realitäten dieser Welt gekennzeichnet, und sie bedeuten, daß Sozialismus und Kapitalismus sich ebensowenig vereinigen lassen wie Feuer und Wasser. [...]
Ausgangspunkt für eine konstruktive, nicht nur beiden Staaten nützliche Politik können nur die Realitäten sein, die Existenz von zwei voneinander unabhängigen souveränen deutschen Staaten mit unterschiedlicher sozialer Ordnung und Bündniszugehörigkeit. Ausgehend vom abgeschlossenen Vertragswerk[1]) wollen wir nichts unversucht lassen, um weitere Schritte in den Beziehungen zwischen der Deutschen Demokratischen Republik und der Bundesrepublik Deutschland zu tun, die den Interessen des Friedens, der Entspannung, einer gegenseitig vorteilhaften Zusammenarbeit und damit der Menschheit dienen.

Presse- und Informationsamt der Bundesregierung (Hrsg.), BULLETIN Nr. 83 vom 10. September 1987, S. 705 ff.

Vergleichen Sie die Positionen von Helmut Kohl und Erich Honecker mit denen von Willy Brandt und Willi Stoph von 1970 (siehe S. 95f.)! Was hatte sich verändert?

Perestroika in der DDR?

„Von der Sowjetunion lernen, heißt siegen lernen!" – war eine Losung in der DDR seit Anbeginn, die die Sowjetunion als gesellschaftliches Vorbild benannte und ihren Führungsanspruch innerhalb der sozialistischen Staatengemeinschaft proklamierte. Mit Beginn der Bemühungen *Michail S. Gorbatschows*, den Sozialismus zu reformieren, betonten die Führung der SED und die Regierung der DDR zunehmend nationale Besonderheiten, um eine Abgrenzung von der Politik Gorbatschows zu begründen und zu praktizieren. Die Oppositionsbewegung setzte dagegen ihre Hoffnungen auf die neue sowjetische Politik, um die sozialistischen Verhältnisse zu reformieren.

„Jedes Land wählt seine Lösung"

Ein erstes deutliches Zeichen dafür, daß die Führung der SED keinerlei Notwendigkeit zu Reformen sah, war das Interview, das Kurt Hager dem Hamburger Magazin STERN am 20. März 1987 gab:

STERN: Die SED-Führung unterstützt die von Michail Gorbatschow eingeleiteten Reformen – in der Sowjetunion. Zugleich betont die DDR ihre Eigenständigkeit. Sind die Zeiten vorbei, in denen das Land Lenins für deutsche Kommunisten Vorbild war?
HAGER: [...] SED und KPdSU sind Bruderparteien und tauschen regelmäßig ihre Erfahrungen aus, um voneinander zu lernen. So war es, so ist es, und so wird es auch in Zukunft sein.

1) Gemeint ist der *Grundlagenvertrag* von 1972, siehe S. 104f.

STERN: Es gilt also nicht mehr die Parole: „Von der Sowjetunion lernen, heißt siegen lernen"?
HAGER: [...] Sie können also davon ausgehen, daß es vergebliche Mühe wäre, einen Keil zwischen die DDR und die Sowjetunion zu treiben oder Differenzen zwischen der SED und der KPdSU zu konstruieren. [...]
Wir deutschen Kommunisten haben dem Land Lenins stets große Achtung und Bewunderung entgegengebracht, und daran wird sich nichts ändern. [...] Dies bedeutete jedoch auch in der Vergangenheit nicht, daß wir alles, was in der Sowjetunion geschah, kopierten.
STERN: Ein hartes Wort ...
HAGER: [...] Übrigens kopiert die Sowjetunion auch nicht die DDR. Es scheint, daß westliche Medien an diesem Thema vom „Kopieren" interessiert sind, weil es in ihr Trugbild von der „Hand Moskau" oder von der angeblichen Einförmigkeit und Eintönigkeit des Sozialismus paßt. Würden Sie, wenn Ihr Nachbar seine Wohnung neu tapeziert, sich verpflichtet fühlen, Ihre Wohnung ebenfalls neu zu tapezieren?

STERN vom 9. April 1987, S. 140

1. *In welches Licht stellt K. Hager das Verhältnis Sowjetunion – DDR?*
2. *Warum wurden die Widersprüche zwischen der DDR und Sowjetunion verschleiert?*

Wider eine Gesellschaft der Gleichgültigen und Verantwortungslosen

Im Juni 1988 fanden in der DDR an jedem Wochenende regionale Evangelische Kirchentage statt: in Görlitz, Erfurt, Rostock und schließlich in Halle. Dort trug der Wittenberger Pfarrer Friedrich Schorlemmer zwanzig Thesen zur gesellschaftlichen Erneuerung vor. Die Thesen waren von 16 Mitgliedern eines Wittenberger Friedenskreises erarbeitet worden und hatten einen deutlichen Bezug zur sowjetischen Reformpolitik:

Mit dem, was wir konkret benennen, wollen wir den produktiven Streit hervorlocken. Dafür brauchen wir in unserer Gesellschaft angstfreie und demokratische Formen sowie den Mut, uns Irrtümer einzugestehen und sie zu korrigieren. Wir wissen um die Handlungszwänge, in die wir inzwischen geraten sind. Wir wollen uns daraus befreien. Über das WIE der Problemlösung muß mit Kompetenz und Engagement gerungen werden.
1. Weil wir uns als Christen in der Freiheit und Bindung des Glaubens mitverantwortlich und damit auch mitschuldig fühlen für das, was aus diesem Lande wird, halten wir es für nötig und geboten, daß wir unsere Angst, unser Mißtrauen und unsere Erwartungslosigkeit überwinden, die Chancen der Umkehr sehen und ergreifen und einen Freimut gewinnen, aus dem wir in kritischer Solidarität auf die Erneuerung unserer Gesellschaft drängen.
2. Weil sich in der Gesellschaft Gleichgültigkeit, Resignation und Stagnation ausbreiten und sich die Zahl der Menschen erhöht, die sich deshalb zurückziehen oder hier nicht mehr leben wollen, halten wir es für nötig, darüber offen zu reden und die gesellschaftlichen Rahmenbedingungen so umzugestalten, daß mehr Bürger gesellschaftliche Mitarbeit als sinnvoll erleben.
3. Weil sich auch in der Entwicklung sozialistischer Staaten gezeigt hat, wie es durch Bürokratismus und Amtsmißbrauch, Konformismus und Dogmatismus, Behördenwillkür und Obrigkeitsfurcht zur gesellschaftlichen Depression kommt und dem Sozialismus in seinem Wesen geschadet wird, halten wir es

für dringlich, solche Erscheinungen offenzulegen und auch bei uns auftretende Mißstände zu überwinden.

4. Weil jeder Bürger einen legitimen Anspruch auf umfassende Information über alle relevanten Lebensfragen hat, halten wir es für erforderlich, unsere Medienpolitik so zu verändern, daß die Komplexität und Widersprüchlichkeit der Wirklichkeit widergespiegelt wird, um eine eigene Urteilsbildung zu ermöglichen und bewußtes Handeln zu fördern.

5. Weil eine andauernde Erfolgsbilanz, die Sicht durch die „rosarote Brille", das Weglassen bzw. Verschweigen von Fehlern, Mißständen und Wahrheiten nicht dazu anregen, angestaute Probleme in Angriff zu nehmen, halten wir es für dringlich, ein von Offenheit, Wahrhaftigkeit und kritischer Verantwortungsbereitschaft geprägtes gesellschaftliches Klima zu schaffen.

6. Weil das bisherige Wahlsystem den Wettstreit behindert hat, halten wir es für erforderlich, bei allen Wahlen erkennbare Entscheidungsmöglichkeiten zwischen mehreren Kandidaten zuzulassen.

[...]

14. Weil es auch bei uns Abwehr oder gar Überlegenheitsgefühle gegenüber Menschen aus Osteuropa und aus der Zwei-Drittel-Welt gibt, halten wir es für erforderlich, die Vorurteile auf allen Ebenen zu bearbeiten und mehr Möglichkeiten für gegenseitiges Verstehen und Verständigung zu schaffen.

[...]

19. Weil wir die Erde unseren Kindern und Enkeln lebenswert zu hinterlassen haben, halten wir es für dringlich, daß gerade in einem sozialistischen Land der Konflikt zwischen Ökologie und Ökonomie keinen Verlierer mehr hat.

Gerhard Rein (Hrsg.), Die Opposition in der DDR. Entwürfe für einen anderen Sozialismus, Berlin 1989, S. 199ff.

1. *Erklären Sie, welche Schritte zu einer gesellschaftlichen Erneuerung in den Thesen gezeigt wurden!*
2. *Welche Thesen hatten einen direkten Bezug zur Perestroika?*
3. *Nicht zufällig erinnerten die Wahl des Ortes (Wittenberg) und die Form (Thesen) an Martin Luther. Entdecken Sie Gemeinsamkeiten?*

Ost-Berlin, 7. Juni 1989. Protest gegen die Wahlfälschungen. Vor der Sophienkirche demonstrierten kirchliche und unabhängige Oppositionelle. Von den 240 bis 300 Teilnehmern wurden nach Verlassen der Kirche etwa 120 bis 140 Personen verhaftet.

Die Alternative: weggehen oder bleiben

Der Unmut über die starre Haltung der SED kam nicht plötzlich, er vergrößerte sich mit den zunehmenden wirtschaftlichen Problemen des Landes, mit dem Fortschreiten der ***Perestroika*** in der Sowjetunion und den Demokratisierungsprozessen in Ungarn und Polen. Im Mai 1989 fanden in der DDR Kommunalwahlen statt. Viele Bürger hofften auf ein ungefälschtes Wahlergebnis als Zeichen der Regierung, die Stimmung im Land erfaßt zu haben. An das Ergebnis mit 98,85 % Stimmen für die aufgestellten Kandidaten glaubte dann kaum einer. Diskussionen darüber wurden anfangs überwiegend im kleinen Kreis von Vertrauten geführt. Als dann Wahlfälschungen von Oppositionellen an einzelnen Beispielen nachgewiesen wurden, folgten erste kleine Demonstrationen. Sie wurden von der Staatssicherheit aufgelöst (siehe das Foto auf S. 143). Der Unwille über die Regierung steigerte sich dann nochmals, als die Volkskammer einstimmig ihr Verständnis für die Kommunisten in China bekundete, die im Juni 1989 Studentenproteste blutig niedergeschlagen hatten. Nunmehr begannen immer mehr Menschen, ihre Empörung in Kirchen, Schulen und Universitäten offen auszusprechen. Die Opposition fing nun an, sich öffentlich zu organisieren und forderte Reformen und freie Wahlen. Der Staat war gegenüber der zunehmenden Fluchtbewegung ohnmächtig (siehe Schaubild im Anhang, S. 166), die Parteiführung reagierte kaum noch. Es schien, als wolle sie nur noch krampfhaft den 40. Jahrestag der DDR erreichen, den sie tatsächlich mit einem offiziellen Festakt beging. Die anschwellenden Protestaktionen bzw. die Protestveranstaltungen am 7./8. Oktober wurden von den Sicherheitskräften des Staates niedergeschlagen.
Am 9. Oktober drohte die Lage in Leipzig zu eskalieren. Die Menschen befürchteten den Einsatz bereits zusammengezogener Kräfte der Nationalen Volksarmee, der Bereitschaftspolizei und der ***Kampfgruppen der Arbeiterklasse***. Die DDR schien unmittelbar vor einem Bürgerkrieg zu stehen. Erst kurz vor Beginn der Demonstration war durch die Vermittlung zwischen Vertretern der Opposition und der SED ein *„Aufruf zum Dialog“* veröffentlicht worden. Als die Veranstaltung dann mit etwa 70 000 Teilnehmern begann, zogen sich die militärischen Kräfte zurück. Eine Welle von Demonstrationen ging anschließend über das ganze Land, die eindrucksvollste und größte fand am 4. November 1989 auf dem Alexanderplatz in Berlin statt.

Karikatur von J. Kohlbrenner. *SÜDKURIER* vom 11. 8. 1989. *Vergleichen Sie diese Karikatur mit der auf S. 115!*

Der Staat weiß alles: Über die Gründe für die Flucht
Aus einem „Lagebericht" des Ministeriums für Staatssicherheit

Durch die lückenlose und flächendeckende Überwachung der Bevölkerung war die Parteiführung über die Stimmung im Lande, wie folgender Lagebericht der Zentralen Auswertungs- und Informationsgruppe (ZAIG) des **Ministeriums für Staatssicherheit** *vom 9. September 1989 beweist, bestens informiert:*

Streng geheim!
Hinweise auf wesentliche motivbildende Faktoren im Zusammenhang mit Anträgen auf ständige Ausreise nach dem nichtsozialistischen Ausland und dem ungesetzlichen Verlassen der DDR.
Die Vorzüge des Sozialismus, wie z. B. soziale Sicherheit und Geborgenheit, werden zwar anerkannt, im Vergleich mit auftretenden Problemen und Mängeln jedoch als nicht mehr entscheidende Faktoren angesehen. Teilweise werden sie auch als Selbstverständlichkeit betrachtet und deshalb in die Beurteilung überhaupt nicht mehr einbezogen oder gänzlich negiert. Es kommt zu Zweifeln bzw. zu Unglauben hinsichtlich der Realisierbarkeit der Ziele und der Richtigkeit der Politik von Partei und Regierung, insbesondere bezogen auf die innenpolitische Entwicklung, die Gewährleistung entsprechender Lebensbedingungen und die Befriedigung persönlicher Bedürfnisse. Das geht einher mit Auffassungen, daß die Entwicklung keine spürbaren Verbesserungen für die Bürger bringt, sondern es auf den verschiedensten Gebieten in der DDR schon einmal besser gewesen sei. Derartige Auffassungen zeigen sich besonders auch bei solchen Personen, die bisher gesellschaftlich aktiv waren, aus vorgenannten Gründen jedoch „müde" geworden seien, resigniert und schließlich kapituliert hätten [...]. Als wesentliche Gründe/Anlässe für Bestrebungen zur ständigen Ausreise bzw. das ungesetzliche Verlassen der DDR – die auch in Übereinstimmung mit einer Vielzahl Eingaben an zentrale und örtliche Organe/Einrichtungen stehen – werden aufgeführt:

- Unzufriedenheit über die Versorgungslage;
- Verärgerung über unzureichende Dienstleistungen;
- Unverständnis für Mängel in der medizinischen Betreuung und Versorgung;
- eingeschränkte Reisemöglichkeiten innerhalb der DDR und nach dem Ausland;
- Unzulänglichkeiten/Inkonsequenz bei der Anwendung/Durchsetzung des Leistungsprinzips sowie Unzufriedenheit über die Entwicklung der Löhne und Gehälter;
- Verärgerung über bürokratisches Verhalten von Leitern und Mitarbeitern staatlicher Organe, Betriebe und Einrichtungen sowie die Herzlosigkeit im Umgang mit Bürgern;
- Unverständnis über die Medienpolitik der DDR.

Armin Mitter/Stefan Wolle (Hrsg.), Ich liebe euch doch alle! Befehle und Lageberichte des MfS, Januar–November 1989, Berlin 1990, S. 141f.

Nennen Sie die systembedingten Gründe für die Unzufriedenheit und Flucht vieler DDR-Bürger!

Eine gemeinsame Erklärung verschiedener Oppositionsgruppen

Vor den Ereignissen im September/Oktober 1989 hatte die Opposition in der DDR nur geheim arbeiten bzw. sich unter dem Dach der Evangelischen Kirche zusammenfinden können. Für 1988 wurde eine Zahl von 325 (meist kleinen) Gruppen der unabhängigen Friedens-, Menschenrechts- und Umweltbewegung gezählt. Seit Juli/August 1989 ging man in die Öffentlichkeit, bildete Initiativgruppen und veröffentlichte, oft auf Handzetteln, programmatische Gründungsaufrufe. Gemeinsam riefen sie am 4. Oktober 1989 zur demokratischen Erneuerung der DDR auf:

Am 4. Oktober 1989 haben sich Vertreter der Bürgerbewegung Demokratie Jetzt, des Demokratischen Aufbruchs, der Gruppe Demokratischer SozialistInnen, der Initiative Frieden und Menschenrechte, der Initiativgruppe Sozialdemokratische Partei in der DDR, des Neuen Forums sowie Vertreter von Friedenskreisen zusammengefunden, um Möglichkeiten gemeinsamen politischen Handelns zu besprechen.

Wir begrüßen die sich entwickelnde Vielfalt der Initiativen als Zeichen des Aufbruchs und des wachsenden Mutes, eigene politische Positionen öffentlich zu vertreten.

Uns verbindet der Wille, Staat und Gesellschaft demokratisch umzugestalten. Es kommt darauf an, einen Zustand zu beenden, in dem Bürgerinnen und Bürger dieser Gesellschaft nicht die Möglichkeit haben, ihre politischen Rechte so auszuüben, wie es die Menschenrechtskonventionen der Vereinten Nationen und die KSZE-Dokumente verlangen.

Wir erklären uns solidarisch mit allen, die wegen ihres Einsatzes für diese Ziele verfolgt werden. Wir setzen uns ein für die Freilassung der Inhaftierten, die Aufhebung ergangener Urteile und die Abschließung laufender Ermittlungsverfahren.

Wir halten es für vorrangig, in unserem Lande eine Diskussion darüber zu eröffnen, welche Mindestbedingungen für eine demokratische Wahl eingehalten werden müssen:

Sie muß unterschiedliche politische Entscheidungen ermöglichen. Sie muß geheim sein, das heißt die Wähler sind verpflichtet, eine Wahlkabine zu benutzen. Sie muß frei sein, das heißt niemand darf durch Druck zu einem bestimmten Wahlverhalten genötigt werden.

Die nächsten Wahlen sollten unter UNO-Kontrolle stattfinden. Wir wollen zusammenarbeiten und prüfen, in welchem Umfang wir ein Wahlbündnis mit gemeinsamen eigenen Kandidaten verwirklichen können. Um unser Land politisch zu verändern, bedarf es der Beteiligung und der Kritik aller. Wir rufen alle Bürgerinnen und Bürger der DDR auf, an der demokratischen Erneuerung mitzuwirken.

Gerhard Rein (Hrsg.), Die Opposition in der DDR. Entwürfe für einen anderen Sozialismus, Berlin 1989, S. 122

1. *Zählen Sie die Kriterien auf, die den Oppositionsgruppen für eine demokratische Erneuerung unabdingbar erschienen!*
2. *Vergleichen Sie diese Erklärung mit dem Entwurf für einen „dritten Weg" von 1956 (siehe S. 58f.) und den Thesen des Wittenberger Friedenskreises (siehe S. 142f.)!*

Die Demonstration vom 4. November auf dem Alexanderplatz in Ost-Berlin

Auf dem Alexanderplatz demonstrierten am 4. November 1989 rund eine Million Menschen (die DDR-Nachrichtenagentur ADN sprach von 500 000) für mehr Demokratie und eine grundlegende Reform der DDR. Während der fünfstündigen Veranstaltung, die auch vom DDR-Fernsehen übertragen wurde, sprachen 26 Vertreter verschiedener Verbände, Gruppen und Organisationen sowie führende Intellektuelle und Künstler der DDR, wie *Christa Wolf* und *Stefan Heym.*

Forderungen und Losungen der Demonstranten

Viele Demonstranten kamen mit selbstgefertigten Spruchbändern, Transparenten und Plakaten, um ihre Forderungen und Hoffnungen mitzuteilen:

„Suche Lehrstelle als Tapezierer für Genossen Hager“ – „Jedem seinen Paß, der SED-Führung den Laufpaß“ – „Unser Wille ist krenzenlos“[1] – *„Für Reformen unsere Kraft – Stasi in die Volkswirtschaft“ – „Schluß mit der Ein-Parteien-Pluralität“ – „Deutsche Problematische Republik“ – „Stell Dir vor, hier ist Sozialismus und keiner geht weg“ – „Mißtrauen ist die erste Bürgerpflicht“ – „Es lebe die Oktoberrevolution 1989“ – „Pluralismus statt Parteimonarchie“ – „Stasi in die Produktionslücken“ – „Ein waches Volk – die beste Staatssicherheit“ – „Forum vor, noch ein Tor“*[2] – *„Wartezeiten: Auto – 15 Jahre, Telefon – 20 Jahre, demokratische Wahlen – 40 Jahre – jetzt ist Schluß“ – „Das Rad der Geschichte wird über Euch hinwegrollen – wir drehen's“ – „Visafrei bis Hawaii“ – „Die Macht geht vom Volke aus. Wo geht sie hin?“ „Umgestaltung der Grenze zu einem Naturreservat“ – „Rücktritt ist Fortschritt“ – „DDR-Demokratie – aber neu und jetzt und hier!“ – „Staatssicherheit durch Öffentlichkeit“ – „Wir wollen frei wählen!“*

Annegret Hahn u. a., 4. 11. 89. Demonstration Berlin DDR, Berlin 1990, S. 110f.

1. *Ordnen Sie die Sprüche inhaltlich!*
2. *Welche Forderungen bezogen sich auf Grundrechte?*
3. *Benennen Sie einige Losungen, die Ihrer Meinung nach sowohl den Ernst der Situation als auch den Volkswitz wiedergeben!*

„Wir haben die Sprache wiedergefunden“

Für das Neue Forum sagte Jens Reich:

Liebe Berlinerinnen und Berliner, ein herzliches Willkommen auch an die Nicht-Berlinerinnen und Nicht-Berliner. Ich stehe hier auf dieser Lastwagen-Pritsche, weil ich für das Neue Forum sprechen soll. *(Pfiffe, Klatschen.)* Wir kennen alle die alte Spruchweisheit: Tapeziert der Nachbar sein Haus, dann tapezieren wir noch lange nicht.[3] Dagegen setzen wir: Renoviert der Nachbar seinen Roten Platz, dann tapezieren wir unsern Alex. *(Klatschen.)* Und außerdem:

1) bezog sich auf Egon Krenz, der die Nachfolge von Erich Honecker angetreten hatte
2) gemeint ist die Oppositionsgruppe *Neues Forum* (siehe auch S. 152)
3) siehe S. 141 f.

Tapeziert der Nachbar den Kreml, dann gründen wir ein Neues Forum. *(Klatschen.)* Und das Neue Forum darf nicht nur miesepetrisch geduldet werden, es braucht die offenherzige, volle Anerkennung. *(Klatschen.)* Und das gilt auch für die anderen neuen Bürgerinitiativen. *(Klatschen.)* Tapeten haben wir heute genug beschrieben, wir brauchen nunmehr eine richtige Zeitung. *(Klatschen.)* Und wir brauchen den Zugang zu den elektronischen Medien. *(Klatschen.)*
[...] Ein Wort zum Dialog zwischen dem Volk und der Regierung. Ja, es stimmt, wir haben die Sprache wiedergefunden und die Welt kennt seitdem dieses verschlafene Land nicht wieder. Wir wollen dabei aber nicht außer acht lassen, der Dialog ist nicht das Hauptgericht, sondern die Vorspeise. *(Klatschen.)* Und er wird nicht mit Zuckerwatte zubereitet, sondern mit Pfeffer und Paprika. Es geht nämlich nicht um artiges Gerede, sondern darum, daß die Konflikte in unserer Gesellschaft und mit den Regierenden ohne Umschweife ausgetragen werden. Natürlich in demokratischen Formen. Es geht nicht um Dampf ablassen und dann wieder schläfrig werden *(Klatschen)*, sondern wir müssen Druck erzeugen, damit es endlich vorwärts geht in unserem Lande. *(Klatschen.)*
Unsere Bürgerbewegungen haben Kontrollaufgaben. Sie müssen verhindern, daß es je wieder zu Sprachverlust und Aneinandervorbeireden und -handeln kommt. Nicht jeder von uns wird regieren wollen, aber jeder muß aufpassen können, daß nichts mehr unter den Teppich kommt. Auch nicht Privilegien,

Ost-Berlin, 4. November 1989. Die Demonstranten gaben nach der Veranstaltung ihre selbstgefertigten Plakate und Transparente ab. Sie wurden gesammelt, archiviert und waren bereits Gegenstände von Ausstellungen. *Nennen Sie die Motive für diesen Umgang mit den Demonstrationsobjekten!*

auch nicht politische Blöcke. Für unsere Volksvertretung wollen wir Frauen und Männer wählen, die dem Volk Rede und Antwort zu stehen imstande sind. *(Klatschen.)* Leute unseres Vertrauens, nicht solche, die sich einen Bezugsschein für ihre führende Rolle abholen wollen. *(Klatschen.)* Und dazu brauchen wir eine Wahl, die diesen Namen verdient. *(Klatschen.)*
Mit Auswahl zwischen Kandidaten und verschiedenen Programmen, mit geheimer Abstimmung und fehlerfreier Zusammenrechnung. *(Langes Klatschen.)*
Wir wollen nicht nur Papiertüten falten. Es ist wichtig, daß die da oben die Verfassungsartikel kennenlernen und auch einhalten. *(Klatschen.)*
Noch wichtiger ist aber, daß wir alle uns die Freiheit nehmen, die uns zusteht. Freiheit, so hat man uns in der Schule erzählt, sei Einsicht in die Notwendigkeit. Ist da nicht zuviel Sklavengeist dabei? *(Klatschen.)*
Da gefällt mir ein anderes Wort viel besser und es gehört deshalb hierher. Freiheit ist immer auch die Freiheit der Andersdenkenden.[1]) *(Langes Klatschen.)*
Freiheit ist Befreiung und wir alle müssen uns frei machen von Angst, von der Angst, es könnte alles aufgezeichnet und später gegen mich ausgewertet werden. *(Klatschen.)* Von feiger Vorsicht, nur nicht den Kopf aus dem Salat stekken, sonst gibt's einen drauf. Von Kleinmütigkeit, es hat ja doch keinen Sinn, nichts wird sich ändern. Alles bleibt beim Alten. Nein, wir müssen unser Verfassungsrecht wahrnehmen, nicht nur hier auf der Demo, sondern vor dem Chef, vor den Kollegen, vor dem Lehrer, vor der Behörde, überall. *(Klatschen.)*

„Initiativgruppe 4.11.89" (Hrsg.), 40 Jahre DDR – TschüSSED. Ausstellung der „Initiativgruppe 4.11.89" im Museum für Deutsche Geschichte, Berlin-Ost, und im Haus der Geschichte der Bundesrepublik Deutschland, Bonn 1990, S. 32f.

1. *Welche Grundstimmung läßt sich aus der Rede und aus den Zuhörerreaktionen heraushören?*
2. *Arbeiten Sie die konkreten politischen Forderungen des Redners heraus!*

Der Fall der Mauer – die Grenzen öffnen sich

Trotz der signalisierten Reformbereitschaft der neuen SED-Führung nahm der Strom derer, die das Land verließen, nicht ab. Allein am 8. November wurden mehr als 11000 Übersiedler gezählt, innerhalb einer Woche kamen rund 50000 Menschen in die Bundesrepublik. Die Situation erinnerte an die Wochen vor dem Mauerbau von 1961.
Die wohl folgenreichste Entscheidung der Regierung in Ost-Berlin wurde fast beiläufig und in einer verklausulierten Form am Donnerstagabend des 9. November 1989 der Öffentlichkeit mitgeteilt. Auf einer Pressekonferenz wurde der Beschluß des DDR-Ministerrats, alle Grenzen zur Bundesrepublik und nach West-Berlin zu öffnen, bekanntgegeben. Nachdem diese sensationelle Nachricht sich wie ein Lauffeuer verbreitet hatte, strömten die Menschen aus Ost- und West-Berlin an die Mauer, zu deren beiden Seiten es in der Nacht zu volksfestartigen Szenen kam. Bis Sonntag besuchten schätzungsweise zwei Millionen DDR-Bürger kaum kontrolliert West-Berlin, eine weitere Million passierte die deutsch-deutsche Grenze. Bis zum Monatsende kamen 13 bis 14 Millionen Bürger aus der DDR in den Westen. Die Bürger der DDR entdeckten die Bundesrepublik.

1) J. Reich bezieht sich hier auf ein Zitat von Rosa Luxemburg; siehe auch die Chronik, Eintragung vom 17.1.1988.

Berlin, 10. November 1989. Die Menschen feiern vor und auf der Mauer die Öffnung der Grenze.

„Ist das nun der Anfang vom Ende der Teilung?"

Helmut Kohl war auf einem Staatsbesuch in Polen, als die Mauer fiel. Der Bundeskanzler unterbrach den Auslandsbesuch, um in Bonn und Berlin gegenwärtig zu sein. Horst Teltschik, der zu der Zeit Leiter der Außen- und Sicherheitspolitik im Kanzleramt war, beschrieb in seinem Tagebuch, wie die Ereignisse im Kreis des Regierungschefs aufgenommen wurden und welche ersten Schritte der Bundeskanzler einleitete:

Donnerstag, 9. November 1989

Kohl beauftragt Seiters[1]), ständigen Kontakt mit ihm zu halten. Außerdem soll er versuchen, mit dem neuen SED-Generalsekretär Egon Krenz Verbindung aufzunehmen, den der Kanzler, ebenso wie den neuen Ministerpräsidenten, sobald dieser gewählt ist, möglichst rasch treffen möchte.

Die Stimmung [...] wechselt zwischen Hoffen und Bangen; Hoffen, daß dies der Anfang vom Ende des SED-Regimes ist, Bangen, daß eine Massenflucht in die Bundesrepublik ausgelöst werden könnte. [...]

Freitag, 10. November 1989

Rudolf Seiters [...] berichtet von Telefonaten, die Wolfgang Schäuble[2]) und er selbst heute mit DDR-Staatssekretär Alexander Schalck-Golodkowski geführt haben. Dabei wurde über das Reisegesetz und die finanziellen Erwartungen der DDR-Führung an die Bundesregierung gesprochen. Außerdem hat Schalck

1) Rudolf Seiters war Bundesminister für besondere Aufgaben und Chef des Bundeskanzleramtes.
2) Wolfgang Schäuble war zu der Zeit Bundesinnenminister.

für morgen ein Treffen zwischen dem neuen SED-Generalsekretär Egon Krenz und Helmut Kohl angeboten. Der Kanzler will morgen zunächst einmal mit Krenz telefonieren. Treffen möchte er ihn erst, wenn eine neue DDR-Regierung gebildet ist und klare Verabredungen über die Tagesordnung getroffen sind. [...]
Von Wiedervereinigung spricht an diesem Abend [...] niemand.

Samstag, den 11. November 1989

Während das Bundeskabinett [...] noch tagt, ruft Egon Krenz an. Er wirkt aufgeräumt, beinahe kumpelhaft, und sagt, er freue sich sehr, daß der Bundeskanzler die Öffnung der Grenzen begrüße. Helmut Kohl bekräftigt auch gegenüber Krenz, was er in den vergangenen Wochen immer wieder gesagt hat, es sei nicht sein Ziel, daß möglichst viele Menschen die DDR verließen. [...] Er regt an, man solle sich bald [...] treffen, und erklärt, daß er vorher Rudolf Seiters nach Ost-Berlin entsenden werde.
Krenz erklärt, die „Politik der Erneuerung“ sei jetzt eingeleitet. Die Grenzen blieben zwar bestehen, würden aber durchlässiger. Der SED-Generalsekretär bedankt sich ausdrücklich beim Bundeskanzler, daß er zur „Beruhigung“ beitrage, stellt allerdings auch fest: „Gegenwärtig steht die Wiedervereinigung nicht auf der Tagesordnung.“ Helmut Kohl kann das nicht unwidersprochen lassen und verweist auf die Verpflichtung, die ihm das Grundgesetz auferlegt.

Horst Teltschik, 329 Tage. Innenansichten der Einigung, Berlin 1991, S. 12ff.

Welchen Eindruck vermittelt die Situationsbeschreibung?

Berlin, 11./12. Dezember 1989. Abbruch der Mauer am Potsdamer Platz. Öffnung für einen neuen Grenzübergang.

Die Reaktion des *Neuen Forums* auf die Öffnung der Mauer

Eine der wichtigsten Bürgerinitiativen war das Neue Forum. Sie wurde am 9. September 1989 von 30 Vertretern aus elf DDR-Bezirken in Grünheide bei Berlin gegründet. Am 24. September bestimmten Oppositionsgruppen aus allen Teilen der DDR das Neue Forum zu ihrer Dachorganisation. Nach der Demonstration vom 4. November in Ost-Berlin akzeptierten die Behörden das Neue Forum als Vereinigung. Bis Mitte November schlossen sich ihr – nach eigenen Angaben – rund 200 000 Menschen an. Am 12. November veröffentlichten führende Vertreter des Neuen Forums, darunter die Malerin Bärbel Bohley und der Wissenschaftler Jens Reich, in einem Flugblatt folgende Stellungnahme zur Öffnung der Mauer:

Auf diesen Tag haben wir fast 30 Jahre gewartet! Mauerkrank haben wir an den Gitterstäben des Käfigs gerüttelt. Die Jugend wuchs mit dem Traum auf, einst frei zu werden und die Welt zu erfahren. Dieser Traum wird jetzt erfüllbar sein: es ist ein Festtag für uns alle!

Der Alltag wird wiederkehren. Die offene Grenze wird das politische Chaos und die desolate Wirtschaftslage kraß zutage bringen, die die abgetretene Politbürokratie hinterlassen hat. [...]

Wir wollen jetzt keine Panik erzeugen. Wir stemmen uns auch nicht gegen die dringend notwendige Wirtschaftskooperation mit dem Westen. Wir rufen nicht nach Anordnungen und Verboten, die ohnehin nicht greifen werden ...

Bürgerinnen und Bürger der DDR!

Eure spontanen und furchtlosen Willensbekundungen im ganzen Land haben eine friedliche Revolution in Gang gesetzt, haben das Politbüro gestürzt und die Mauer durchbrochen.

Laßt Euch nicht von den Forderungen nach einem politischen Neuaufbau der Gesellschaft ablenken! Ihr wurdet weder zum Bau der Mauer noch zu ihrer Öffnung befragt, laßt Euch jetzt kein Sanierungskonzept aufdrängen, das uns zum Hinterhof und zur Billiglohnquelle des Westens macht! Achtet genau darauf, wem die jetzt eintretenden Unternehmungen und Geschäfte Vorteile bringen werden und wie hoch die sozialen Kosten sind. Laßt das Land nicht verhökern und Euch nicht als Mietsklaven verdingen!

Wir werden für längere Zeit arm bleiben, aber wir wollen keine Gesellschaft haben, in der Schieber und Ellenbogentypen den Rahm abschöpfen. Ihr seid die Helden einer politischen Revolution, laßt Euch jetzt nicht ruhigstellen durch Reisen und schuldenerhöhende Konsumspritzen!

Fordert die Erfüllung der politischen Reformen und die Ausarbeitung eines sozialverträglichen Wirtschaftskonzepts. Verlangt freie Wahlen für eine echte Volksvertretung ohne vorgeschriebene Führungsrolle, verlangt ein Verfassungsgericht, verlangt die Freiheit des Wortes und der Presse, eine Justizreform, eine Bildungsreform, unabhängige Gewerkschaften; fordert die sofortige schonungslose Offenlegung der tatsächlichen Wirtschaftslage. Laßt nicht zu, daß die Politbürokratie sich aus ihrer Verantwortung davonstiehlt und Euch das Auslöffeln der Suppe überläßt!

Karin und Karlheinz Lau, Deutschland auf dem Weg zur Einheit. Dokumente einer Revolution, Braunschweig 1990, S. 17

1. *Erläutern Sie die Gegenüberstellung von „Festtag" – „Alltag"!*
2. *Wie wurde die Position des Volkes beschrieben?*
3. *Welche Orientierungen gab das Neue Forum den Bürgerinnen und Bürgern der DDR?*

„Keine Experimente mehr"

Die Oppositionsgruppen hatten die Bürger der DDR politisch mobilisiert, ob sie aber für die Mehrheit sprachen, war bis zu den ersten freien Wahlen nicht eindeutig feststellbar. Aus einem Bericht über eine Demonstration vom 20. November 1989 in Leipzig läßt sich entnehmen, welche Themen die Menschen noch bewegten:

Am Abend demonstrieren wieder Hunderttausende. Allein in Leipzig werden rund eine Viertelmillion Teilnehmer der traditionellen Montagsdemonstration gezählt. Sprecher werfen der SED vor, das Volk „30 Jahre betrogen und belogen" zu haben. *Eine Schlange häutet sich, aber sie bleibt eine Schlange,* lautet ein Spruchband. Zugleich lehnt ein Sprecher des *Neuen Forums* die Wiedervereinigung beider deutscher Staaten ab. „Ich halte das für eine kurzsichtige Angelegenheit. Die Zäune und Mauern müssen fallen. Aber wir wollen nicht das Armenhaus Großdeutschlands werden." Diesmal tauchen aber auch massiv andere Töne auf: „Ich bin Werkzeugmacher und heiße Hans Teschnau", stellt sich ein Redner vor. Er habe vierzig Jahre Sozialismus ertragen und keine Lust mehr auf neue Varianten. „Keine Experimente mehr! Wir sind keine Versuchskaninchen!" lautet seine Losung. Vor der Tür gäbe es schließlich ein funktionierendes Gegenmodell. Freie Marktwirtschaft und Wiedervereinigung seien der einzige Ausweg. Die Reaktion ist eindeutig: langer Beifall und Sprechchöre: *Deutschland, einig Vaterland.*[1]) Immer wieder skandiert die Menge auch *Freiheit, Freiheit* und *Wir sind das Volk.*

Christoph Links / Hannes Bahrmann, Wir sind das Volk. Die DDR zwischen 7. Oktober und 17. Dezember 1989. Eine Chronik, Berlin u. Wuppertal 1990, S. 124f.

Vergleichen Sie die Vorstellungen des Werkzeugmachers mit denen des Neuen Forums (siehe S. 152)! Berücksichtigen Sie bei der Interpretation auch den Bericht über die Bauernversammlung vom 15. Juli 1953, S. 44f.!

Alter Wein in neuen Schläuchen? Die Zukunftsvorstellungen der Regierenden in Ost und West

Die Bekenntnisse und Absichten der neuen DDR-Regierung

Hans Modrow, der am 13. November 1989 zum neuen Vorsitzenden des Ministerrates gewählt worden war, gab am 17. November seine Regierungserklärung ab:

Wir bekennen uns zu sozialistischem Unternehmergeist. Das gilt nicht nur für die Betriebs- und Kombinatsdirektoren der sozialistischen Wirtschaft, sondern auch für alle privaten Betriebe, das Handwerk bis zum Einzelhandel und Gaststätten. Die Übernahme von Kleinbetrieben durch private Unternehmer in der Konsumgüterproduktion, aber nicht nur dort, halten wir für möglich. [...]

Aus den Positionspapieren aller politischen Parteien unserer Koalition[2]) ist die Übereinstimmung zu entnehmen, daß Wirtschaftsreform nicht Abschaffung der Planung bedeutet. Wohl aber sollte die neue Regierung bei der Wirtschaftsreform sich ebenso deutlich davon leiten lassen, den Markt mit seinen

1) siehe Anmerkung 1, S. 45
2) gemeint sind die ***Blockparteien*** SED, CDU, DBD, LDPD und NDPD (siehe auch das Glossar)

Ware-Geld-Beziehungen zum organischen Bestandteil sozialistischer Planwirtschaft zu machen.
Nicht Planung ohne Markt, nicht Marktwirtschaft statt Planwirtschaft. [...]
Indem sich beide deutsche Staaten uneingeschränkt respektieren, können sie zugleich ein wertvolles Beispiel kooperativer Koexistenz schaffen. Die Regierung der DDR ist bereit, die Zusammenarbeit mit der BRD umfassend auszubauen und auf eine neue Stufe zu heben. [...]
Wir sind dafür, die Verantwortungsgemeinschaft beider deutscher Staaten durch eine Vertragsgemeinschaft zu untersetzen, die weit über den Grundlagenvertrag und die bislang geschlossenen Verträge und Abkommen zwischen beiden Staaten hinausgeht. Dafür ist diese Regierung gesprächsbereit.

DEUTSCHLAND ARCHIV 23. Jg. (1990), S. 126, 128 u. 135

1. *Stellen Sie fest, wie weit die Reformbereitschaft der neuen DDR-Regierung ging!*
2. *Vergleichen Sie die Vorstellungen über das deutsch-deutsche Verhältnis mit früheren Konzeptionen und Äußerungen (siehe dazu u. a. S. 95ff., 104f. u. 140f.)!*

Das Zehn-Punkte-Programm für Deutschland des Bundeskanzlers

Nachdem im November mit der neuen DDR-Regierung über eine Reihe von Vorbedingungen für ein wirtschaftliches Engagement der Bundesrepublik gesprochen worden war, stellte Bundeskanzler Helmut Kohl am 28. November seine Vorstellungen zur Deutschlandpolitik während der Haushaltsdebatte im Bundestag vor. Das Programm war als Stufenplan gedacht und umfaßte zehn Punkte, es fand auch bei der Opposition in Bonn weitgehende Zustimmung. Der Plan führte aber zu außenpolitischen Irritationen, da er nicht mit den westlichen Verbündeten abgesprochen war. Der sowjetische Außenminister bezeichnete den Plan als eine Art „Diktat" gegenüber der DDR.

1. *Welche Bedingungen wurden an eine mögliche Hilfe für die DDR geknüpft?*
2. *Begründen Sie, warum die Annäherung zwischen den beiden deutschen Staaten in die gesamteuropäische Entwicklung eingebettet werden sollte!*

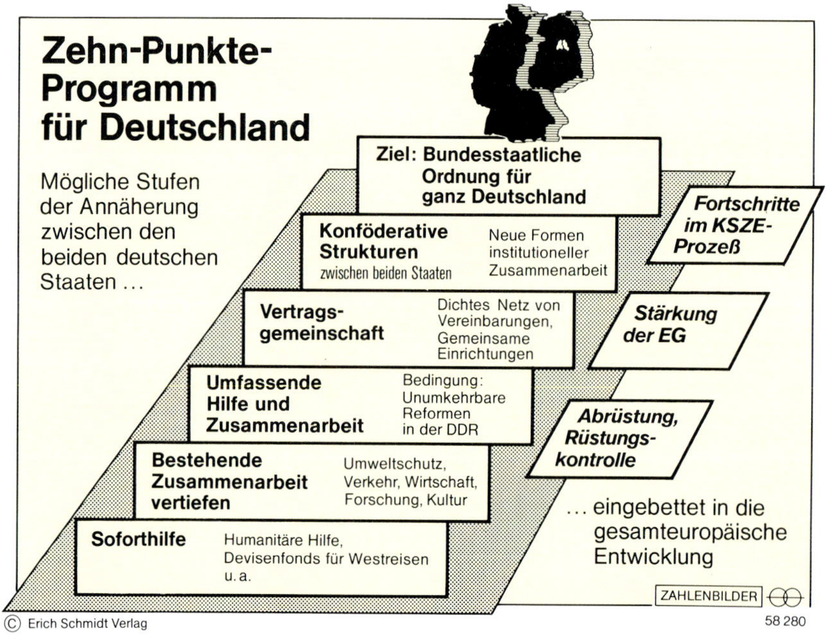

 58 280

Die demokratische Legitimation für die deutsche Einheit

Ein politisches Hauptziel der Opposition in der DDR und der neuen DDR-Regierung waren freie Wahlen; sie waren zugleich eine Bedingung der Bundesregierung für die weitere Zusammenarbeit mit der DDR. Die ersten freien und geheimen Wahlen in der DDR fanden am 18. März 1990 nach einem neuen Wahlgesetz und ohne Sperrklausel, aber unter ungleichen Voraussetzungen statt: Während den neu gegründeten Bündnissen, Listen und Parteien oft die elementarsten Mittel für eine wirksame Öffentlichkeitsarbeit, wie Telefonanschlüsse, Schreibmaschinen und Vervielfältigungsgeräte, fehlten, konnten die *PDS (SED)* sowie die ehemaligen ***Blockparteien*** auf bestehende organisatorische und finanzielle Mittel zurückgreifen. Darüber hinaus unterstützten alle westdeutschen Parteien ihre „Schwesterparteien" in der DDR materiell (z. B. mit Plakaten) und personell. Die letzten Demonstrationen in der DDR wurden Ende Februar bzw. Anfang März zu riesigen Wahlkampfplattformen, auf denen *Helmut Kohl, Hans-Dietrich Genscher, Willy Brandt* und andere führende westdeutsche Politiker sprachen. Das Ergebnis der Wahlen überraschte dann doch alle.

Das amtliche Endergebnis der Volkskammerwahl

		Stimmen (%)	Mandate
CDU	Christlich-Demokratische Union Deutschlands[1])	4 710 598 (40,59)	163
SPD	Sozialdemokratische Partei Deutschlands	2 525 534 (21,76)	88
PDS	Partei des Demokratischen Sozialismus	1 892 381 (16,32)	66
DSU	Deutsche Soziale Union[1])	727 730 (6,27)	25
BFD	Bund Freier Demokraten: Deutsche Forumpartei, Liberaldemokratische Partei, Freie Demokratische Partei	608 935 (5,28)	21
Bündnis 90	Neues Forum, Demokratie Jetzt, Initiative Freiheit und Menschenrechte	336 074 (2,17)	12
DBD	Demokratische Bauernpartei Deutschlands	251 226 (2,17)	9
Grüne-UFV	Grüne Partei + Unabhängiger Frauenverband	226 932 (1,96)	8
DA	Demokratischer Aufbruch – sozial + ökologisch[1])	106 146 (0,93)	4
NDPD	National-Demokratische Partei Deutschlands	44 292 (0,38)	2
DFD	Demokratischer Frauenbund Deutschlands	38 192 (0,33)	1
AVL	Aktionsbündnis Vereinigte Linke, Die Nelken	20 342 (0,18)	1
Sonstige		52 773 (0,45)	–

Wahlberechtigte:	Wahlbeteiligung:	Gültige Stimmen:
12 426 443	11 604 418 (93,39 %)	11 541 155

1) Am 5.2.1990 hatten die Vorsitzenden der DDR-Parteien CDU, DSU und DA beschlossen, bei der Volkskammerwahl in einem Wahlbündnis *„Allianz für Deutschland"* anzutreten.

Eine Analyse der Volkskammerwahl

Der Politologe Jürgen W. Falter legte folgende Wahlanalyse vor, die auf breiten Umfrageergebnissen basierte:

Die größte Überraschung jedoch löste das Wahlverhalten der verschiedenen Berufsgruppen aus, die allerdings wegen der teilweise anderen Kategorisierung der Berufe nicht ohne weiteres mit denen in der Bundesrepublik gleichgesetzt werden können. Am unproblematischsten ist das noch bei den Arbeitern und Selbständigen. Von den Arbeitern stimmten, für viele Beobachter überraschend, fast 50 Prozent für die CDU, während die SPD bei Arbeitern nur durchschnittliche und die PDS sogar unterdurchschnittliche Zustimmung erfuhr. Damit war die CDU innerhalb der Arbeiterschaft die mit großem Abstand erfolgreichste Partei. Jeder zweite CDU-Wähler, aber noch nicht einmal jeder dritte PDS-Wähler stammte aus der Arbeiterschaft. Die sich vor allem auf den Auftrag der Arbeiterklasse berufende Partei erhielt von dieser Berufsgruppe – nach den Selbständigen, die hauptsächlich CDU und FDP wählten – mithin relativ am wenigsten Stimmen. Am erfolgreichsten war die PDS bei den Privilegierten des SED-Staates, der Intelligenz und Personen mit Leitungsfunktionen. Auch bei Schülern und Studenten errang sie überdurchschnittlich viele Stimmen. Dagegen erwies sich die SPD als sozial ungemein ausgeglichene Partei: Die Berufsstruktur ihrer Wählerschaft entsprach in nahezu perfekter Weise dem Bevölkerungsdurchschnitt.
Das in zweierlei Hinsicht unerwartete Ergebnis der Volkskammerwahl – CDU als klarer Wahlsieger und als Partei der Arbeiter – wird plausibler, wenn man sich die dem Wahlverhalten zugrunde liegenden Einstellungen und Erwartungen der Bevölkerung anschaut. [Es] zeigte sich, daß eine überwältigende Mehrheit der DDR-Bevölkerung, nämlich neun von zehn Befragten, für die Vereinigung mit der Bundesrepublik eintrat [...]. Was das Tempo des Vereinigungsprozesses anging, bestand hingegen größere Uneinigkeit: Nur jeder dritte sprach sich für eine sehr schnelle Gangart aus, was auch mit den Erwartungen zusammenhing, die man mit der Vereinigung verband. Nur eine kleine Minderheit erhoffte sich von einer Wiedervereinigung für die unmittelbare Zukunft überwiegend Vorteile, mehr als ein Drittel rechnete eher mit Nachteilen, der Rest nahm beides an, Vor- wie Nachteile. Auf lange Sicht versprach sich eine knappe Mehrheit der Befragten eher Vorteile von der Vereinigung der beiden deutschen Staaten. Dagegen setzten sich rund 90 Prozent der Befragten für eine schnelle Einführung der DM in der DDR ein. Interessant ist in diesem Zusammenhang auch die Frage nach der Einstellung zur Demokratie in der Bundesrepublik und zur Idee des Sozialismus. Hier äußerte sich in den Angaben der Befragten eine überraschend hohe Skepsis. Nur etwa die Hälfte hielt im April 1990 viel oder sehr viel von der westdeutschen Demokratie, jeder vierte beurteilte die Idee des Sozialismus als positiv. Abgelehnt wurde sie von weniger als 50 Prozent der Befragten.

Jürgen W. Falter, Wahlen 1990. Die demokratische Legitimation für die deutsche Einheit mit großen Überraschungen, in: Eckkard Jesse/Armin Mitter (Hrsg.), Die Gestaltung der deutschen Einheit, Bonn 1992, S. 170ff.

1. *Verdeutlichen Sie, welche sozialen Gruppen als Wählerschaft für einzelne Parteien benannt wurden!*
2. *Arbeiten Sie die unterschiedlichen Zukunftserwartungen heraus, und stellen Sie diese dem Wahlergebnis gegenüber!*

Der Wählerauftrag

Nach schwierigen Koalitionsverhandlungen konnte eine Regierung aus Mitgliedern der CDU, DSU, des Demokratischen Aufbruchs, der SPD und der Liberalen gebildet werden. In dem am 12. April unterschriebenen Koalitionsvertrag beschlossen die Regierungsparteien die Vereinigung Deutschlands nach Artikel 23 des Grundgesetzes der Bundesrepublik.[1] *In seiner Regierungserklärung bekannte sich der neue DDR-Ministerpräsident, Lothar de Maizière, am 19. April 1990 vor der Volkskammer zu dem Wählerauftrag:*

Der Neuanfang unserer Gesellschaft ist ein zutiefst demokratischer Neuanfang. Wir haben einen demokratischen Auftrag. Den haben uns die Bürger der DDR gegeben, und niemand sonst. [...]

Alle politischen Kräfte Europas nehmen heute teil an dem Prozeß der Einigung Deutschlands. Wir vertreten in ihm die Interessen der Bürger der DDR. Das Ja zur Einheit ist gesprochen. Über den Weg dahin werden wir ein entscheidendes Wort mitzureden haben. [...]

Der Wählerauftrag, dem die Regierung verpflichtet ist, fordert die Herstellung der Einheit Deutschlands in einem ungeteilten, friedlichen Europa. Diese Forderung enthält Bedingungen hinsichtlich Tempo und Qualität.

Die Einheit muß so schnell wie möglich kommen, aber ihre Rahmenbedingungen müssen so gut, so vernünftig und so zukunftsfähig sein wie nötig.

DEUTSCHLAND ARCHIV. 23. Jg. (1990), S. 795

1. *Erklären Sie, warum vom „Neuanfang unserer Gesellschaft" gesprochen wurde, obwohl „das Ja zur Einheit" schon gegeben war!*
2. *Welches Gewicht versuchte der Ministerpräsident im Einigungsprozeß der DDR zu geben?*

Verträge regeln das Ende der getrennten Geschichte

Der erste bedeutende Schritt auf dem Weg zur deutschen Einheit war die Errichtung einer Wirtschafts-, Währungs- und Sozialunion. Obwohl sich die Oppositionsparteien in Ost und West gegen die schnelle Ausdehnung des Geltungsbereichs der D-Mark und eine sofortige Übertragung des westlichen Wirtschaftssystems aussprachen, ließen sich die Regierungen in Ost-Berlin und Bonn nicht davon abhalten, den wirtschaftlichen Umbau voranzutreiben. Mit der Errichtung der Wirtschafts-, Währungs- und Sozialunion wollten sie u. a. den anhaltenden Strom von Übersiedlern stoppen, den Zusammenbruch der DDR-Wirtschaft aufhalten und die Investitionsbereitschaft westlicher Kapitalgeber fördern.

Den rechtlichen Rahmen der Vereinigung bildete der am 31. August abgeschlossene Einigungsvertrag. Dieser zweite Staatsvertrag war zustande gekommen, nachdem über zwei Drittel der Abgeordneten der Volkskammer am 23. August 1990 für den Beitritt nach Artikel 23 des Grundgesetzes gestimmt hatten. Nur die Abgeordneten der PDS und des Bündnis 90/Grüne hatten dagegen gestimmt. Der PDS-Vorsitzende *Gregor Gysi* stellte nach der Abstimmung in der Volkskammer fest: „Das Parlament hat soeben nicht mehr und nicht weniger als den Untergang der Deutschen Demokratischen Republik

1) Text, siehe S. 29

zum 3. Oktober … *(jubelnder Beifall der CDU/DA, bei der DSU und teilweise bei der SPD)* beschlossen.“ Der Einigungsvertrag übertrug das gesamte rechtliche System der Bundesrepublik auf die fünf neuen Bundesländer im Osten Deutschlands. Ziel des 45 Artikel umfassenden und mit Protokollen, Erklärungen und Anlagen versehenen Vertrages war es, den mit der Währungs-, Wirtschafts- und Sozialunion begonnenen Einigungsprozeß abzuschließen und möglichst rasch einheitliche Verhältnisse in ganz Deutschland zu schaffen.
Der Einigungsprozeß stand in einem internationalen Zusammenhang. Er war möglich geworden vor dem Hintergrund des zu Ende gehenden ***Kalten Krieges***. Bereits im Februar 1990 war am Rande einer NATO-Konferenz in Ottawa die Einberufung von Gesprächen über die Regelung der außenpolitischen Aspekte einer deutschen Einigung beschlossen worden, an denen die vier Siegermächte und die Vertreter der beiden deutschen Staaten teilnehmen sollten. Möglich geworden war dieser Souveränitätsvertrag, nachdem *Michail S. Gorbatschow* in einem Gespräch mit *Helmut Kohl* am 15./16. Juli 1990 im Kaukasus unter anderem dem NATO-Beitritt Gesamtdeutschlands prinzipiell zugestimmt hatte.

Der erste Staatsvertrag

Am 18. Mai 1990 wurde der erste Staatsvertrag („Vertrag über die Schaffung einer Währungs-, Wirtschafts- und Sozialunion“) von den beiden deutschen Finanzministern unterzeichnet und am 21. Juni von der DDR-Volkskammer und dem Deutschen Bundestag mit großer Mehrheit bestätigt. Er trat am 1. Juli 1990 in Kraft.

Bestimmen Sie die zentrale politische Absicht, die mit dem Vertrag verfolgt wurde! Berücksichtigen Sie bei der Antwort, daß zu diesem Zeitpunkt die außenpolitischen Probleme der deutsch-deutschen Gemeinschaft noch nicht geklärt waren!

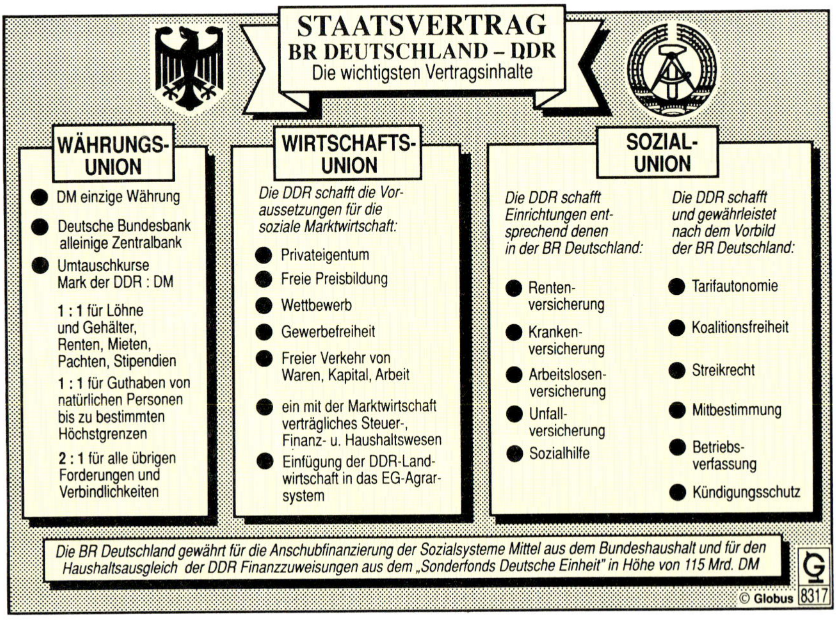

Ost-Berlin, 23. August 1990. Die Abgeordneten der Volkskammer applaudieren dem beschlossenen Beitrittstermin.

Der zweite Staatsvertrag (Einigungsvertrag)

Der zweite Staatsvertrag („Vertrag zwischen der Bundesrepublik Deutschland und der Deutschen Demokratischen Republik über die Herstellung der Einheit Deutschlands") wurde am 20. September 1990 von der DDR-Volkskammer mit 299 gegen 80 Stimmen (PDS und Bündnis 90/Grüne) und einer Enthaltung angenommen. Der Deutsche Bundestag setzte den Vertrag am selben Tag mit 440 gegen 47 Stimmen (GRÜNE) und drei Enthaltungen in Kraft. Einen Tag später verabschiedete auch der Bundesrat den Vertrag:

Die Bundesrepublik Deutschland und die Deutsche Demokratische Republik –

ENTSCHLOSSEN, die Einheit Deutschlands in Frieden und Freiheit als gleichberechtigtes Glied der Völkergemeinschaft in freier Selbstbestimmung zu vollenden,

AUSGEHEND VON DEM WUNSCH der Menschen in beiden Teilen Deutschlands, gemeinsam in Frieden und Freiheit in einem rechtsstaatlich geordneten, demokratischen und sozialen Bundesstaat zu leben,

IN DANKBAREM RESPEKT vor denen, die auf friedliche Weise der Freiheit zum Durchbruch verholfen haben, die an der Aufgabe der Herstellung der Einheit Deutschlands unbeirrt festgehalten haben und sie vollenden,

IM BEWUSSTSEIN der Kontinuität der deutschen Geschichte und eingedenk der sich aus unserer Vergangenheit ergebenden besonderen Verantwortung für eine demokratische Entwicklung in Deutschland, die der Achtung der Menschenrechte und dem Frieden verpflichtet bleibt,

IN DEM BESTREBEN, durch die deutsche Einheit einen Beitrag zur Einigung Europas und zum Aufbau einer europäischen Friedensordnung zu leisten, in der Grenzen nicht mehr trennen und die allen europäischen Völkern ein vertrauensvolles Zusammenleben gewährleistet,

IN DEM BEWUSSTSEIN, daß die Unverletzlichkeit der Grenzen und territorialen Integrität und Souveränität aller Staaten in Europa in ihren Grenzen eine grundlegende Bedingung für den Frieden ist –

SIND ÜBEREINGEKOMMEN, einen Vertrag über die Herstellung der Einheit Deutschlands mit den nachfolgenden Bestimmungen zu schließen:

Kapitel I (Wirkung des Beitritts)
Artikel 1 (Länder)

(1) Mit dem Wirksamwerden des Beitritts der Deutschen Demokratischen Republik zur Bundesrepublik Deutschland gemäß Artikel 23 des Grundgesetzes am 3. Oktober 1990 werden die Länder Brandenburg, Mecklenburg-Vorpommern, Sachsen, Sachsen-Anhalt und Thüringen Länder der Bundesrepublik Deutschland. [...]
(2) Die 23 Bezirke von Berlin bilden das Land Berlin.

Artikel 2 (Hauptstadt, Tag der Deutschen Einheit)

(1) Hauptstadt Deutschlands ist Berlin. Die Frage des Sitzes von Parlament und Regierung wird nach der Herstellung der Einheit Deutschlands entschieden.[1])
(2) Der 3. Oktober ist als Tag der Deutschen Einheit gesetzlicher Feiertag. [...]

Kapitel II (Grundgesetz)

[...]

Artikel 5 (Künftige Verfassungsänderungen)

Die Regierungen der beiden Vertragsparteien empfehlen den gesetzgebenden Körperschaften des vereinten Deutschlands, sich innerhalb von zwei Jahren mit den im Zusammenhang mit der deutschen Einigung aufgeworfenen Fragen zur Änderung oder Ergänzung des Grundgesetzes zu befassen, insbesondere

- in bezug auf das Verhältnis zwischen Bund und Ländern [...]
- in bezug auf die Möglichkeit einer Neugliederung für den Raum Berlin/Brandenburg [...]
- mit den Überlegungen zur Aufnahme von Staatszielbestimmungen in das Grundgesetz sowie
- mit der Frage der Anwendung des Artikels 146 des Grundgesetzes[2]) und in deren Rahmen einer Volksabstimmung.

Presse- und Informationsamt der Bundesregierung (Hrsg.), BULLETIN Nr. 104 vom 6. September 1990, S. 877ff.

1. *Überlegen Sie, welche Verantwortung das Vorwort zum Einigungsvertrag Ihnen auferlegt!*
2. *Welche Rolle will das geeinte Deutschland in Europa übernehmen?*
3. *Artikel 5 des Vertrages sieht künftige Verfassungsänderungen vor. Informieren Sie sich über den Stand der Verfassungsentwicklung!*

---

1) Am 20. Juni 1991 bestimmten die Abgeordneten des Deutschen Bundestages mehrheitlich Berlin zum Sitz von Parlament und Regierung.
2) Text, siehe S. 29

Der Zwei-plus-vier-Vertrag

Das Ergebnis der Zwei-plus-vier-Gespräche war der am 12. September 1990 von den vier Außenministern der Siegermächte, dem Bundesaußenminister Hans-Dietrich Genscher und dem DDR-Ministerpräsidenten Lothar de Maizière unterzeichnete „Vertrag über die abschließende Regelung in bezug auf Deutschland". Das gesamtdeutsche Parlament (nach der Auflösung der DDR-Regierung und Volkskammer waren 144 Abgeordnete der Volkskammer in den gesamtdeutschen Bundestag übernommen worden) ratifizierte diesen Vertrag auf der ersten gemeinsamen Sitzung am 4. Oktober 1990 mit großer Mehrheit. Die vier Unterzeichnerstaaten ratifizierten den Vertrag in der folgenden Zeit in ihren Parlamenten.

Artikel 1

(1) Das vereinte Deutschland wird die Gebiete der Deutschen Demokratischen Republik, der Bundesrepublik Deutschland und ganz Berlins umfassen. Seine Außengrenzen werden die Grenzen der Deutschen Demokratischen Republik und der Bundesrepublik Deutschland sein und werden am Tage des Inkrafttretens dieses Vertrages endgültig sein. Die Bestätigung des endgültigen Charakters der Grenzen des vereinten Deutschlands ist ein wesentlicher Bestandteil der Friedensordnung in Europa.
(2) Das vereinte Deutschland und die Republik Polen bestätigten die zwischen ihnen bestehende Grenze in einem völkerrechtlich verbindlichen Vertrag.[1])
(3) Das vereinte Deutschland hat keinerlei Gebietsansprüche gegen andere Staaten und wird solche auch nicht in Zukunft erheben. [...]

Artikel 3

(2) Die Regierung der Bundesrepublik Deutschland hat in vollem Einvernehmen mit der Regierung der Deutschen Demokratischen Republik am 30. August 1990 in Wien bei den Verhandlungen über konventionelle Streitkräfte in Europa folgende Erklärung abgegeben:
„Die Regierung der Bundesrepublik Deutschland verpflichtet sich, die Streitkräfte des vereinten Deutschlands innerhalb von drei bis vier Jahren auf eine Personalstärke von 370 000 Mann (Land-, Luft- und Seestreitkräfte) zu reduzieren. Diese Reduzierung soll mit dem Inkrafttreten des ersten KSZE-Vertrags beginnen.[2]) Im Rahmen dieser Gesamtobergrenze werden nicht mehr als 345 000 Mann den Land- und Luftstreitkräften angehören, die gemäß vereinbartem Mandat allein Gegenstand der Verhandlungen über konventionelle Streitkräfte in Europa sind." [...]

Artikel 5

(3) Nach dem Abschluß des Abzugs der sowjetischen Streitkräfte vom Gebiet der heutigen Deutschen Demokratischen Republik und Berlins[3]) können in diesem Teil Deutschlands auch deutsche Streitkräfteverbände stationiert werden, die in gleicher Weise militärischen Bündnisstrukturen zugeordnet sind

---

1) Ein entsprechender Vertrag wurde am 13. November 1990 abgeschlossen.
2) Im Zusammenhang mit Vereinbarungen über einen umfassenden Abbau von konventionellen Waffensystemen in Europa wurde dieser Vertrag am 19. November 1990 in Paris von den Repräsentanten der 15 *NATO*- und sechs *Warschauer Vertrags-Staaten* unterzeichnet.
3) Der Abzug der Truppen wurde bis Ende 1994 vereinbart. Die Bundesrepublik unterstützte die „Überleitung" der sowjetischen Truppen finanziell. In der DDR waren 390 000 Angehörige der Sowjetarmee und 140 000 Soldaten der Nationalen Volksarmee stationiert, in der Bundesrepublik standen 490 000 Bundeswehrsoldaten und 340 000 Soldaten der alliierten Streitkräfte ständig unter Waffen.

wie diejenigen auf dem übrigen deutschen Hoheitsgebiet, allerdings ohne Kernwaffenträger. [...]
Ausländische Streitkräfte und Atomwaffen und deren Träger werden in diesem Teil Deutschlands weder stationiert noch dorthin verlegt. [...]

Artikel 7

(1) Die Französische Republik, die Union der Sozialistischen Sowjetrepubliken, das Vereinigte Königreich von Großbritannien und Nordirland und die Vereinigten Staaten von Amerika beenden hiermit ihre Rechte und Verantwortlichkeit in bezug auf Berlin und Deutschland als Ganzes. [...]
(2) Das vereinigte Deutschland hat demgemäß volle Souveränität über seine inneren und äußeren Angelegenheiten.

Presse- und Informationsamt der Bundesregierung (Hrsg.), BULLETIN Nr. 109 vom 14. September 1990, S. 1154ff. (Anm. hinzugefügt)

Der Bundesaußenminister Hans-Dietrich Genscher nannte den Vertrag den „wichtigsten und chancenreichsten [...], den Deutschland je geschlossen habe". Versuchen Sie diese Wertung nachzuvollziehen! Vergleichen Sie dazu auch den Deutschlandvertrag von 1954 (siehe S. 47f.) und den Vertrag zwischen der Sowjetunion und der DDR von 1955 (siehe S. 50)!

Statt eines Nachwortes ein Rätsel

Das letzte Buch der DDR

Im letzten Buch der DDR, ausgeliefert am 2. Oktober 1990 um 23.59 Uhr in Berlin, führen ein Kreuzworträtselrater und ein Schachspieler ein Gespräch:

Der Kreuzworträtselrater sagte: „Meinen Sie, daß die Idee des Sozialismus für die Zukunft verloren ist?"
„Man sollte", sagte der Schachspieler, „die Länge der Zukunft auf keinen Fall unterschätzen."
„Wie meinen Sie das?"
„Überlegen Sie einmal, was mit dem Satz des Pythagoras passierte, wenn der in falsche Hände geriete und ihn ein oder zwei oder noch mehr Generationen sinnentstellend benutzen würden."
„Er wäre bald beiseite gelegt."
„Und später?", fragte der Schachspieler.
„Müßte er neu entdeckt werden, vielleicht unter Mühen, denn er war ja in Verruf geraten."
„Das hieße, er hätte ein Schicksal, wie jede Idee."

Jan Silberschuh, Ost-Berliner Treppengespräch, Berlin 1990, S. 9

1. *Was hat in dem Gespräch der Satz des Pythagoras mit der Idee des Sozialismus zu tun?*
2. *Wie sehen Sie die Zukunft der Menschheit?*

Schaubilder

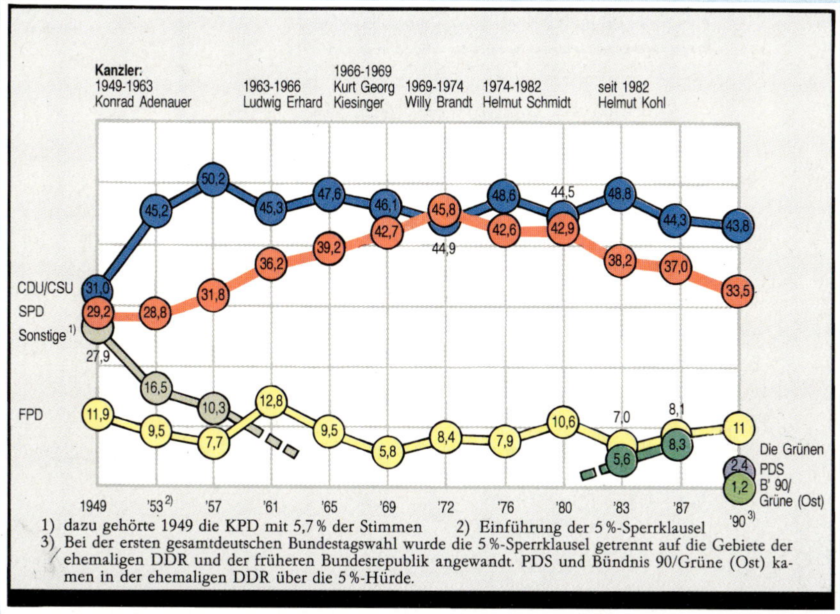

Stimmanteile bei den Bundestagswahlen in der Bundesrepublik Deutschland 1949–1990 (in Prozent der gültigen Zweitstimmen).

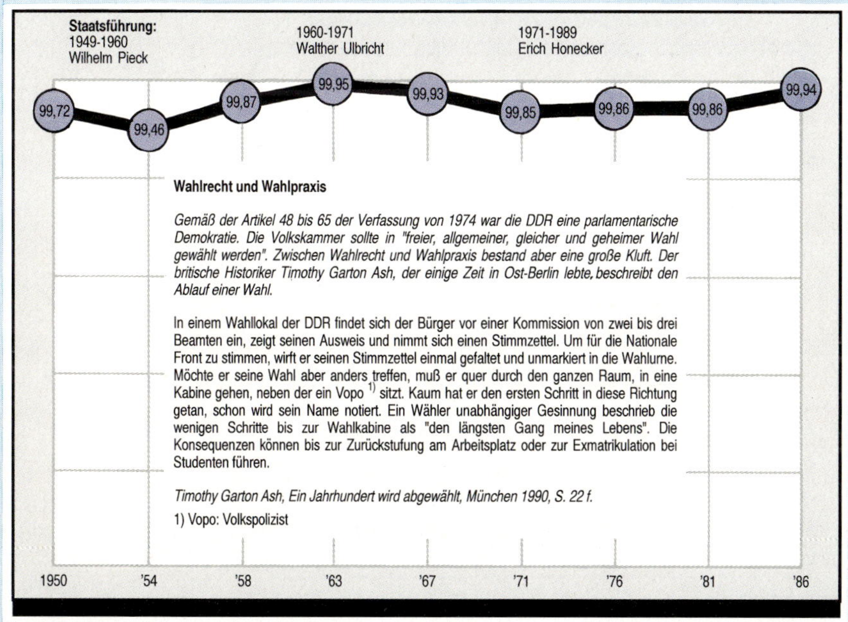

Wahlrecht und Wahlpraxis

Gemäß der Artikel 48 bis 65 der Verfassung von 1974 war die DDR eine parlamentarische Demokratie. Die Volkskammer sollte in "freier, allgemeiner, gleicher und geheimer Wahl gewählt werden". Zwischen Wahlrecht und Wahlpraxis bestand aber eine große Kluft. Der britische Historiker Timothy Garton Ash, der einige Zeit in Ost-Berlin lebte, beschreibt den Ablauf einer Wahl.

In einem Wahllokal der DDR findet sich der Bürger vor einer Kommission von zwei bis drei Beamten ein, zeigt seinen Ausweis und nimmt sich einen Stimmzettel. Um für die Nationale Front zu stimmen, wirft er seinen Stimmzettel einmal gefaltet und unmarkiert in die Wahlurne. Möchte er seine Wahl aber anders treffen, muß er quer durch den ganzen Raum, in eine Kabine gehen, neben der ein Vopo [1] sitzt. Kaum hat er den ersten Schritt in diese Richtung getan, schon wird sein Name notiert. Ein Wähler unabhängiger Gesinnung beschrieb die wenigen Schritte bis zur Wahlkabine als "den längsten Gang meines Lebens". Die Konsequenzen können bis zur Zurückstufung am Arbeitsplatz oder zur Exmatrikulation bei Studenten führen.

Timothy Garton Ash, Ein Jahrhundert wird abgewählt, München 1990, S. 22 f.

1) Vopo: Volkspolizist

Ja-Stimmen für die Einheitsliste bei den Wahlen zur Volkskammer der DDR 1950–1986 (in Prozent).

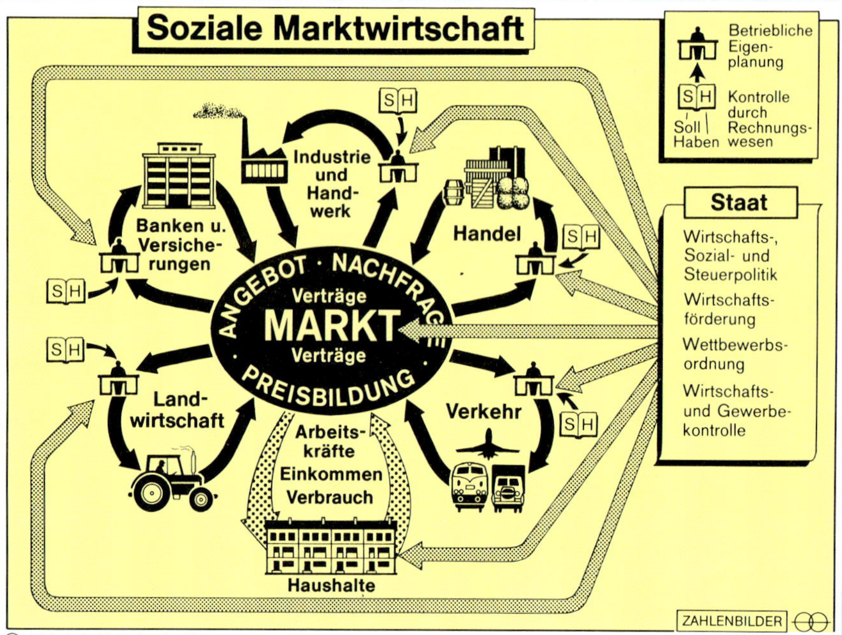

200 250

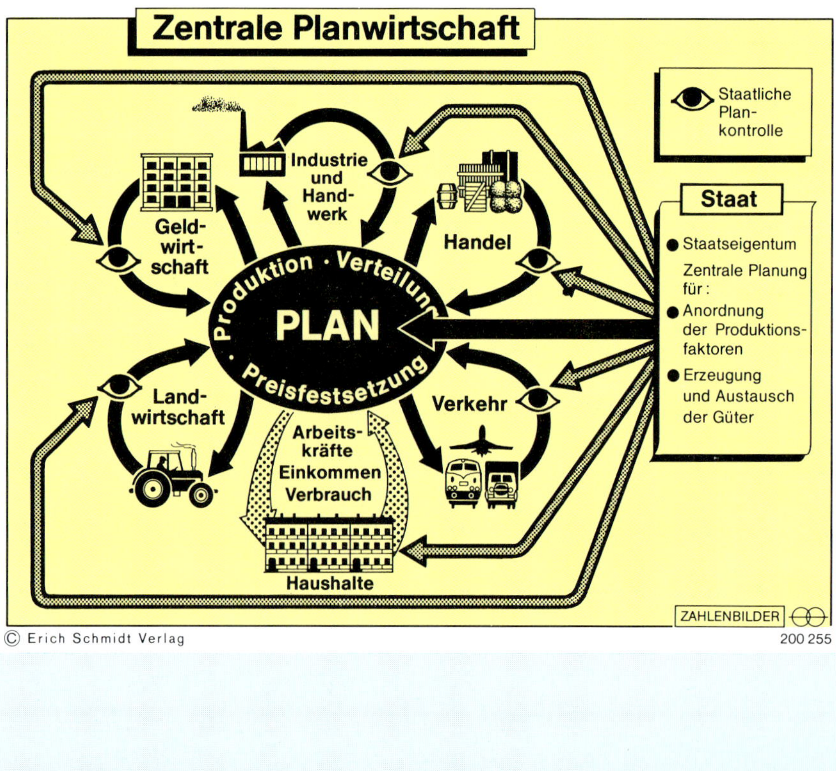

200 255

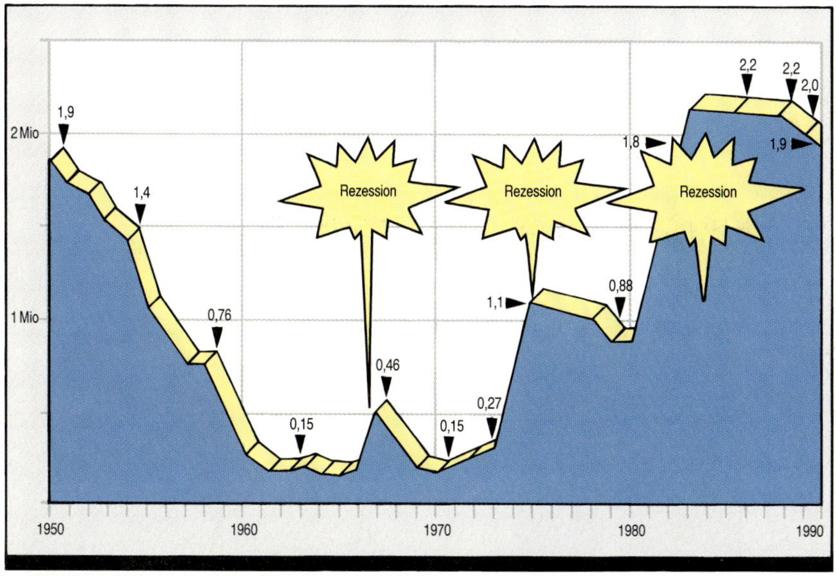

Arbeitslosigkeit in der Bundesrepublik 1950–1990 (Jahresdurchschnitte in Millionen).

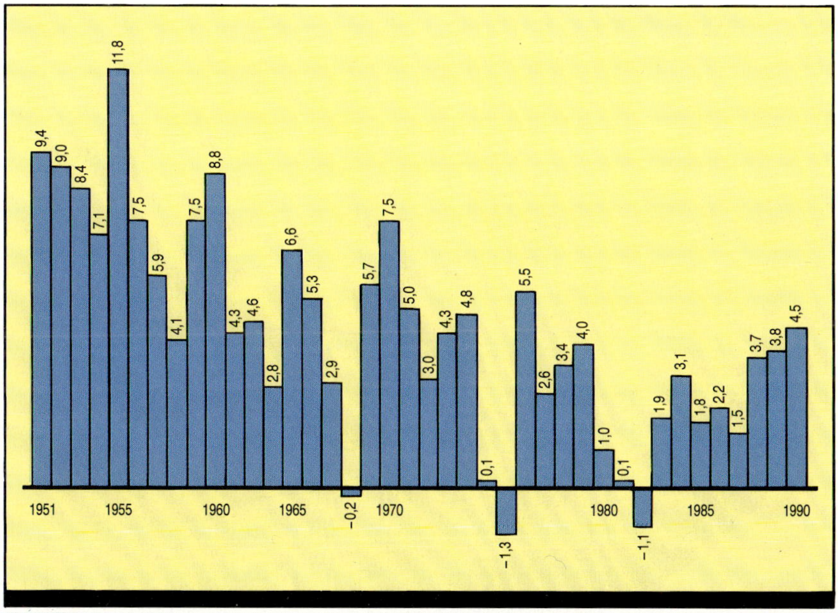

Konjunkturentwicklung in der Bundesrepublik 1951–1990 (realer Zuwachs oder Rückgang des Bruttosozialprodukts in Prozent).

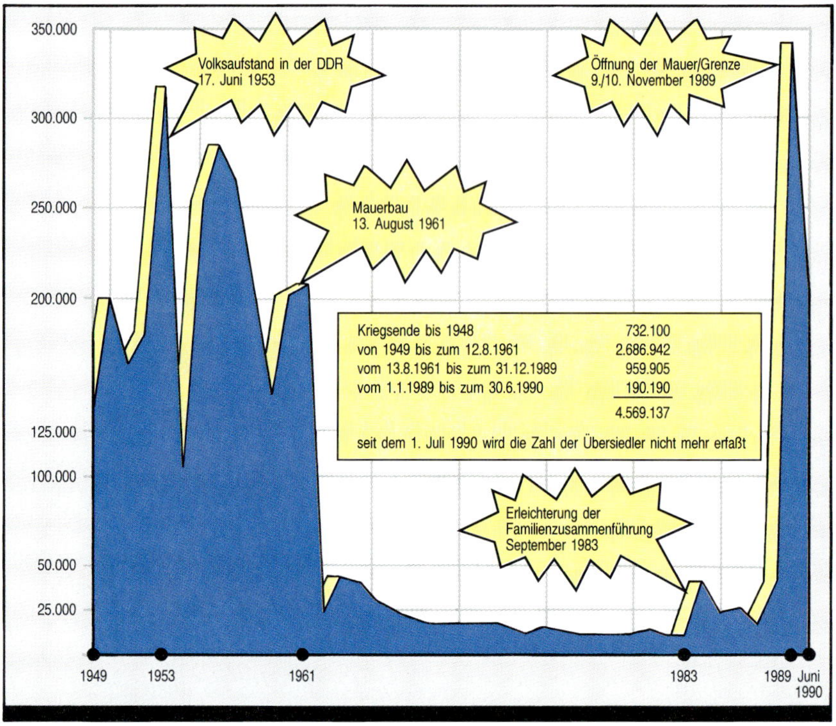

Flüchtlinge/Übersiedler aus der DDR in die Bundesrepublik Deutschland 1949–30. 6. 1990.

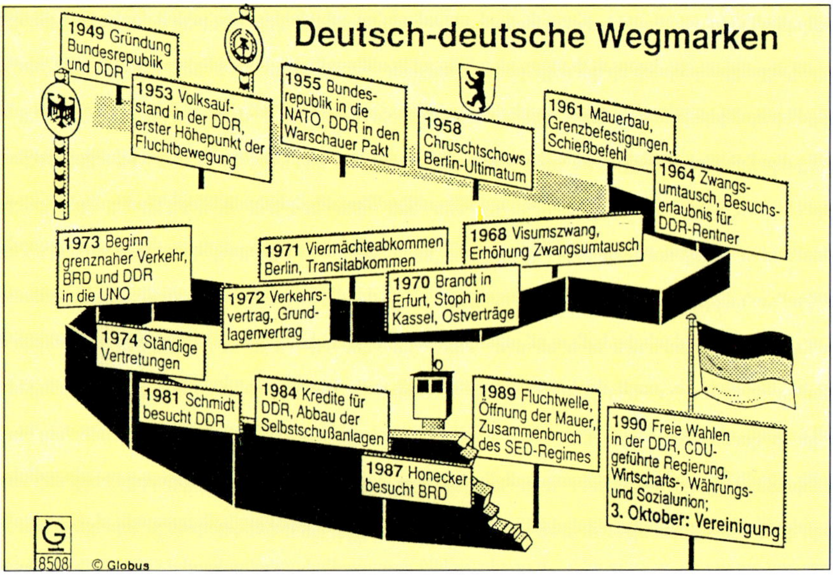

Glossar

Alliierter Kontrollrat: Die Oberbefehlshaber der vier Siegermächte in Deutschland bildeten ab 20. 8. 1945 den Alliierten Kontrollrat, der seinen Sitz in Berlin hatte. Die Oberbefehlshaber waren zugleich Militärgouverneure in ihrer jeweiligen Besatzungszone. Die Beschlüsse des Kontrollrates, der die oberste Gewalt in Deutschland innehatte, mußten einstimmig gefaßt werden. Am 20.3.48 fand die letzte Sitzung statt, auf der der sowjetische Vertreter gegen die *Londoner Empfehlungen* protestierte. 6, 21

Blockparteien: 1945 wurde auf Vorschlag der *KPD* in der sowjetischen Besatzungszone eine *Einheitsfront antifaschistisch-demokratischer Parteien* gebildet. Unter „gegenseitiger Anerkennung ihrer Selbständigkeit" wollten *SPD, KPD, CDU* und die *Liberal-Demokratische Partei Deutschlands* (LDPD) eine „antifaschistisch-demokratische Ordnung" aufbauen. Nach dem Zusammenschluß von *KPD* und *SPD* übernahm 1946 die *SED* die Führung der Blockparteien. 1948 wurden die neu gegründete *Nationaldemokratische Partei Deutschlands* (NDPD) und *Demokratische Bauernpartei Deutschlands* (DBD) Mitglieder des *„Antifa-Blocks"*, später gehörten auch die Massenorganisationen, wie der *Freie Deutsche Gewerkschaftsbund* (FDGB) und der *Demokratische Frauenbund Deutschlands* dazu (DFD).
Bei den Wahlen zu den Volksvertretungen traten die Parteien und Organisationen mit gemeinsamen Programmen und Kandidatenlisten *(Einheitslisten)* auf. Da die SED ihren Führungsanspruch erklärt und verfassungsrechtlich abgesichert hatte, bestimmte und kontrollierte sie die Politik der Blockparteien. 1989 zerfiel der Zusammenschluß; die Mitglieder der LDPD vereinigten sich mit der westdeutschen F.D.P. (11./12. 8. 1990; die CDU (Ost) und CDU (West) schlossen sich am 1. 10. 1989 zusammen. 7, 62, 153, 155

Breshnew-Doktrin: Die Doktrin (politische Lehre), die westliche Politiker nach Breshnew benannt haben, hatte ihre Wurzeln in der Stalin-Ära. Sie besagte, daß die Sowjetunion Zentrum und Vorbild für die internationale kommunistische Bewegung sei. Die Sowjetunion bzw. die KPdSU übernahm die Führung innerhalb des kommunistischen Lagers. „Abweichungen vom Weg des Sozialismus" wurden nicht als innerstaatliche, sondern als eine Angelegenheit aller kommunistischer Staaten verstanden. Dieser politische Grundsatz hatte eine politische und wirtschaftliche Abhängigkeit fast aller osteuropäischen Staaten (Ausnahme – Albanien, Jugoslawien), einschließlich der DDR, zur Folge. 71, 132

Europäische Gemeinschaft (EG): Die EG umfaßt drei voneinander unabhängige Gemeinschaften: die *Europäische Gemeinschaft für Kohle und Stahl* (*EGKS, Montanunion,* seit 1951), die *Europäische Wirtschaftsgemeinschaft* (*EWG,* seit 1958) und die *Europäische Atomgemeinschaft (Euratom).* Sie haben seit 1967 gemeinsame Organe (Kommission, Ministerrat, Parlament und Gerichtshof). Die Mitgliedstaaten haben u. a. die Zusammenarbeit in wirtschaftlichen, außenpolitischen, sozialen, rechtlichen, ökologischen und kulturellen Bereichen vertraglich vereinbart. Der EG gehörten 1991 zwölf west- und südeuropäische Staaten an. 113, 137

Friedliche Koexistenz: Chruschtschow hatte das Prinzip der friedlichen Koexistenz 1956 auf dem XX. Parteitag der KPdSU erstmals propagiert. Es geht auf Lenins Auffassung zurück, daß dies eine Form des Klassenkampfes zwischen Sozialismus und Kapitalismus ist. Zu seinen Grundsätzen zählen: friedliches Nebeneinanderbestehen von Staaten unterschiedlicher Gesellschaftsordnung, gegenseitige Achtung der territorialen Integrität und Souveränität, Nichteinmischung in innere Angelegenheiten anderer Staaten, Lösung aller strittigen internationalen Fragen mit friedlichen Mitteln und Anerkennung der Gleichberechtigung zum gegenseitigen Vorteil. Der friedliche Wettbewerb der Systeme sollte den Beweis erbringen, daß dem Sozialismus die Zukunft gehört. Entscheidende Elemente dieser Vorstellungen sind in die KSZE-Verhandlungen eingegangen. 65, 76, 80

Kalter Krieg: Die beiden Großmächte Sowjetunion und USA vermieden nach dem Zweiten Weltkrieg direkte („heiße") militärische Konfrontationen. Die Konflikte wurden mit politischen, wirtschaftlichen und ideologischen Mitteln sowie durch Wettrüsten ausgetragen. Abschwächungen erfuhr der Kalte Krieg durch die Entspannungs- und Abrüstungspolitik, vor allem durch den *KSZE-Prozeß.* Sein Ende fand er mit Gorbatschows Reformpolitik und der Auflösung der *Warschauer Vertragsorganisation.* 21, 46, 51, 65, 71, 108, 158

Kampfgruppen der Arbeiterklasse: In Reaktion auf den 17. Juni 1953 wurde damit begonnen, in Betrieben und Verwaltungen bewaffnete Verbände zu schaffen. Sie sollten bei der Abwehr innerer Gefahren für den Staat eingesetzt werden und unterstanden der direkten Führung der SED. 55, 67, 144

Kasernierte Volkspolizei (KVP): Im Juli 1952 begann in der DDR die Aufstellung der Kasernierten Volkspolizei. Ihr Aufbau wurde von sowjetischen Beratern unterstützt. SED und die Einheitsorganisation *Freie Deutsche Jugend* (FDJ) schickten Mitglieder aus ihren Reihen zur KVP. Mit der Schaffung der *Nationalen Volksarmee* (NVA) 1956 wurde die KVP aufgelöst. 42, 46

Konferenz über Sicherheit und Zusammenarbeit in Europa (KSZE): Die erste KSZE wurde 1973 eröffnet. An dem Gesprächsforum nahmen Vertreter von 35 Staaten (Mitglieder der *NATO,* der *Warschauer Vertragsorganisation* sowie neutrale und ungebundene europäische Staaten) teil. In der 1975 fertiggestellten *Schlußakte von Helsinki* verpflichteten sich die Teilnehmerstaaten zu Gewaltverzicht, zur Unverletzlichkeit bestehender Staatsgrenzen, zur Wahrung der Menschenrechte und zur engen Zusammenarbeit auf den Gebieten der Wirtschaft, Wissenschaft und Kultur. KSZE-Folgekonferenzen fanden 1977/78 in Belgrad, 1980/83 in Madrid und 1986/89 in Wien statt. Mit der *„Charta von Paris für ein neues Europa"* vom November 1990 erhielt der KSZE-Prozeß neue Institutionen und Strukturen. Aus dem Gesprächsforum der Regierenden wurde eine Internationale Organisation. Der KSZE gehörten 1992 52 Staaten an. 107, 110, 146, 161

Konstruktives Mißtrauensvotum: In einer parlamentarischen Demokratie ist die Regierung an das Vertrauen des Parlaments gebunden. Laut Grundgesetz der Bundesrepublik Deutschland kann der Bundestag dem Bundeskanzler das Mißtrauen nur dadurch aussprechen, daß er mit der Mehrheit seiner Mitglieder einen Nachfolger wählt *(Artikel 67).* 72, 75, 109, 112, 124, 128

Korea-Krieg: Korea war 1945 nach dem Zusammenbruch Japans, das von 1910 bis 1945 die Halbinsel beherrscht hatte, auf der Konferenz von Jalta entlang des 38. Breitengrades in einen nördlichen (von sowjetischen Truppen besetzten) und einen südlichen (von amerikanischen Truppen besetzten) Bereich geteilt worden. Amerikanisch-sowjetische Verhandlungen über eine Regierung für ganz Korea waren 1946 gescheitert. Während sich im Norden eine von der Sowjetunion unterstützte *Demokratische Volksrepublik Korea* etablierte, entstand im Süden eine auf freien Wahlen basierende und vom Westen beeinflußte *Republik Korea.* Nachdem 1948/49 sich die Besatzungsmächte aus Korea zurückgezogen hatten, überfielen im Juni 1950 nordkoreanische Truppen Südkorea. Die *Vereinten Nationen* intervenierten mit militärischen Mitteln unter der Führung der Amerikaner und unterstützten die Streitkräfte Südkoreas. Die Fronten stabilisierten sich durch das Eingreifen chinesischer Truppen. Es bestand kurze Zeit die Gefahr einer (atomaren) Ausweitung des Krieges. In einem Waffenstillstandsabkommen einigten sich 1953 die Gegner auf den Ausgangspunkt des Krieges: Die in Jalta vereinbarte Teilung Koreas wurde beibehalten. 46

Lastenausgleich: 1952 wurde in der Bundesrepublik Deutschland das Lastenausgleichsgesetz wirksam. Es sollte Verluste der Flüchtlinge und Vertriebenen aus den ehemaligen deutschen Ostgebieten und aus der sowjetischen Besatzungszone bzw. aus der DDR ausgleichen. Die Betroffenen erhielten u. a. Abgeltung von Vermögensschäden, Wohnraumhilfen, Hausratsentschädigungen, Unterhaltshilfen und Eingliederungsdarlehen. Bis Ende 1980 wurden ca. 104 Milliarden DM für Entschädigungshilfen ausgegeben. Einen vergleichbaren „Ausgleich“ gab es in der DDR nicht. 35

Ministerium für Staatssicherheit (MfS): Das MfS war am 8.2.1950 auf Beschluß der Volkskammer gebildet worden. Wie jeder staatliche Sicherheitsdienst sollte es der Aufklärung von Gefahren von außen und innen dienen. Das Ministerium leitete seit 1957 *Erich Mielke,* der offensichtlich jeden Bürger für ein potentielles Sicherheitsrisiko hielt. Parallel zur deutsch-deutschen Annäherung und den wachsenden innenpolitischen Problemen wurde die Arbeit des MfS ausgeweitet. Es wuchs zu einem unkontrollierbaren Staat im Staate und beschäftigte 1989 ca. 85 000 ständige Mitarbeiter (Anfang der 70er Jahre waren es 21 000). Hinzu kamen etwa 109 000 *Inoffizielle Mitarbeiter* (IM's), die sich zur Zusammenarbeit mit dem MfS verpflichtet hatten, einen Decknamen erhielten, Berichte lieferten und zumeist materielle Zuwendungen dafür bekamen. Das MfS brach das Post- und Telefongeheimnis systematisch und schleuste Mitarbeiter in Nachbarschaften, Kirchengemeinden, Oppositionsgruppen, Betrieben, Schulen, Universitäten und Reisegesellschaften ein. Die Berichte waren eine Grundlage für systemstabilisierende Maßnahmen, sie dienten u.a. auch der Verfolgung und Unterdrückung Andersdenkender. Das Ausmaß und die Auswüchse der Tätigkeit des MfS wurden erst nach der Wende in der DDR bekannt; so fand man in der Zentrale des Ministeriums rund 6 Millionen Personenakten von DDR-Bürgern und weitere 2 Millionen von Bürgern der Bundesrepublik und West-Berlin. 34, 44, 58, 98, 122, 135, 137, 144, 145

Nationale Front: 1949 proklamierte die SED die Bildung der *„Nationalen Front des demokratischen Deutschland“.* Sie sollte ein Koordinationszentrum der Parteien und Massenorganisationen sein und auch in die Bundesrepublik hineinwirken. 1956 wurde als Leitung der *Nationalrat* gewählt, an dessen Spitze ein parteiloser Wissenschaftler stand. Das eigentliche Führungsgremium stellte das Büro des Präsidenten dar, dem ein SED-Mitglied vorstand. 120

Nordatlantische Allianz (NATO): Am 4.4.1949 wurde die NATO als Sicherheitsbündnis zwischen Belgien, Dänemark, Frankreich, Großbritannien, Island, Italien, Kanada, Luxemburg, den Niederlanden, Norwegen, Portugal und den USA geschlossen. Die Bundesrepublik wurde am 5.5.1955 Mitglied der NATO. Bis 1982 traten noch Griechenland, die Türkei und Spanien hinzu. 33, 34, 35, 46, 47, 53, 59, 107, 117, 136, 139, 158, 161

NATO-Doppelbeschluß: Nachdem die Sowjetunion 1976/77 begonnen hatte, ihre auf Westeuropa gerichteten Mittelstreckenraketen durch moderne SS 20 Raketen zu ersetzen, vereinbarten die NATO-Mitglieder am 12.12.1979, ab Ende 1983 neue nukleare Mittelstreckenraketen aufzustellen, um das strategische Gleichgewicht in Europa wieder herzustellen, gleichzeitig schlugen sie amerikanisch-sowjetische Rüstungskontrollverhandlungen vor. Das Resultat der Verhandlungen sollte über die Durchführung der Nachrüstung in Europa entscheiden. Da die amerikanisch-sowjetischen Verhandlungen ergebnislos geblieben waren, entschied sich der Deutsche Bundestag am 22.11.1983 gegen eine breite außerparlamentarische und parlamentarische Opposition mit der Mehrheit von CDU/CSU und F.D.P. für die Raketenstationierung. Einen Tag später begann die Aufstellung der Raketen im Bundesgebiet. 112, 116, 124

Notstandsgesetze: Die Gesetze regeln alle Maßnahmen, die der Überwindung eines staatlichen Notstandes (des äußeren: durch Krieg, des inneren: durch Bürgerkrieg, ferner Katastrophenfall) dienen sollen. Seit 1959 hatte die CDU entsprechende Gesetze gefordert. Die Notstandsgesetze wurden 1968 gegen den Willen der beachtlichen außerparlamentarischen Opposition verabschiedet. Sie sehen im Falle der Bedrohung eine Beschränkung des Brief-, Post- und Fernmeldegeheimnisses vor, darüber hinaus regeln sie in besonderen Fällen des „inneren Notstands“ die Unterstützung von Polizei und Bundesgrenzschutz beim Schutz von zivilen Objekten und bei der Bekämpfung organisierter und militärisch bewaffneter Aufständischer. 72, 74, 84, 86

Perestroika: russ.: Umbau, Umgestaltung. Das Wort wurde zum Synonym für die Reformpolitik Gorbatschows in der Sowjetunion 1985 bis 1991. 134, 141, 144

Rat für Gegenseitige Wirtschaftshilfe (RGW): Der RGW *(engl. COMECON)* wurde 1949 als Wirtschaftsorganisation der osteuropäischen Staaten gegründet. Bis 1989 gehörten ihm 10 Staaten an; im Juni 1991 wurde in Budapest die Auflösung beschlossen. 9, 33, 34, 52, 131

Sowjetische Militäradministration in Deutschland (SMAD): Sie wurde am 9.6.1945 in Berlin-Karlshorst gegründet und hatte die oberste Regierungsgewalt in der sowjetischen Besatzungszone. Der erste Chef war Marschall *G.K. Shukow.* Die SMAD übergab am 10.10.49, einen Tag nach der Gründung der DDR, ihre Funktion an die Volkskammer. Zur Kontrolle der weiteren Erfüllung der Potsdamer Vereinbarungen und der anderen Deutschland betreffenden Beschlüsse bildete die Sowjetregierung in der DDR die *Sowjetische Kontrollkommission.* 7, 8, 9, 21, 22, 24, 25

Vereinte Nationen (UNO): Die *Vereinten Nationen (United Nations Organization)* wurden 1945 gegründet und umfaßten 1991 159 Staaten. Hauptziele der UNO sind die Erhaltung des Friedens, die Abrüstung und die Garantie der Menschenrechte. 23, 61, 69, 107, 110, 115, 146

Viermächte-Status von Berlin: Die Grundlagen des Viermächte-Status von Berlin wurden bereits im September 1944 und im Mai 1945 vereinbart. Sie wurden später lediglich dahingehend erweitert, daß auch Frankreich eine eigene Zone in Deutschland und einen eigenen Sektor in Berlin zugewiesen wurde. Die Alliierten hatten sich darauf geeinigt, in Berlin ein besonderes Besatzungsgebiet zu schaffen, das von einer eigens für diesen Zweck vorgesehenen Behörde unter Leitung des Kontrollrates *gemeinsam* verwaltet werden sollte. Die Bestimmungen ließen aber bei fehlender Einstimmigkeit der Alliierten einseitige Maßnahmen in den Sektoren zu. Der Viermächte-Status Berlins wurde im Juni 1949 im Zusammenhang mit der Aufhebung der Berlin-Blockade von der Sowjetunion, 1955 auf der Genfer Gipfelkonferenz und 1971 durch das Viermächteabkommen bestätigt (siehe S. 103), erst durch den „Zwei-plus-vier-Vertrag" von 1990 (siehe S. 161) erlosch der Viermächte-Status von Berlin. 29, 54, 68

Warschauer Vertragsorganisation (WVO): Am 14. 5. 1955 schlossen in Warschau acht osteuropäische Staaten einen *Vertrag über Freundschaft, Zusammenarbeit und gegenseitigen Beistand.* Es wurde ein vereintes Kommando der Streitkräfte gebildet. Der Vertrag stellte das Gegenstück zur *Nordatlantischen Allianz* dar und hatte z. T. gleiche Vertragsformulierungen. Die Mitgliedschaft der DDR erlosch mit dem Beitritt zur Bundesrepublik. 1991 wurde die Vertragsorganisation aufgelöst. 33, 36, 46, 50, 52, 53, 61, 65, 66, 71, 74, 107, 161

Personenlexikon und -register

Molotow, Wjatscheslaw M. (1890–1986); seit 1921 Mitglied des Zentralkomitees der KPdSU; seit 1925 enger Mitarbeiter Stalins; 1930–41 Vorsitzender des Rats der Volkskommissare; 1939–49 Außenminister; 1956 Minister für Staatskontrolle; 1957 aller Ämter enthoben; 1962 aus der KPdSU ausgeschlossen; 1984 rehabilitiert. 21, 37, 107

Müller, Heiner (*1929); ab 1950 journalistische Tätigkeit; seit 1959 freier Schriftsteller und Dramaturg in der DDR. 82

Oelßner, Fred (1903–1977); 1926–32 Studium in Moskau; 1932–33 Mitarbeiter des Zentralkomitees der KPD; 1933–45 Emigration; 1947–1958 Mitglied des Parteivorstandes bzw. Zentralkomitees der SED; 1949–1958 Abgeordneter der Volkskammer; 1950–58 Mitglied des Politbüros; galt bis 1958 als Chefideologe der SED; 1958 als Gegner des „Ulbricht-Flügels" aus den Führungspositionen ausgeschlossen. 28

Ohnesorg, Benno (1941–1967); Student; wurde 1967 auf einer Demonstration von einem Polizisten erschossen. 74, 86

Pahlawi, Resa Mohammed (1919–1980); von 1941–1979 Schah von Persien (Iran). 86

Pieck, Wilhelm (1876–1960); Tischler; ab 1895 Mitglied der SPD; Mitbegründer der KPD 1818/19; 1928–33 Mitglied des Reichstages; 1933–45 Emigration; 1945 Vorsitzender der KPD; 1946 mit O. Grotewohl Vorsitzender der SED; 1949–60 Präsident der DDR. 18, 19, 28, 41, 44, 48, 52, 55

Reagan, Ronald (*1911); Schauspieler; Politiker der Republikanischen Partei; 1981–88 Präsident der USA. 108

Reich, Jens (*1940); Arzt, Molekularbiologe; Unterzeichner der Gründungserklärung des Neuen Forums; 1990 Abgeordneter der Volkskammer. 147f., 152

Roosevelt, Franklin D. (1882–1945); Politiker der Demokratischen Partei; 1933–1945 Präsident der Vereinigten Staaten. 5

Schalck-Golodkowski, Alexander (*1932); Feinmechaniker, Diplom-Wirtschaftler; seit den 50er Jahren im Außenhandelsapparat der DDR; 1967–75 stellvertretender Minister; 1975–1989 Staatssekretär im Außenhandelsministerium der DDR. 131ff., 150

Scheel, Walter (*1919); Wirtschaftsberater; seit 1946 Mitglied der F.D.P.; 1953–74 Mitglied des Bundestages; 1961–66 Bundesminister für wirtschaftliche Zusammenarbeit; 1968–74 Parteivorsitzender der F.D.P.; 1969–74 Vizekanzler und Außenminister in der sozialliberalen Koalition; 1974–79 Bundespräsident. 72, 97, 107, 110

Schleyer, Hanns Martin (1915–1977); 1973 Präsident der deutschen Arbeitgeberverbände und (1977) des Bundesverbands der Deutschen Industrie; wurde 1977 von Terroristen entführt und ermordet. 98

Schmidt, Helmut (*1918); Volkswirt; seit 1946 Mitglied der SPD; 1953–62 u. 1965–87 Mitglied des Bundestages; 1968–83 stellvertretender Parteivorsitzender; 1969–72 Verteidigungsminister; 1972 Wirtschafts- und Finanzminister; 1972–74 Finanzminister; 1974–82 Bundeskanzler. 109, 110, 112, 124, 127, 128, 140

Schneider, Peter (*1940); Studium der Fächer Deutsch, Geschichte, Philosophie; von 1967 bis 1971 aktiv in der Studentenbewegung in West-Berlin; freier Schriftsteller. 86f.

Schorlemmer, Friedrich (*1944); Evangelischer Theologe und Pfarrer in Lutherstadt Wittenberg; aktives Mitglied der Friedensbewegung der DDR; Mitbegründer der Bürgerbewegung Demokratischer Aufbruch; seit 1990 SPD-Fraktionsvorsitzender im Stadtparlament von Wittenberg. 142

Schumacher, Kurt (1895–1952); Jurist und Nationalökonom; 1924–31 SPD-Landtagsabgeordneter in Württemberg; 1930–33 Mitglied des Reichstages; 1933–43 und 1944 in Konzentrationslagern; 1946–52 Vorsitzender der SPD, 1949 Oppositionsführer im Deutschen Bundestag. 7, 16f.

Stalin, Josef W. (1879–1953); russischer Revolutionär; ab 1922 Generalsekretär des Zentralkomitees der KPdSU; seit 1928/29 Führer der Sowjetunion und der kommunistischen Weltbewegung; nach seinem Tode wurden seine politischen Verbrechen aufgedeckt; 1961 wurde sein Leichnam aus dem Lenin-Mausoleum in Moskau entfernt. 5, 27, 33, 35, 42

Stoph, Willi (*1914); Maurer und Bautechniker; ab 1931 Mitglied der KPD; seit 1953 Mitglied des Politbüros der SED; 1952–55 Minister des Innern; 1956–60 Minister für Nationale Verteidigung; 1973–76 Vorsitzender des Staatsrates; 1964–73 und 1976–89 Vorsitzender des Ministerrates; wurde am 3.12.1989 aus der Partei ausgeschlossen. 75, 94, 95f., 110

Strauß, Franz Josef (1915–1988); Gymnasiallehrer für Geschichte und Alte Sprachen; 1946 Mitbegründer der CSU; 1949–52 Generalsekretär der CSU; 1949–1978 Mitglied des Bundestages; 1953–56 Bundesminister für besondere Aufgaben; 1955–56 Bundesminister für Atomfragen; 1956–62 Bundesminister für Verteidigung; 1961–88 Vorsitzender der CSU; 1966–69 Bundesfinanzminister; 1978–88 bayerischer Ministerpräsident. 88, 102, 112, 124, 131ff.

Strittmatter, Erwin (1912–1994); Bäcker, Kellner, Hilfsarbeiter; Zeitungsredakteur und freier Schriftsteller; 1959 Erster Sekretär des Deutschen Schriftstellerverbandes der DDR. 64

Teltschik, Horst (*1940); Politologe; Mitglied der CDU; Leiter der Außen- und Sicherheitspolitik im Kanzleramt von 1982–90. 150f.

Ulbricht, Walter (1893–1973); Tischler, 1912 Mitglied der SPD; ab 1918/19 Mitglied der KPD; 1928–33 Mitglied des Reichstages; 1933–45 Emigration; 1950–71 General- bzw. Erster Sekretär des Zentralkomitees der SED; 1960–71 Vorsitzender des Staatsrates der DDR; 1971–73 Ehrenvorsitzender der SED. 7, 28, 43, 51, 55, 65, 68, 70, 71, 73, 76, 101, 102

Winzer, Otto (1902–1975); Schriftsetzer; ab 1925 Mitglied der KPD; 1935–45 Emigration; seit 1947 Mitglied des Zentralkomitees der SED; 1949–56 Staatssekretär und Chef der Privatkanzlei des Präsidenten der DDR; 1965–75 Außenminister der DDR. 107

Wolf, Christa (*1929); Studium der Germanistik; 1953–59 wissenschaftliche Mitarbeiterin beim Deutschen Schriftstellerverband der DDR; Lektorin; 1955–77 Mitglied des Vorstands des Schriftstellerverbandes der DDR; 1963–67 Kandidatin des Zentralkomitees der SED; seit 1962 freie Schriftstellerin. 83, 147

Literaturhinweise (Auswahl)

Autorenkollektiv (Leitung: Gerhard Rossmann): Geschichte der Sozialistischen Einheitspartei Deutschlands. Abriß, Berlin (Ost) 1978

Autorenkollektiv (Leitung: Rolf Badstübner): Die antifaschistisch-demokratische Umwälzung, der Kampf gegen die Spaltung Deutschlands und die Entstehung der DDR von 1945 bis 1949. Deutsche Geschichte Band 9, Berlin (Ost) 1989

Autorenkollektiv (Leitung: Rolf Badstübner): Geschichte der Deutschen Demokratischen Republik, Berlin (Ost) [3]1987

Autorenkollektiv (Leitung: Ulrich Dähn): Unser Staat. DDR-Zeittafel 1949–1983, Berlin (Ost) 1984

Benz, Wolfgang: Deutschland seit 1945, München 1990

Bracher, Karl Dietrich u. a. (Hrsg.): Geschichte der Bundesrepublik Deutschland, 5 Bände, Stuttgart–Wiesbaden 1983–1987

Bundesministerium für innerdeutsche Beziehungen (Hrsg.): DDR Handbuch, Köln [3]1985

Glaeßner, Gert-Joachim (Hrsg.): Die DDR in der Ära Honecker. Politik – Kultur – Gesellschaft, Opladen 1988

Graml, Hermann: Die Alliierten und die Teilung Deutschlands. Konflikte und Entscheidungen 1941–1948, Frankfurt a. Main 1985

Jesse, Eckhard u. Mitter, Armin (Hrsg.): Die Gestaltung der deutschen Einheit. Geschichte – Politik – Gesellschaft, Bonn 1992

Kleßmann, Christoph: Die doppelte Staatsgründung. Deutsche Geschichte 1945–1955, Göttingen [2]1989

Kleßmann, Christoph: Zwei Staaten, eine Nation. Deutsche Geschichte 1955–1970, Göttingen 1988

Longerich, Peter (Hrsg.): „Was ist des Deutschen Vaterland?“ Dokumente zur Frage der deutschen Einheit 1800–1990, München 1990

Spittmann Ilse u. Helwig, Gisela: DDR-Lesebuch 1. Von der SBZ zur DDR, Köln 1990

Spittmann Ilse u. Helwig, Gisela: DDR-Lesebuch 2. Stalinisierung 1949–1955, Köln 1991

Staritz, Dietrich: Geschichte der DDR 1949–1985, Frankfurt a. Main 1985

Steininger, Rolf: Deutsche Geschichte 1945–1961, 2 Bände, Frankfurt a. Main 1983

Weber, Hermann: DDR. Grundriß der Geschichte 1945–1990, vollst. überarb. u. erg. Neuauflage, Hannover 1991

Weidenfeld, Werner u. Zimmermann, Hartmut (Hrsg.): Deutschland-Handbuch. Eine doppelte Bilanz 1949–1989, München 1989

Wilharm, Irmgard: Deutsche Geschichte 1962–1983. Dokumente in zwei Bänden, Frankfurt a. Main 1985

Der Zwei-plus-vier-Vertrag

Das Ergebnis der Zwei-plus-vier-Gespräche war der am 12. September 1990 von den vier Außenministern der Siegermächte, dem Bundesaußenminister Hans-Dietrich Genscher und dem DDR-Ministerpräsidenten Lothar de Maizière unterzeichnete „Vertrag über die abschließende Regelung in bezug auf Deutschland". Das gesamtdeutsche Parlament (nach der Auflösung der DDR-Regierung und Volkskammer waren 144 Abgeordnete der Volkskammer in den gesamtdeutschen Bundestag übernommen worden) ratifizierte diesen Vertrag auf der ersten gemeinsamen Sitzung am 4. Oktober 1990 mit großer Mehrheit. Die vier Unterzeichnerstaaten ratifizierten den Vertrag in der folgenden Zeit in ihren Parlamenten.

Artikel 1

(1) Das vereinte Deutschland wird die Gebiete der Deutschen Demokratischen Republik, der Bundesrepublik Deutschland und ganz Berlins umfassen. Seine Außengrenzen werden die Grenzen der Deutschen Demokratischen Republik und der Bundesrepublik Deutschland sein und werden am Tage des Inkrafttretens dieses Vertrages endgültig sein. Die Bestätigung des endgültigen Charakters der Grenzen des vereinten Deutschlands ist ein wesentlicher Bestandteil der Friedensordnung in Europa.
(2) Das vereinte Deutschland und die Republik Polen bestätigten die zwischen ihnen bestehende Grenze in einem völkerrechtlich verbindlichen Vertrag.[1])
(3) Das vereinte Deutschland hat keinerlei Gebietsansprüche gegen andere Staaten und wird solche auch nicht in Zukunft erheben. [...]

Artikel 3

(2) Die Regierung der Bundesrepublik Deutschland hat in vollem Einvernehmen mit der Regierung der Deutschen Demokratischen Republik am 30. August 1990 in Wien bei den Verhandlungen über konventionelle Streitkräfte in Europa folgende Erklärung abgegeben:
„Die Regierung der Bundesrepublik Deutschland verpflichtet sich, die Streitkräfte des vereinten Deutschlands innerhalb von drei bis vier Jahren auf eine Personalstärke von 370 000 Mann (Land-, Luft- und Seestreitkräfte) zu reduzieren. Diese Reduzierung soll mit dem Inkrafttreten des ersten KSZE-Vertrags beginnen.[2]) Im Rahmen dieser Gesamtobergrenze werden nicht mehr als 345 000 Mann den Land- und Luftstreitkräften angehören, die gemäß vereinbartem Mandat allein Gegenstand der Verhandlungen über konventionelle Streitkräfte in Europa sind." [...]

Artikel 5

(3) Nach dem Abschluß des Abzugs der sowjetischen Streitkräfte vom Gebiet der heutigen Deutschen Demokratischen Republik und Berlins[3]) können in diesem Teil Deutschlands auch deutsche Streitkräfteverbände stationiert werden, die in gleicher Weise militärischen Bündnisstrukturen zugeordnet sind

1) Ein entsprechender Vertrag wurde am 13. November 1990 abgeschlossen.
2) Im Zusammenhang mit Vereinbarungen über einen umfassenden Abbau von konventionellen Waffensystemen in Europa wurde dieser Vertrag am 19. November 1990 in Paris von den Repräsentanten der 15 *NATO*- und sechs *Warschauer Vertrags-Staaten* unterzeichnet.
3) Der Abzug der Truppen wurde bis Ende 1994 vereinbart. Die Bundesrepublik unterstützte die „Überleitung" der sowjetischen Truppen finanziell. In der DDR waren 390 000 Angehörige der Sowjetarmee und 140 000 Soldaten der Nationalen Volksarmee stationiert, in der Bundesrepublik standen 490 000 Bundeswehrsoldaten und 340 000 Soldaten der alliierten Streitkräfte ständig unter Waffen.